有效学习的原理、策略与评价

孙杰远　叶蓓蓓◆著

中国轻工业出版社

图书在版编目（CIP）数据

有效学习的原理、策略与评价 / 孙杰远，叶蓓蓓著.
-- 北京 :中国轻工业出版社, 2016.12

ISBN 978-7-5184-1217-4

Ⅰ. ①有… Ⅱ. ①孙… ②叶… Ⅲ. ①中小学生—学习方法 Ⅳ. ①G632.46

中国版本图书馆CIP数据核字（2016）第308792号

责任编辑：刘云辉　　责任终审：劳国强　　封面设计：刘　珍
版式设计：刘　珍　　责任监印：马金路

出版发行：中国轻工业出版社（北京东长安街6号，邮编：100740）
印　　刷：三河市双升印务有限公司
经　　销：各地新华书店
版　　次：2016 年 12 月第 1 版第 1 次印刷
开　　本：710 × 1000　1/16　　印张：14.5
字　　数：220千字
书　　号：ISBN 978-7-5184-1217-4　　定价：33.00 元
邮购电话：010-65241695　传真：65128352
发行电话：010-85119835　85119793　传真：85113293
网　　址：http://www.chlip.com.cn
Email：club@chlip.com.cn
如发现图书残缺请直接与我社邮购联系调换
160658Y1X101HBW

序　　言

《说文解字》中有“学，觉悟也”“习，数飞也”，古代中国人认为学习是一个讲究自身思考和行动共同进行的动态过程。孔子成为早期最能阐述“学习”动态过程的代表，如《论语》中“学而时习之”“学而不思则罔，思而不学则殆”“居之无倦，行之以忠”，是为证明。

《论语》中对学习的频率、心向、方法的不断强调，都直指学习的有效性。而将“有效学习”作为一个概念和问题加以研究则始于20世纪上半叶，主要代表人物是美国教育心理学家加涅。加涅认为，学习对于人类来说是极为重要的。所有的学习都是需要条件的，符合四大学习条件，有效果、有效益、有效率的学习活动就是有效学习。我们认为，“有效学习”的“有效”主要是指在学习过程中使学生获得了发展，学生有无发展是衡量学习是否有效的科学标准。

在教学和学习的理论实施过程中，由于学习主体、学习内容、教学主体、媒介选择、学习过程的复杂性，有效学习的设计与评价成为难点，基于此，我们提出一种新的设计分析与评价范式。

本书主要围绕当前基础教育改革中“有效学习”这个中小学教师关注的话题，通过对有效学习的原理和有效学习的表征的分析，提出有效学习的方式和课堂组织模式；再通过对有效学习的课程资源的阐述，提出有效学习的组织策略，并使用覆盖中小学学科类型的案例予以应用引导，在此基础上对有效学习的难点即有效学习评价进行系统分析和操作示例。从内容上看，本书第一、二章对有效学习的原理从学理性与操作性两个层面给出解释，第三、四章对有效学习的应用从组织方式和课堂组织模式两方面结合大量中小学学科教学案例给予论述与说明，第五章是对基础性课程资源和拓展性课程资源的分析与展现，在第六章提出有效学习的组织策略，包括课前有效学习的预设性策略、课中有效学习的建构性策略以及课后有效学习的拓展性策略三方面，最后在第七章对有效学习行为确认、评价主体及其切换、信息负载与闭合回路构建、有效学习评价方法四个方面对有效教学的评价进行系统论述与操作示例。全书将有效教学的理论与实践相结合，构建了一个全新的理解有效学习的视角。从结构体例设计上看，“思维导图”环节的设计，将每章内容用相互隶属与相关的层级图表现出来，从而使每章内容的关键词之间建立关系记忆链接，帮助读者更好地理解和记忆；“思考与讨论”环节，通过典型案例描述使读者更好地领悟理论在实践中的应用，依据案例提出与原理相关的辨析问题以促进读者理论与实践相结合的深度思考。

我们必须意识到，处于知识大爆炸时期的学生，如何掌握知识有效学习已经远远超越了学习知识的多少，基础教育的任务已经不再只是传授各科知识，重要的是让学生掌握学习的方法与策略，注重培养学生终生学习的愿望与能力。我们希望通过研究能够为这一重要而又广泛存在的主题探究增加新的元素和力量。

是为序。

作者

目　录
CONTENTS

第一章

有效学习的原理概述

【内容提要】

有效学习指有成效的学习、有效率的学习。是“做”与“受”的循环统一。有效学习具有持久性、变化性、发展性的特征，厘清这些概念是发展有效学习的必要准备。

【思维导图】

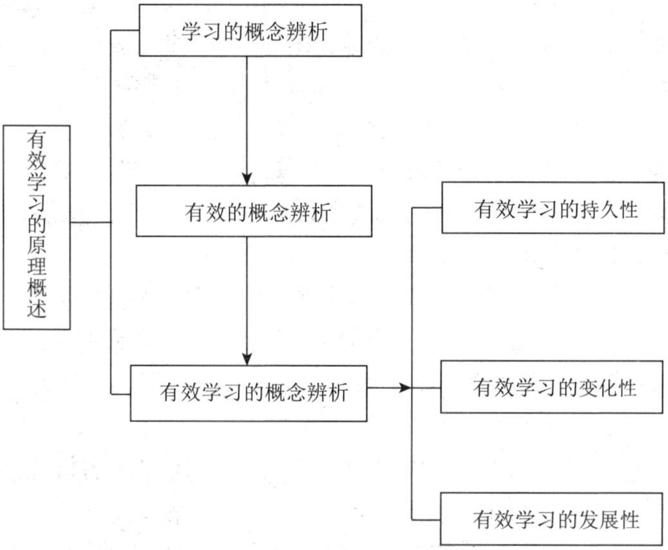

第一节　有效学习的概念辨析

一、有效的概念辨析

所谓有效，主要指通过教师在一段时间的教学后，学生所获得的具体进步和发展，也就是说，学生有无进步或发展是教学有没有效益的唯一指标。[①]

衡量教学有没有效益，并不是狭隘地认为教师有没有完成任务或教得认真与否，而是指学生是否学到什么或学得好与不好。

① 崔允漷.有效教学：理念与策略［J］. 人民教育，2001（6）：46.

二、学习的概念辨析

（一）学习的定义

在我国，“学习”二字最早是分开使用的，见于孔子的《论语·学而》中的“学而时习之，不亦说乎！”最早把“学习”二字直接连在一起使用的是在《礼记·月令》中的“鹰乃学习”，用以表达小鸟学习飞行的行为。中国古代的“学习”包含“学”与“习”两个环节,“学”是指人的认识活动,“习”则是指人的实践活动，二者统一起来才构成学习的完整概念。学习是一种认识与实践相结合、相统一的活动。在现代汉语表达中，“学习”二字已经连用,《辞海》中对“学习”的释义为:“学，效；习，频频起飞，小鸟反复学飞；求得知识技能，引申为效法。”[①]《现代汉语词典》关于“学习”的理解中也强调了学习的模仿、练习和在实践中获得知识或技能的特点。[②] 在英语中，用来表达“学习”的词主要为 learn 和 study，它将“学习”描述为一个有意义、积极、有收获的过程，并强调学习付出“时间和精力”。[③]

在我国教育界，关于“学习”的界定很多，其中林崇德和刘善循最具代表性，他们都从广义和狭义两个层面对“学习”进行了界定，从广义的角度，他们都认为学习是指动物和人的经验的获得及行为变化的过程。[④] 从狭义的角度，他们也都强调了学习的目的性、计划性、组织性的特征和重视实践技能和外在行为的变化的特点，不同的是，刘善循强调学习的主动性和被动性并存的特征。[⑤] 日本学者佐藤学对于“学习”的理解突破了以往对于学习的界定，他认为“学习”就是跟客观世界的交往与对话，跟他人的交往与对话，跟自身的交往与对话。[⑥] 通过对学习的汉语、英语的词源分析，以及专家对学习含义的探讨，我们认为，学习不仅是一种认知活动，还是一种实践活动，不仅需要模仿，还需要交流和对话。

---

① 辞海编辑委员会. 辞海（1979 年版）缩印本［K］. 上海：上海辞书出版社，1908：1125.

② 中国社会科学院语言研究所词典编辑室. 现代汉语词典［K］. 北京：商务印书馆，1978：1296，1221，1297.

③ 张方杰. 牛津现代高级英汉双解辞典（第三版）［K］. 香港：香港牛津大学出版社，1984：1170.

④ 林崇德. 学习与发展——中小学生学习能力发展与培养［M］. 北京：北京师范大学出版社，1999：8-9.

⑤ 刘善循. 快乐学习法——增强情感智力的技巧［M］. 北京：商务印书馆，2000：2.

⑥ 佐藤学. 学习的快乐——走向对话［M］. 钟启泉，译. 北京：教育科学出版社，1999：20.

（二）学习的形式

从不同的角度来分析，学习主要有以下几种基本形式。

1. 有意义学习与机械学习

奥苏伯尔根据学习内容对学习者的意义，将学习区分为有意义学习和机械学习两大类。有意义学习是指个体在理解所学知识的基础上进行的学习。这种学习有 3 个特点：其一，学习材料有逻辑联系；其二，学生认知结构中具有同化新概念的相应知识；其三，学生自己本身已经具有有意义学习的心理准备。例如，教学学习中，要使乘法的概念学习成为有意义的学习，就要在乘法概念与头脑中已有的几个相同的数连加的概念之间建立起联系。机械学习是指学生对学习内容进行人为的和字面的联系的学习。[①] 例如，在学习中运用顺口溜、反复朗诵等方法来帮助学生记忆。

2. 接受学习与发现学习

根据学习内容的呈现方式，可以把学习分为接受学习与发现学习。接受学习是指所学习的内容以定论的形式呈现给学习者的一种学习方式。[②] 学习者只需把呈现的材料加以内化或组织。影响接受学习效果的变量主要有：学生动机及态度；学习材料与原有认知的关系；学习材料与原有经验的距离；教师的学习与组织的行为策略。发现学习是指学生在学习情境中，经由自己的探索寻找，从而获得问题答案的一种学习方式。换而言之，知识或规律是学习者自主发现的。例如，通过画图、剪拼等操作，猜想、验证等方法，让学生发现三角形的面积公式的学习，就是一种发现学习。影响发现学习学习效果的变量主要有：学生的学习动机；学生的学习过程；提供背景材料的有效性；教师的参与策略。发现学习显然比接受学习复杂得多，所花的时间也多。

3. 低效率学习与高效率学习

低效率学习是指学生投入了大量时间和精力进行学习，但学习效果并不明显的学习。高效率学习是指学生在学习过程中，根据知识的内在联系、按照科学的规律进行学习，以最小的投入取得最大成效的一种学习。学习效率的高低是相对而言的，在一个连续线的两端，一端是高效率学习，另一端为低效率学习。大部分学生的学习效率可能都处于线段的某个点上，有的更靠近高效率学习的一端，有的可能更靠近低效率学习的一端。根据

① 马云鹏. 小学数学教学论［M］. 北京：人民教育出版社，2003：71-72.

② 沈德立. 高效率学习的心理学研究［M］. 北京：教育科学出版社，2006：4-6.

奥苏伯尔的观点，我们可以把学生的个体学习大体分为四种学习方式：有意义的接受学习、有意义的探究学习、机械的接受学习和机械的探究学习。它们的关系如图 1-1 所示。其中，有意义的接受学习、有意义的探究学习是有效学习或高效率学习，而机械的接受学习和机械的探究学习是低效，甚至是无效学习。

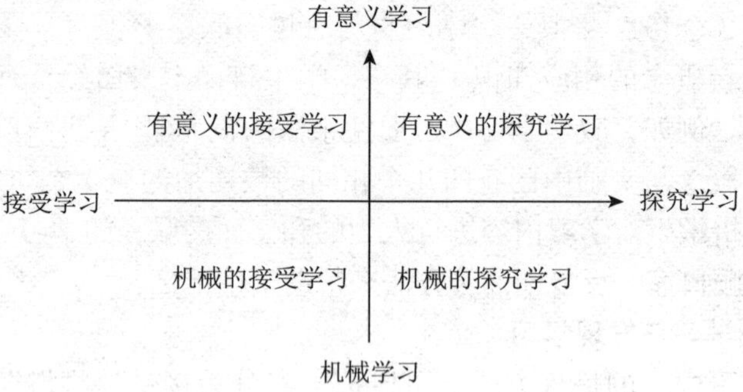

图 1-1

三、有效学习的概念辨析

有效学习概念的提出与信息时代的学习背景有关。在信息时代，如果学习方式不当，面对浩如烟海的信息、知识和技能，就很容易陷入忙碌但无效或效率不高的“伪学习”之中。相对应地，有效学习就是指那种善于优化我们的学习环境以达到学习目标的学习活动。从这个概念中可以得出三个紧密联系的子概念，即学习、有效和环境。其中，学习环境的创设是实现有效学习的关键因素。有效学习也指有成效的学习、有效率的学习。简言之，就是通过教师在一定时间内的施教之后，学生所获得的具体进步或发展。学生的进步和发展不仅仅局限在学生对知识的理解和记忆，更侧重于学生对问题的分析、运用和实践能力。

此外，有效学习是“做”与“受”的循环统一。有效学习中学生的“受”并不是完全被动地接受，它实际上已经包含主动的因素“做”。而为了有效接受人类的文化知识和经验的“做”，并不是单纯的活动或机械地“做”，它实质上已经从主动的尝试继续深入领会事物之间的联系，即意义的建构或者说承受结果的“受”。可见，有效学习是“做”与“受”的循环统一。

1.“做”延伸至“受”的完满过程为“做中学”

学习不是仅仅为了获得知识，更重要的是获得经验。“经验包含一个主动的因素和一个被动的因素，这两个因素以特有形式结合着。”① 所以，经验是主动与被动的完美结合，在主动方面，经验表现为尝试，在被动方面，经验就是承受结果，两者的完美结合才能获得经验。所以，单纯的活动并不构成经验，单纯的“受”也不能获得经验，也就是说，仅仅是“受”也不能获得经验，只有从“做”延伸至“受”并使二者在平衡中达到统一，才能获得有意义的经验，才是“做中学”。然而在实际的教育中却常常存在“做”与“受”的分离或者不平衡，这就导致学生不能获得有意义的经验。

2. “做”与“受”分离便不能获得有意义的经验

根据杜威对经验的讨论我们可以理解到，经验必然包含一个主动的因素——尝试，同时又包含一个被动的因素——承受结果。单纯的活动，是发现了事物之间的联结，即单纯的尝试或做并不构成经验，一个活动必须继续深入承受的结果，发现所尝试的事情与所产生的结果之间的联系，我们从中学了一点东西，才能说形成了经验。如“一个孩子仅仅把手指伸进火焰，这还不是经验；当这个行动和他遭受的疼痛联系起来的时候，才是经验。从此以后，他知道手指伸进火焰意味着灼伤”②。虽然这个孩子被灼伤，但如果他没有意识到这是他的行为——将手指伸进火焰——的结果，那么他便没有形成经验，他下一次可能仍然会把手指伸进火焰，再次被灼伤。如果他将他的行动与结果联系起来，他便知道不能将手指伸进火焰，否则就会被灼伤，这就是他所获得的经验。所以，“做”必须延伸到“受”而获得经验，这一完满的过程才是“做中学”或者说“从经验中学习”。将“做”与“受”分离开来，学生便不能获得有意义的经验。这是因为没有将“做”的行为与这一行为所产生的结果“受”联结起来，对它们之间的关系进行识别（识别的过程就是思维的过程），行为者便没有理解到事物（主动的尝试）与另一事物（结果）之间的因果关系，没有理解到事物的意义。如上例中的孩子，如果没有运用思维来联系伸手进火焰的动作与被灼伤的结果之间的因果联系，不能认识火焰会灼伤手这一道理，便没有获得经验，因此他可能再一次将手指伸进火焰而被灼伤。这是一个容易识别其中联系的例子。在学习中识别事物与事物之间的联系并不那么容易，所以，很多时候会出现让学生去做、去尝试，却没有引导学生去深入地分析行为与结果之间联系的现象，从而使学生仅仅停留于做，停留于活动，而没有获得有意义的经验。

① ［美］约翰•杜威. 民主主义与教育［M］. 王承绪，译. 北京：人民教育出版社，2001：32.

② ［美］约翰•杜威. 民主主义与教育［M］. 王承绪，译. 北京：人民教育出版社，2001：153.

另一方面，教师常常把书本上的知识和经验直接灌输给学生，这种单纯的接受多半让学生仅记住了文字而未能形成有意义的经验。因为学生缺乏主动的尝试，缺乏实际的体验，没有经过自己的思维来理解事物之间的联系，而仅仅记住固定的结果，便难以形成经验。一旦学生的活动即“做”与学生认识经验意义的承受活动的结果即“受”的紧密结合被破坏了，学生的学习就被分为两个断片：一个是让他们单纯地进行身体活动，另一个是单纯依靠“精神”活动来直接领会知识的意义。其结果是让学生头脑里塞满了零碎的知识却没有获得任何有意义的经验。

3. “做”与“受”不平衡也不能获得有意义的经验

单纯的“做”或单纯的“受”都不能使学生获得有意义的经验，“做”与“受”的不平衡也不能让他们获得有意义的经验。在我们的教学中最大的问题是“受”得太多而“做”得太少，即抑制身体活动而过分强调心智活动。由于学生缺乏通过多种活动与世界进行广泛接触和多样交往的机会，缺乏与环境进行交互作用的主动尝试，所以我们的教育仍然会由于过多的单纯的接受性活动而造成揠苗助长。从幼儿园开始，便倾向于减少孩子的游戏活动，不断地向幼小的心灵灌输语文、数学、英语等抽象知识，让孩子机械地记住事物之间的联系及其意义。在中学，各种科学实验活动和体验活动不被重视，如化学、物理、生物、数学等学科学习中各种实验和实践活动得不到应有的重视。“科学的实验方法乃是观念的试验。因此，甚至当试验实际上并不成功或者马上不成功时，这种试验还是理智的试验，是有效果的；因为如果我们的智力是经过认真思考的，我们就能从失败中学习。”①学习中应该让学生通过亲身经历以及各种感官活动对科学世界的各种现象产生深刻的印象，并通过反复的思考来建立事物之间的联系与意义，这样获得的知识和经验才会深刻而有意义，才会对学生的终身生活产生深刻的影响。而我们的教育常常为了让学生快速地记住知识，为了节省时间，也为了节省经费开支，仅仅让学生通过抽象的思考来记住事物之间的联系及其意义，即记住他人所积累的知识和经验，这样获得的印象大多浮光掠影，所接受的零碎的知识和经验显得牵强附会。在道德教育方面同样存在着这样的问题，较少提供实际的集体活动让学生体验道德的法则及其在集体生活中的重要性，而仅仅让学生在头脑中记住一些空洞的道理。如杜威所言：

---

① ［美］约翰•杜威. 民主主义与教育（第2版）［M］. 王承绪，译. 北京：人民教育出版社，2001：153.

"如果有生命、有体验的人是他所在世界活动的亲密参与者，那么认识就是一种参与的方式，这种知识有多大效果，就有多大价值。知识不能是一个漠不关心的旁观者的无用的观点。"[①] 如由于学生对道德法则缺乏深刻的体验，所以道德法则大多沦为空洞的和无用的教条，无法应用于他们的实际生活，而且更可怕的是这样的做法容易让学生养成说一套、做一套的坏习惯。这都是"受"得太多而"做"得太少的严重后果。

杜威说："当不存在做与受的平衡时，没有什么能在心灵中扎下根。为了与世界的现实建立接触，为了使印象可以这样与事实关联，从而使它们的价值得到检验和组织，某种决定性的行动是必要的。"[②] 而当我们意识到这一问题的时候，我们可能又会走向另一个极端，设计眼花缭乱的活动，让学生"做"得太多，"受"得太少，两者的不平衡同样使学生难以获得有意义的经验。"任何一方的不对称，都会使知觉变得模糊，使经验变得片面和扭曲，使意义变得贫乏和虚假。"[③] 在今天的教育改革中，我们已经认识到活动的重要、"做"的重要，我们因此设计太多的活动，让学生"做"得太多而流于表面，学生为应付忙乱的活动而没有静心思考的时间和机会，活动一个接着一个，而来不及寻找和发现行为与所产生的结果之间的联系。寻找、发现和识别所尝试的事和所发生的结果之间的关系，就是"受"的过程，也就是思维或反思的过程。学生缺乏"受"的过程便无法理解事物之间的联系与意义，也就不能获得有意义的知识和经验。所以，"做"得太多而"受"得太少也不能形成真正的经验。"做"与"受"的不平衡而使经验匮乏，这种情况不仅存在于学生的学习中，更存在于我们成人的生活之中。"做的热情，行的渴望，导致许多人几乎令人难以置信地缺乏经验，流于表面，特别是在我们生活于其中的这个忙乱而缺乏耐心的人文环境中，就更是如此。没有一个经验能够有机会完成自身，因为其他的东西来得是如此迅速。被称为经验的东西变得如此分散和混杂，以至于简直不配用这个名称。抵抗被当作是需要被摧毁的障碍，而不是对思考的启发。人们更多的是通过无意识而不是故意选择，逐渐找到能在最短时间里做最多的事的情境。"[④] 在这眼花缭乱的时代里，我们追逐得太多，而没有时间细细体味生活中各种行为的

---

① ［美］约翰·杜威．民主主义与教育（第2版）［M］．王承绪，译．北京：人民教育出版社，2001：153.

② ［美］约翰·杜威．艺术即经验［M］．高建平，译．北京：商务印书馆，2010：53.

③ ［美］约翰·杜威．艺术即经验［M］．高建平，译．北京：商务印书馆，2010：52.

④ ［美］约翰·杜威．艺术即经验［M］．高建平，译．北京：商务印书馆，2010：52.

关联，思考它们的真正意义，我们因而缺乏有意义的生活经验，无法获得完美的生活。正如古希腊哲学家提醒人们的，应当在一种沉思的生活中最为精致地使用理性：人们必须有时间阅读、谈论、思考有关追求完美的整体观点，他们可以企达那种高度的理性，这是他们的至善；这样的一种品格，在人声喧闹、尘土飞扬的市场中是无法赢得的[①]。我们既要去行动，也需要沉思，这样我们才能获得有意义的经验，过上完美的生活。另外，我们接受了过多的食而不化的知识以及字面上的观念，很多道理与观念留存于我们的头脑中，很多幻想与印象穿行于我们的意识中，我们却从来不在实际行动中去证实、坚守它们，让它们充满活力，成为我们的实际经验和生活信念。这些字面上的观念和食而不化的知识只会贻害世界，因此，杜威发出感慨："一盎司经验所以胜过一吨理论，只是因为只有在经验中，任何理论才具有充满活力和可以证实的意义。"[②] 的确，一方面，我们只"做"不"受"；另一方面，我们只"受"不"做"，我们没有使"做"与"受"平衡统一起来，因此我们无法获得多少真正的有意义的知识和经验，来领悟生活、认识事物、理解意义、应对困难。

4. 在"做"与"受"的循环统一中获得有意义的经验

教师不仅要创造机会让学生与世界进行多样交往，让学生进行积极主动尝试，给足够的时间让学生来思考，让学生与环境进行交互作用，学生可能需要通过反复、连续的思考才能发现主动尝试的行为与其结果的联系，理解事物与事物之间的关系及其意义。某一事物与另一事物之间的关系，不是碰巧联系在一起的，如牛顿观察苹果落地而发现地球的吸引力，这是他通过反复观察、实验和思维事物之间的联系的结果。教师必须引导学生运用自己的思维进行分析，"以考察处在中间的东西，以便把原因和结果、活动和结果结合起来"[③]。教师不仅要让学生去做，去积极主动尝试，而且应让他们把其中的详细联结弄清楚，把产生结果所依靠的详细的条件弄清楚，这样他们的洞察力便会得到扩充，从而获得经验。如此，他们对将来的预见便会更加全面和准确，在将来解决同样的问题时，即使条件发生了变化，也更有经验促使其成功。所以，在学习中，教师既要让学生有充足的时间反复尝试，即"做"，也要给学生充足的时间来完成寻找事物之间的联系与

① [美] 罗伯特·C 拉姆. 西方人文史（上）[M]. 张月，王宪生，译. 天津：百花文艺出版社，2005：217.

② [美] 约翰·杜威. 民主主义与教育 [M]. 王承绪，译. 北京：人民教育出版社，2001：158.

③ [美] 约翰·杜威. 民主主义与教育 [M]. 王承绪，译. 北京：人民教育出版社，2001：159.

意义的反复思考的过程，即“受”；只有实现“做”与“受”的反复循环与统一，才能获得有意义的知识和经验。有效学习是“做”与“受”的交织与统一，也就是说，有效学习中的“做”已经延伸至“受”，从主动的尝试延伸至结果的承受，寻求行为与结果之间的关系，建构事物与事物之间的联系与意义，获得知识与经验；有效学习的“受”已经包含了“做”，充分地运用自己的感官与世界进行多样的交往，运用自己的思维主动地尝试并进行意义的建构。人是身体与心灵、感性与理性等有机结合的整体，有效学习中的“做”与“受”也是紧密交织、密不可分的。通过“做”与“受”的统一，学生可以获得有意义的知识和经验。之所以说是“有意义”的知识和经验，是因为它们是通过学生的主动尝试和真正的思维来发现和建构的，所获得的便不是仅仅用于口头或书面考试的知识和经验，不会仅停留在文字的层面上，而是从过去的和他人的经验中采纳了某些东西，并转化为学生的个人知识、个性化经验和内在智慧，它们将在学生与世界的进一步交往、进一步寻找事物之间的联系、进一步认识事物的意义的时候，发挥重要的作用。在新一轮的“做”与“受”的统一中学生的知识将得到进一步丰富，经验将得到进一步改造。学生的学习便是在“做”与“受”的循环与统一中不断丰富自身知识和不断改造与增长自身经验的成长、发展过程。

第二节　有效学习的特征

一、有效学习的持久性

有效学习的持久性体现在学习者在学生中保持恒定或维持有效学习状态的持续时间。其中，包含了学习动机的内发性、学习的目标性。

（一）学习动机的内发性

“学习动机是指引发与维持学生的学习行为，并使之指向一定学业目标的一种动力倾向。”[①] 学习动机是激发学生进入学习活动、维持其有效学习活动并且帮助其达到最终学习目标以及获得个人发展的动力机制。有效学习首先要求学生的学习动机是内发的而不是外在的。内发性的学习动机

① 陈琦，刘儒德. 教育心理学［M］. 北京：高等教育出版社，2005：192.

是学生基于学习内容本身和自我的需要而呈现出的学习动机，这种学习经过一定时间和一定程度的酝酿，在学生头脑中逐渐具体化，以具体的理想目标呈现出来，并且这一目标成为一种动力因素激发学生开始思考如何达到目标，同时，学生会进行一定的自我可能性评估，从而在学习者内心和头脑中达到理想程度的学前准备状态。有效学习还要求学生学习动机具有持续性。学习动机的持续性体现在学习动机的强度、学习动机维持时间以及学习动机的后继性。在学习动机的强度上，有效学习的学习动机表现为适度偏强，过于高强度的学习动机容易冲动过后陷于冷静，而过于低强度的学习动机则很容易导致中途放弃或者偏移预定理想目标。在学习动机的维持时间上，有效学习的学习动机是可以延长学生的学习时间，在学习的准备、发生、实践以及反思阶段，其学习动机一直存在于学生内心，并且在每个阶段都能够维持和激发学生的积极学习和探索行为的进行。在学习动机的后继性上，有效学习的学习动机不仅能够激发和维持当前学习活动的进行，而且还可以作为继发性动力激发新的学习动机，从而继续性地影响到新阶段的有效学习。

（二）目标性

明确的目标导向能够促进有效和有意义学习的发生，建构性学习与自我调节学习在本质上相同，学生一旦确定了目标，学习就能够成功。有效学习本身就是一个有明确目的的认知过程，是一种有目的的学习。在课堂教学过程中，通过告知学生学习目标，让他们明确将学会做什么，应达到什么指标，获得什么能力，从而激起学生对学习的期望。这样能有效地促进学生认知内驱力的形成，对学生有效学习的产生具有积极的促进作用。

二、有效学习的变化性

有效学习的变化性是指学习者在进行有效学习的过程中，随着环境的变化学习状态也随之变化的特性。有效学习概念的提出与信息时代的学习背景有关。在信息时代，如果学习方式不当，面对浩如烟海的信息、知识和技能，就很容易陷入忙碌但无效或效率不高的“伪学习”之中。相对应地，有效学习就是指那种善于优化我们的学习环境以达到学习目标的学习活动。从这个概念中可以得出三个紧密联系的子概念即学习、有效和环境。其中学习环境的创设是实现有效学习的关键因素。

拉尔夫泰勒认为有效学习的条件主要有：

1. 积极主动的学习动机

拉尔夫泰勒认为动机是学习的最基本条件，学校内外都是产生动机的来源地。可以通过模仿、个体的兴趣愿望或榜样作用等激发学生的学习动机。

2. 清晰的学习目标

要产生一种习得行为，必须对试图去学什么有一个清晰的概念，能帮助学生顺利地仿效。

3. 适宜的学习任务

学习一种新行为的最初尝试应该同一项学习任务有关，它要求学习者付诸实际努力。这种任务应有一定的难度，但不是无法完成的。学习任务过于容易，不能引起学习者的重视，也不能使他们有成功的体验。只有通过努力去完成有一定难度的任务才能从中获得成就感。即适宜的学习任务就是要求学习者只有在全神贯注和全身心投入时才能获得完全成功的任务。

4. 支持学习者积极完成任务的信心

缺乏信心是抑制一个人完成任务的重要因素。学习者需要有能成功地完成任务的信心，而不能被视为失败者。教师应给予学生适当的鼓励，给他们提供难度适当的学习任务来增强学习者的自信心。

5. 奖励和反馈

当学习者成功地习得了某一行为能力时，成功所带来的满足感会驱使他们去进一步实施这种行为。教师要帮助学生从获得新知识、兴趣、态度、技能中得到满足，而不是依赖于与学习过程本身无关的奖励或别的支持。

6. 循环练习

教师要为学生提供机会练习新的行为，直到他们能得心应手，同时也要遵循循序渐进的原则，每一个后续练习在广度和深度上都要超过先前的练习。纯粹的重复容易令人生厌，达不到练习的效果。只有每一次新的练习都包含了新的要素，才会引起学生的关注，才能为有效学习打下基础。

7. 学习迁移

教师和家长要为学生的学习迁移创造机会，让学生能够把所学的知识运用到其他场合。并且要鼓励学生把生活中的问题带到课堂上来探讨，增强学生的理解力和解决问题的能力。我国学者邵瑞珍等认为有效学习的必要条件包括三个方面的内容：首先，外部条件，主要包括教材和教师提供的有意义的、经过组织的信息；其次，原有的知识和技能，主要指储存于长时记忆的学习某门学科有关的原有知识和技能，这是有效学习极为重要的内部条件；再次，学习者的学习动机和学习策略。[1]

三、有效学习的发展性

有效学习的发展性指的是学习者进行有效学习后对学习过程的反思性、对知识的建构性和积累性、对学习结果的创新性。

（一）学习过程的反思性

反思是指行为主体立足于自我批判性地考察自己行为的过程，是一种涉及直觉、情绪和激情等复杂的思维活动。学习过程的反思性是指学生为了实现有效的学习，在教师的引导下，对已经发生或正在发生的学习活动进行积极、持续、周密、深入、自我调节性的思考的特性。[2]反思性是有效学习的主要特征，也是增强学生自主学习能力、提高学习效率的重要途径。虽然我们一直强调课堂教学中教师指导的价值和过程性评价的重要性，但学生对自己学习过程的反思是任何其他指导和评价都不能取代的，因为学生自己最清楚这种学习是否满足自己的需要，自己在这种学习中学会了什么、什么还学得不太明白。也就是说，学生真正获得了什么，获得了多少，只有他自己最清楚，无论外人怎样去评价这个事实都不会改变。无论教师怎样努力也不可能在一堂课内对每个学生的学习状况都能做出客观评价，从这个意义上说，学生在学习过程中的反思性就显得尤为重要，它不仅能使学生发现自己以往学习存在的问题，并及时调整和改进自己的学习策略，而且能够促使学生生成新的、有价值的问题，进而激发学生探究问题的兴趣，促进学生思维的发展。

（二）知识的建构性

学生在接收信息时不是被动的，而是根据自己原有的知识对当前的知识进行积极的建构。建构主义学习理论认为学习者的学习有两个基本过程即“同化”和“顺应”。“同化”是指认知结构数量的扩充，“顺应”是指认知结构性质的改变。知识不能通过教师单方面的传授而习得，它必须依赖于学生在一定情境即社会文化背景下，借助获取知识过程的其他人的帮助，利用必要的学习资料，通过意义建构的方式获得的。因此将学习过程视为

① 联合国教科文组织总部中文科译．教育——财富蕴藏其中［M］．北京：教育科学出版社，1998：23.

② 安富海．教学反思：内涵、影响因素与问题［J］．河北师范大学学报（教育科学版），2010（10）.

一个积极的建构过程，并在积极的建构过程中获得新知识和新技能是有效学习的一个重要特征。[①]

（三）知识的积累性

有效学习的发生是有一定前提的，即学习者在原有知识和经验的基础上建构新的知识，学习者主动加工所收到的信息，并建构生成新的意义、习得新技能。有效学习是一个逐渐积累的过程，要进行有效学习就需要对这一积累过程进行适时的调控。

（四）学习结果的创新性

在一项学习活动中，如果学习是基于学生内在的需要而进行的，而且学生在学习过程中能够根据自己的学习状况不断反思和调整自己的学习策略，这种学习准备和学习过程必然生成创新性的学习结果。需要强调的是，我们所说的创新性的学习结果不是否定或轻视基础知识和基本技能掌握的学习结果，而是基于基础知识和基本技能理解的思维的发展和情感态度价值观的变化。过去很长一段时间我们强调基础知识和基本技能，发现过分强调"双基"，学生掌握知识与技能的方法和人生观、价值观、世界观都出现了一些问题。新课程改革强调了课程目标中的过程与方法、情感态度价值观的重要性，但从当前中小学课堂教学的现状来看，许多学生不仅过程与方法没有得到应有的理解，情感态度价值观没有得到应有的发展，连知识与技能的掌握也出现了问题，许多课堂过分注重热闹的课堂氛围和程序化的活动过程，忽视了学习结果。有效学习强调学生的学习结果对于学生自身以及其所学内容而言，都应该具有创新性。学生在经历有效学习过程之后，其自身不论在知识收获还是情感的体验上都不只限于量变的积累，而是在更高程度上体现出知识的创新以及情感的升华，这种创新不同于知识的简单积累或者情感价值的简单变化。知识的创新应体现在个人的独特体验以及逻辑思维的转变方面；情感价值的创新应该体现在遵守社会道德规范的前提下，实现个人情感价值的领悟和提升。

① 邑中平．教育目的论［M］．武汉：湖北教育出版社，1997：78.

第三节　有效学习的理论基础

一、行为主义学习理论对有效学习的启示

行为主义学习理论认为，学习过程是有机体在一定条件下形成刺激与反应的联系从而获得新的经验的过程。主要代表人物有桑代克、巴甫洛夫、华生和斯金纳。

（一）桑代克的试误——联结学习理论

桑代克认为，学习的实质是经过试误在刺激与反应之间形成的联结，即形成 S–R 之间的联结。他认为，联结指的是情境和反应之间的联结，学习就是在一定情境下，唤起“原本联结”中的一种联结倾向，并使之加强。

桑代克认为，学习需要遵循三条重要的学习原则：

（1）准备律：指学习者在学习前的预备定式。

（2）练习律：指刺激与反应之间的联结随练习次数的多少而增强或减弱，它包括应用律和失用律。应用律是指联系越多则联结力越强。失用律是指在一定时间范围内不练习，联结的力量就会减弱甚至消失。

（3）效果律：指如果个体对某种情境所起的反应形成可变联结之后伴随着一种满足的状况，这种联结就会增强；反之，如果伴随的是一种使人感到厌烦的状况，这种联结就会减弱。

（二）巴甫洛夫经典性条件作用理论

巴甫洛夫认为，学习是大脑皮层暂时神经联系的形成、巩固与恢复的过程。所有的学习都是联系的形成，而联系的形成就是思想、思维、知识。但联系通常只是指暂时的神经联系。他认为，我们的一切培育、学习和训练，一切可能的习惯都是很长系列的条件反射。

（三）华生的行为主义学习理论

华生认为，环境决定了一个人的行为模式，而个体的行为都是后天习得的，无论是正常的行为还是病态的行为都是可以通过学习而获得的，也可以通过学习而更改、增加或消除。他认为，行为就是有机体用以适应环境刺激的各种躯体反应的组合，有的表现在外表，有的隐藏在内部。在他眼里的人和动物没什么差异，都遵循同样的规律。

（四）斯金纳的操作性条件作用学习理论

斯金纳认为，人和动物的行为有两类：应答性行为和操作性行为。应答性行为是由特定刺激所引起的，是不随意的反射性反应；而操作性行为则不与任何特定刺激相联系，是有机体自发做出的随意反应。在日常生活中，人的大部分行为都是操作性行为，它主要受强化规律的制约。如果一个操作出现以后，有强化刺激尾随，则该操作的概率就增加；但已经形成了的操作，如果出现后不再有强化刺激尾随，则该操作以后出现的概率就减少，甚至消失。这就是操作性条件反射的基本过程。

总之，行为主义的学习理论所关注的是如何强化对学习者的外部刺激，认为学习是因强化练习而导致的行为的变化，因而强调外部环境对学习的影响，学习中起最主要作用的机制是暂时联系，即刺激与反应之间的紧密联系。因此，强化外部的刺激是有效学习的根本途径。由此可知，学习过程中应该不断地进行练习、反思、巩固，通过强化学习内容才能获得良好的学习效果。

二、认知主义学习理论对有效学习的启示

认知主义学习理论认为，学习过程不是简单地在强化条件下形成刺激与反应的联结，而是有机体积极主动地形成新的完形或认知结构。因此，有机体获得经验的过程，是通过积极主动的内部信息加工活动形成新的认知结构的过程。

认知主义学习理论主要有三个代表，即美国心理学家和教育家布鲁纳（Jerome Seymour Bruner）的认知发现理论；美国认知教育心理学家奥苏伯尔（David P. Ausubel）的认知同化理论；加涅（Robert M. Gagne）的信息加工学习理论。

（一）布鲁纳的认知发现理论

布鲁纳反对以 S–R 联结和对动物的行为习得的研究来解释人类的学习活动，而是把研究的重点放在学生获得知识的内部认知过程和教师如何组织课堂以促进学生“发现”知识的问题上。他认为，任何一门学科知识都有一定的知识结构，学习就是掌握学科的知识结构，获得一套概况的基本思想和原理。学习知识的最佳方式是发现学习。所谓发现学习，是指学生利用教材或教师提供的条件自己独立思考，自行发现知识、掌握原理和规律。

（二）奥苏伯尔的认知同化理论

奥苏伯尔认为，学生已有的认知结构是影响学习的最重要因素，他强调学生的学习应该是有意义地接受学习，这种学习通常是通过新知识与学生认知结构中的有关观念相互作用而进行的，其结果是新旧知识意义的同化。

有意义学习是针对机械学习而言的，它是指在学习过程中，符号所代表的新知识与学习者认知结构中已有的适当观念建立非人为的和实质性的联系的过程。奥苏伯尔认为，当学生把教学内容与自己的认知结构联系起来时，有意义学习便发生了。因此，要促进新知识的学习，首先要使学生的认知结构中具有与新知识相关的知识结构，也就是说，学生首先要具备良好的认知结构，这样才能顺利地同化新知识。

（三）加涅的信息加工学习理论

加涅认为，学习是学习者神经系统中发生的各种过程的复合。学习不是刺激反应间的一种简单联结，而是外部刺激和认知主体的内部心理过程相互作用的结果。学习过程往往被解释为每个人根据自己的态度、需要和兴趣，并利用过去的知识和经验对当前工作的外部刺激做出主动、有选择的信息进行加工的过程。加涅具体描述了典型的信息加工模式。认为学习可以区分出外部条件和内部条件，学习过程实际上就是学习者头脑中的内部活动，与此相应，把学习过程划分为八个阶段：①动机阶段；②了解阶段；③获得阶段；④保持阶段；⑤回忆阶段；⑥概括阶段；⑦操作阶段；⑧反馈阶段。

由上述理论可知，认知主义者学习理论侧重于学习者的心理活动，原有知识经验是学习必要的内部条件，这些内部条件通过一组转化过程而发挥作用。他们认为是个体作用于环境，而不是环境引起人的行为。环境只是提供潜在的刺激，至于这些刺激是否受到注意或被加工，这取决于学习者内部的心理结构，因此学习是一种能动建构的过程。那么有效的学习，学习过程应是学习者主动发现的过程。在学习活动中，学习者应积极主动地探究知识、发现知识，充分发挥自身的主观能动作用，而不是被动地接受知识。并且，学习过程应注重学习方法、策略的运用，才能有效地进行信息加工。

三、建构主义学习理论对有效学习的启示

建构主义的思想来源于认知加工学说，以及维果茨基、皮亚杰和布鲁

纳等人的思想。建构主义学习理论认为，意义不是独立于我们而存在的，个体的知识是由人建构起来的，对事物的理解不是简单由事物本身决定的，人在以原有的知识经验为基础来建构自己对现实世界的解释和理解。不同的人由于原有经验的不同，对同一种事物会有不同的理解。学习是积极主动的意义建构和社会互动过程。①

建构主义认为，学生是认知的主体，是知识意义的主动建构者，知识不是通过教师的讲授得到的，而是学习者在一定的社会背景下，借助他人的帮助，利用必要的学习资料，通过意义建构的方式来获得的。强调以学生为中心的学习，教师是意义建构的帮助者、促进者，而不是知识的传授与灌输者；学生是信息加工的主体，而不是外部刺激的被动接收者和被灌输的对象。

建构主义认为，学习不是每个学生单独在头脑中进行的活动，学习者也并非是一个孤立的自然的探究者，而是一个社会的人。学习是一种社会活动，是在一定社会文化环境下进行的，个体的学习同其他人及环境密切相关，强调“协作学习”对意义建构的重要作用。

建构主义强调学习、知识和智慧的情境性，认为知识是不可能脱离活动情境而抽象地存在的，学习应该与情境化的社会实践活动结合起来。知识是生存在具体、情境性、可感知的活动之中的。因此人的学习应该与情境化的社会实践活动联系在一起。②

综上所述，在建构主义学习理论指导下，首先，有效的学习不是简单地被动接受灌输，而应该是积极主动的，学习者在教师的指导下，主动探究新知识，在建构自己的知识和理解过程中，不断思考，不断对各种信息加工转换；其次，有效的学习不是孤立的，而应该具有协作性，学习者与他人一起讨论交流，形成学习共同体，共同完成知识的意义建构；最后，有效的学习应该是在实际情境中的学习，使学习者能够利用原有认知结构中的有关经验去同化和索引当前学习的新知识。

① [美] 约翰·杜威. 民主主义与教育（第2版）[M]. 王承绪，译. 北京：人民教育出版社，2001：153.

② 安富海. 教学反思：内涵、影响因素与问题 [J]. 河北师范大学学报（教育科学版），2010（10）.

四、人本主义学习理论对有效学习的启示

人本主义学习理论认为，学习是人固有能量的自我实现过程，强调人的尊严和价值，强调应无条件积极关注在个体成长过程中的重要作用。人本主义主张，心理学应当把人作为一个整体来研究，学习的目的和结果是使学生成为一个完善的人，一个充分起作用的人，也就是使学生整体人格得到发展。

最具有代表性的人本主义学习理论是罗杰斯的学习理论。他认为有意义学习，不仅仅是一种增长知识的学习，而且是一种与每个人各部分经验都融合在一起的学习，是一种使个体的行为、态度、个性以及在未来选择行动方针时发生重大变化的学习。有意义的学习有以下四个特征：一是全神贯注：整个人的认知和情感均投入学习活动之中；二是自动自发：学习者由于内在的愿望主动去探索、发现和了解事件的意义；三是全面发展：学习者的行为、态度、人格等获得全面发展；四是自我评估：学习者自己评估自己的学习需求、学习目标是否完成等。

在人本主义学习理论的指导下，有效的学习应该是自我主动地学习，学习的目的和结果并不仅仅是获得知识，更多的是在学习过程中学会学习，获得学习的方法，并且培养自身的学习能力、情感、态度、价值观，使自己的个性得到充分发展，成为全面发展的人。另外，有效的学习应该注重学习的自我评价、自我反思，评价反思自己的学习效果，是否达到学习目标，改进、调整学习方法、学习策略，促进有效学习。

第四节　有效学习的心理过程

一、有效学习的心理因素

（一）学习动机

1. 动机和学习动机

动机是指引起个体活动、维持已引起的活动，并指引该活动朝向某一目标的心理倾向。这里的活动是指行为与学习活动相关的动机则为学习动机。学习动机是指引起学生学习活动、维持学习活动，并指引学习活动趋向教

师所设定的目标的心理倾向。[1]

学习动机一般分为两类：一类是内在动机，也称为内源性动机，指由个体的内在兴趣、好奇心或成就需要等内部原因引起的动机。如学生为了获得知识、充实自己而努力读书就属于内在动机。另一类支持学习的动机是外在动机，也称外源性动机，指由外在的奖惩或害怕考试不及格等原因激起的动机。如学习是为了得到教师、父母的表扬等。

2. 学习动机的相关概念

学习的原因是多方面的，所以可以从许多不同方面来解释其行为原因，即学习动机。这些方面包括目标、需要、兴趣、好奇、个人价值观等。

（1）目标。目标是个体在动机性活动中努力追求的结果，如学生考上重点大学，这是学生追求的结果，所以是学习行为的目标。当个体意识到自己当前的状况和想要实现的理想状态之前的差距，目标就会激励个体去努力消除两者之间的差距。

（2）需要。一切活动都产生于需要，动机来源于需要。马斯洛需要层次理论把需要分成生理需要、安全需要、情感和归属需要、尊重的需要以及自我实现的需要五类，依次由较低层次到较高层次排列。

（3）兴趣。兴趣是指个体对某人或某事物的选择性注意的倾向。当人们从事与自己感兴趣的活动时，会表现出主动积极，感到轻松和愉快，而从事不感兴趣的活动时则会感到厌烦和劳累。因此，调动学生的学习动机时，培养学生的学习兴趣非常重要。

（4）好奇。好奇是指促使个体对新奇的事物去观察、探索、摆弄、询问，从而获得对环境中各种事物的了解的一种原始性的内在行动。好奇是与生俱来的，不需要学习。好奇与学习动机密切相关。

（5）个人价值观。个人价值观是指个人自认正当，并据以为判断是非善恶的标准，可用于对人和事物等各方面的判断。例如，某一学生认为学习英语没有价值，那就很难具有学习英语的学习动机。

3. 学习动机对有效学习的影响

（1）对学习积极性的影响。学习积极性是多种心理因素的综合表现，我们通常可以从学生的注意状态、情绪状态和意志状态三个方面来对它进行考察。学习动机是学习积极性的核心内容。只有当学生有了正确的学习动机、高度的自觉性之后，学习的兴趣、情绪才能更为稳固、深刻而持久，

---

① 莫雷．教育心理学［M］．北京：教育科学出版社，2014：258.

在学习中也才能更好地集中注意力，学习才能有效。

（2）对学习效果的影响。学习动机对学习效果的影响可分为两个方面：一是总体上整个动机水平对整个学习活动的影响；二是学习者在具体的学习活动中学习动机对学习效果的影响。总体而言，学习动机越强，有机体对学习活动的积极性就越高，从而学习效果越佳。然而，由于实际生活对学生的影响十分复杂，学生本身的心理状态也极其多样，因此，学习动机和学习效果之间的关系并非是完全一致的。有时随着学习动机的增强，学习效果反而下降。所以，过高或过低的学习动机，都会对有效的学习产生影响。只有当学习动机的强度处于最佳水平时，才能产生最好的学习效果。

4. 激发与维持学习动机的策略

（1）培养学生学习兴趣和求知欲。通过创设问题情境，将学生引入一种与问题有关的情境中，激发学生的求知欲；通过采用图画、幻灯片、录像、实验演示等多种方式呈现学习材料，培养学生的学习兴趣。

（2）提高学生的自信心和效能感。提高学生的自信心和效能感，可以通过以下方面实现：归因训练或归因指导；让学生根据自己的实际水平开始某项新的学习任务；强调学生自己前后成绩比较，避免学生之间的横向比较；为学生提供合理的学习榜样和解决问题的示范等。

（3）培养学生对成就的需要和成就感。培养学生成就的需要和成就感，主要是针对成绩差、自暴自弃的学生。培养这些学生的成就感，可以先找出他们成绩之外的其他优点，并加以表扬，从而激发与培养他们的成就感。

（4）利用学习竞赛和奖惩激发学习动机。研究表明，组织良好的适度的学习竞赛，可以诱发学习兴趣，活跃课堂气氛，激发学习动机。在教学实践活动中，合作与竞争都是必要的，适量与适度的竞争与合作的恰当结合，会有效激励学生的学习动机。另外，奖惩也可以激发学生的学习动机，哈洛克（Hurlock，1925）通过实验证实了奖惩的效果，而且发现奖励的效果明显优于惩罚。但是，不恰当的奖惩也可能带来副作用。因此，奖惩只是激励学生学习的一种手段，要使用适当。

（二）认知发展

1. 认知发展及其影响因素

认知发展一般是指大脑生长和知识技能有关的发展方面，具体来说，它涉及人在知觉、记忆、思维、语言、智力等方面种种功能的发展变化。[1] 认

① 皮连生. 教育心理学［M］. 上海：上海教育出版社，2014：252.

知发展是影响学习的重要心理因素。

认知发展的影响因素包括遗传素质、生理成熟和社会环境。遗传素质是个体通过遗传获得的与前辈相似的生物特征，而这里的生物特征主要是指与生俱来的生理特征，如机体的构造、形态等。生理成熟是指机体生长发育的过程，特别是指神经系统和内分泌系统的生长发育过程。社会环境指社会互动和社会传递，主要是指他人与儿童之间的社会交往和教育的影响作用。各种因素共同作用，影响个体的认知发展。

2. 认知发展的阶段

皮亚杰把认知发展视为认知结构的发展过程，以认知结构为依据区分心理发展阶段。他把认知发展分为以下四个阶段。

（1）感知运动阶段（0 ~ 2 岁）。在这个阶段，儿童通过自己的感觉、知觉和动作来认识、理解周围环境并与之相互作用。

（2）前运算阶段（2 ~ 7 岁）。这个阶段的儿童思维具有单向性、不可逆性、静止性等特征，思维仍受具体知觉表象的束缚。并且，儿童已经掌握口头语言，头脑中有了事物的表象，他们能理解和使用从具体经验中习得的概念以及其间的关系。

（3）具体运算阶段（7 ~ 11 岁）。这个阶段的儿童已经能进行逻辑思维，其思维具有多维性、可逆性和动态性。这一阶段的儿童已经能够通过下定义的方式获得概念，但是需要实际经验或借助具体形象的支持。

（4）形式运算阶段（11 ~ 15 岁）。这一阶段的儿童思维超越了对具体的内容或可感知的事物的依赖，能够根据逻辑推理、归纳或演绎的方式来解决问题；能理解符号的意义、隐喻和直喻，能做一定的概括，其思维发展水平已接近成人水平。

3. 认知发展对有效学习的影响

认知发展与学习的关系十分密切，一定的认知发展水平是进行学习活动的必要前提，有效学习必须符合个体认知发展水平。认知发展对有效学习的影响主要有以下几个方面：

（1）认知发展水平制约个体学习的内容。例如，入学前，儿童主要记忆具体形象的事物，入学后，对抽象事物的记忆迅速发展；小学阶段，儿童仍善于记忆具体形象的事物，到了初中、高中阶段，抽象性内容的记忆逐渐增强，能够记忆公式、法则、定理等抽象材料。因此，个体的学习内容必须符合其认知发展水平，学习才能成为有效的学习。

（2）认知发展水平决定个体学习的方式。小学低年级学生，思维以具体形象思维为主，他们往往只善于记忆事物的外部特征，因此在学习活动中，他们倾向于接受学习的方式进行学习，机械地记忆。而初高中阶段，学生已具有具体抽象的思维能力，他们善于理解事物之间的内在联系，因此学习的方式应采用有意义地接受学习。因此，不同认知发展阶段的学生，应采用不同的学习方式，如果高中生的学习还采取机械记忆的方式进行学习，那么学习则是无效的学习。

（三）智力

智力是指处理抽象观念、处理新情境和进行学习以适应新环境的能力。心理学研究表明，人类的智力分布近似常态分布。有些人智力发展水平较高，但也有些人智力发展水平较低。美国哈佛大学心理学家加德纳教授提出了多元智能理论，加德纳认为，人的智力是多元的，除了言语智力、逻辑—数学智力两种基本智力以外，还有其他几种重要的智力，如视觉—空间智力、音乐—节奏智力、人际交往智力、内省智力等，不同的人在这八种智力上会表现出不同的水平，因此人与人之间有着智力的差异。

智力差异对学习的影响表现在以下几个方面：第一，智力水平影响学业成绩。大量心理学研究表明，学生智力水平与学业成绩有中等程度相关。智力水平越高，一般学习成绩越好，将来接受教育的水平也越高，但智力水平不是影响学习的唯一因素。第二，智力水平影响学习质量。智力水平高的学生一般容易学会解决问题的策略，易于自行纠正错误和验证答案，善于运用高效的学习方法。第三，智力结构差异影响学业成绩。同等智力水平的人，学习成绩不完全相同。由于不同的人智力结构不一样，因此有些学生英语成绩较好，有些学生数学成绩较好。

（四）学习风格

学习风格是指学习者持续一贯的带有个性特征的学习方式和学习倾向。学习方式是指学习者为完成学习任务而采用的一系列解决问题的方法、技术。学习倾向指学习者对学习活动的情绪、态度、动机、坚持性，以及对学习环境、学习内容的不同偏爱。

与学习密切相关的学习风格类型主要有以下几种：第一，场依存型和场独立型。场依存型者受环境因素影响较大，其对物体的知觉倾向于以外部参照作为信息加工的依据，态度和自我知觉易于受周围人的影响和干扰。场独立型者不受或很少受环境因素影响，对客观事物做判断时，倾向于利用自己内部的参照。场依存型和场独立型与学生的学习有密切关系。第二，沉思型和冲动型。沉思型的学生在遇到问题时倾向于深思熟虑，用充足的时间考虑、审视问题，总结出解决问题的规律，因而错误较少。冲动型的学生倾向于快速仓促地做出决定，反应速度快，但容易发生错误。

学生稳定地带有个性特征的学习风格，对有效学习有明显的影响，主要表现在以下几个方面：第一，学习环境影响学生学习的效果，不同学习风格的学生对学习环境的偏爱不同。当学习中的环境刺激与学习风格的偏爱相一致时，促进有效学习；反之则妨碍其学习。如有些学生学习时需要安静的环境，有些则需要有音乐才能集中注意力；有些学生在晚上学习效果较好，而有些学生在上午学习效果好。第二，不同学习风格的学生对学习内容有不同偏爱，从而影响学习效果。研究表明，场独立型的学生偏爱自然科学、数学，且成绩较好；而场依存型的学生偏爱人文社会科学，且成绩较好。第三，不同学习风格的学生具有不同的学习方式，学习方式的运用影响学习效果。不同学习风格的学生，学习方式不一样，有的喜欢通过听觉和视觉接收并存储信息，有的则通过具体操作活动获取信息，还有的需要几种感觉结合获取信息。顺应学生偏爱的学习方式，才能促进有效学习。

此外，影响学生有效学习的因素还包括学生的控制源、焦虑、自我概念等人格因素。学生的人格差异也将影响其有效学习。如学生持有的不同控制源通过影响学生的成就动机、学生投入任务的精力、学生对待任务的态度和行为方式等一系列变量而影响学习；不同程度的焦虑会对学习产生影响，完成容易的任务，一般高焦虑比低焦虑更能促进有效学习，而完成困难任务，高焦虑比低焦虑差。

二、认知学习的心理过程

现代心理学家将认知学习领域分为三类，即知识的学习、智慧技能的学习和认知策略的学习。

（一）知识的学习

知识是个体头脑中的一种内部状态，它具有广义和狭义之分。狭义的知识一般是指存在于语言文字符号或言语活动中的信息，如各门学科中的基本事实、概念、原理等。广义的知识是指主体通过与其环境发生相互作用而获得的信息及其组织。它既包括个体从自身生活实践和人类社会实践中获得的各种信息，也包括在获得和使用这些信息过程中所形成的各种技能和能力。[①] 现代认知心理学依据知识的不同表征方式和作用，将知识主要分为陈述性知识、程序性知识和策略性知识。一般来说，知识主要是指陈述性知识，智慧技能是指程序性知识，认知策略指特殊的程序性知识。

陈述性知识也叫描述性知识，是关于事物及其关系的知识，主要用于区别和辨别事物。它是用于回答世界是什么的问题，包括事实、规则、个人态度、信仰等。陈述性知识包括三个阶段：一是新信息进入短时记忆，与长时记忆中被激活的相关知识建立联系，从而出现新的意义的建构；二是新建构的意义存储于长时记忆中；三是意义的提出和运用。现代心理学家皮连生认为，陈述性知识不仅涉及上述阶段，还涉及一系列的内部认知过程，这些过程包括选择、整合、组织、精加工等。[②]

（1）选择。选择过程是学习者将其注意力集中于环境中所呈现的信息的有关方面，或者将有关信息与无关信息区分开来，从大量呈现的信息中选择重要的、有关的信息进行进一步加工，将信息从感觉记忆移送到工作记忆中。

（2）整合。整合过程是指学习者在工作记忆中将新的陈述性知识与原有的陈述性知识联系起来的过程。整合就是学习者在新旧知识之间建立联系。当新旧知识之间建立了有意义的、实质性的联系时，学习者就获得了新知识。

（3）组织。组织过程是指在工作记忆中建立新知识内部的联系，或者是将所选择的信息组织成一个连贯的整体。

（4）精加工。精加工是指对所呈现的信息进行添加、补充的活动。精加工的结果是生成了新知识中没有明确呈现出来的内容。学习者在学习陈述性知识时，经常要进行精加工的活动，这种活动也最为集中地体现了学习的建构性。

（二）智慧技能的学习

加涅认为，智慧技能是个体有可能通过语言、数字之类的符号来对环境做出反应与描述的性能。语言、数字之类的符号表示的往往是客观事物及其之间的关系。个体运用这些符号与外界相互作用，与他人进行有效交流的能力即智慧技能。加涅将智慧技能分为四类：辨别、概念、规则和高级规则。

---

① 莫雷．教育心理学［M］．北京：教育科学出版社，2014：74.

② 皮连生．教育心理学［M］．上海：上海教育出版社，2014：93.

（1）辨别的学习过程。辨别是指一个或更多的物理或感觉维度上觉察出刺激差异的性能，即分辨出两个事物。如给出两种不同颜色的纸，学习者能够指出这两种纸是不一样的颜色，就表明他具有辨别这两种颜色的能力。辨别学习又叫知觉学习，通常在婴幼儿时期完成，但有些辨别也需要在学校教育情境中习得。吉布森认为，辨别学习涉及注意、抽象、过滤三个心理过程。注意是指学习者在探索外界的活动中所做的感官调整，如将耳朵转向声源。对感觉器官的调整有助于学习者更好地与需要辨别的刺激接触，从而区别不同的特征。抽象是学习者在一系列不同的客体和事件中发现恒定不变的关系。如字母的区别性特征可能是一些像直线—曲线、垂线—倾斜这样的对照关系，这种关系是恒定不变的，即使字母的大小、颜色变了，这些关系仍然是不变的。①过滤是学习者忽视无关的、随机变化的刺激，如小学生在学习汉字拼音时，要忽视周围环境的其他声音，才能完成对拼音的辨别。

（2）概念的学习过程。概念的形成与概念同化是概念学习的两种不同的方式。概念形成是指学习者从概念的具体例子中概括出的关键特征或本质特征，它的心理过程主要包括概括和分化。概括是指学习者从具体、特殊的例子中推导出适用于同类其他例子的共同特征。而分化是指学习者在反例呈现的情况下纠正不当概括的过程。概念同化是指在概念的关键特征以定义的方式呈现给学习者后，通过这种学习方式，学习者利用其头脑中原有的相关知识来理解和同化概念的关键特征的过程。

（3）规则的学习过程。规则是学习者在多种情境中一致地应用若干概念之间关系的性能，是公式、定律、法则、原理等的总称。规则的学习有两种方式：一是发现式规则学习，是指学生通过规则的若干例证中概括出一半结论的方法而获得规则意义的学习，简称例规法。在这种学习中，学习者首先接触或学习若干规则的例证，然后学习者对这些例证进行分析、概括，并通过检验自己形成的有关概念间关系的假设而理解规则。最后学习者多次尝试将习得的规则应用于不同情境中而最终习得作为智慧技能的规则。二是从接受式规则学习，又叫规例法。这种学习一般模式是从规则到例子，学习者首先运用其原有的知识经验学习规则的言语陈述，然后再学习说明该规则的例证，从而实现对规则的理解，最后学习者在不同情境中尝试联系和应用这一规则。

---

① 皮连生．教育心理学［M］．上海：上海教育出版社，2014：110.

（4）高级规则的学习过程。学习概念和规则的最终目的是利用它们来解决问题，而解决问题是一个思维的过程，是学习者在学习过程中发现了以前学过的能够用于解决一个新问题的规则的联合，即高级规则。问题的解决可划分为两个步骤：一是准备，相当于常说的提出问题；二是解决，即针对问题设法进行解决，也就是解决问题。美国教育家杜威将问题解决过程分为五个阶段：①暗示：困惑、挫折或意识到困难的状态；②理智化：确定疑难究竟在什么地方，包括不太具体地指出所追求的目的，需要填补的缺口或要达到的目标；③假设：提出种种假设问题；④推理：连续检验这些假设，并对问题重新加以阐述；⑤用行动检验这些假设：进行验证，证实、驳斥或改正假设。

（三）认知策略的学习

认知策略是一种特殊的智慧技能，从学习的信息加工过程来看，认知策略是学习者用来选择和调整其注意、学习、记忆与思维的内部控制过程。从学习结果来看，认知策略是学习者获得的一种特殊的程序性知识，或一种特殊的智慧技能。认知策略可以由学习者的独立的发行或有指导的发现而习得。对于大多数学生来说，认知策略的学习需要从有目的教学中习得，因而认知策略的学习过程其实是一个教和学互动的过程。普雷斯利等人将认知策略的教学与学习过程描述为三个阶段：第一阶段，将认知策略描述给学生，学生构建出对策略的理解和认识。这一阶段教师的科研为学生实际示范策略使用，并且要向学生描述为什么要使用某一策略的原因，用该策略要实现什么目的以及策略所使用的具体情境。第二阶段，给学生提供运用策略的练习，学习者练习构成策略的概念、规则与程序。第三阶段，给学生提供练习，促进策略运用的泛化和灵活性。学习者练习判断在什么情况下使用某一策略。

三、动作技能学习的心理过程

心理学家加涅（1999）认为，动作技能是指以流畅、合乎规则和时间上精确为特征的协调肌肉运动的能力，它实际上包括两个成分：一是描述如何进行动作的规则；二是因练习与反馈而逐渐变得精确和连贯的实际肌肉运动。如键盘打字是一项动作技能，仅仅了解拼音书写汉字的人不能说他具有打字的动作技能，而只会胡乱敲打键盘的人也不能说是具有打字的动作技能。动作技能不仅与肌肉运动有关，还与感知觉、大脑有关。

动作技能可以从动作的精确性、动作从开始到结束的连续性和环境的稳定性三个方面进行分类：一是粗大动作技能和精细动作技能。粗大动作技能是指在较大空间范围内进行并要求做大幅度动作的技能，如跑步、游泳、打球等。精细动作技能是指在狭小空间范围内进行并要求动作协调、精致、幅度小的展开的技能，如打字、刺绣等。二是连续性动作技能和非连续性动作技能。一种动作技能可以很清楚地定义开始点与结束点，则称为非连续性动作技能，如射箭、举重等。而如果可以任意定义一个动作技能的开始点与结束点，则这种动作技能称为连续性动作技能，如弹琴、骑车等。三是封闭性动作技能和开放性动作技能。某种动作技能面对的外界环境是稳定、可预测的，则称为封闭性动作技能，如打保龄球、跳水。而开放性动作技能发生在外在环境不断变化的条件下，练习者必须根据外部刺激的变化而相应调节自己的动作，如驾车、踢球等。

动作技能的学习过程是通过练习逐渐掌握某种外部动作方式并使之系统化的过程。费茨和波斯纳概括了较为成熟的动作技能学习的一般心理过程，他们把动作技能的学习分为三个阶段：一是认知阶段。这一阶段主要是了解学习任务。学习者通过指导者的言语讲解或观察他人示范的动作模式，或自己按照操作说明或使用手册的要求，试图对所学技能的任务、性质、要点等进行分析、了解和领会。因此，这一阶段也称为知觉阶段，主要的重点是为学习者提供视听觉和肌肉运动知觉的信息。二是联系形成阶段，又称为定型、联系阶段。具体表现为学习者通过练习把已掌握的局部的、个别的动作联系起来，形成比较连贯的初级动作系统。这一阶段，重点是使适当的刺激与反应形成联系。为此必须排除过去经验中习惯的干扰以及局部的动作之间的相关干扰。三是自动化阶段。这是动作的协调和技能的完善阶段，也是动作技能形成的最后阶段。这个阶段，各个局部动作联合成为一个完整的自动化的动作系统，整套动作无须特殊地注意和纠正，能够准确、自动地实现。如有经验的司机能够在正常开车时顺利地与别人交谈。当动作已达到熟练操作的程度，动作技能就已经形成了。

四、情感学习的心理过程

我国教育学家将情感领域的学习称为品德学习，而加涅则称为态度学习。

品德也称德行或品行，是个体依据一定的道德行为准则在其行动时所表现出的稳固的倾向性特征，是社会道德在个人身上的反映。品德不是天生的，而是在一定的社会与教育环境中习得的。品德的心理结构包括四种：道德认识、道德情感、道德意志和道德行为。道德认识指对社会道德规范及其执行意义这两个方面的认识。而道德观念、道德判断和道德评价都属于道德认识。道德情感是人根据人的道德需要是否得到满足而引起的一种内心体验，伴随着道德观念并渗透到道德行为中。如责任感、自尊心、公正感等。道德意志则是道德认识的能动作用，是人利用自己的意识，通过理智的权衡作用去解决道德生活中的内心矛盾，是支配行为的力量。道德行为是指在道德意向支配下表现出来的符合社会道德规范的行为。

态度通常主要表现为趋向与回避、喜爱与厌恶、接受与排斥等。一般来说，态度包括以下三个成分：一是认知成分，它与表达对象、表达情境以及表达态度之间关系的概括或命题有关；二是情感成分，它与伴随概念、命题的情绪以及情感有关；三是行为倾向成分，它与行为的预先安排或准备有关。

通过对品德和态度的概念及构成分析，可以发现两者基本上是同性质的，因此情感学习的心理过程，我们将两者合并在一起讨论分析。社会学习理论研究人的社会行为包括道德和态度行为是如何习得的，该理论后来发展成为全面的人格理论，能够较全面地解释人的社会行为的学习，下面就用班杜拉的社会学习理论来解释态度和品德学习的心理过程。

班杜拉区分了两种学习，用于说明人的思想和行为怎样受环境影响，一种是通过观察他人行为示范的学习，称为观察学习；另一种是通过做出社会性行为并直接获得奖惩结果的学习，称为亲历学习。

观察学习，是指通过观察环境中他人的行为及其后果从而发生的学习。班杜拉认为，很多社会学习都是通过观察他人的实际表现及其带来的相应后果而获得的。技能、语言、道德行为、文化习俗等都可以通过观察学习获得。班杜拉把观察学习分为注意、保持、生成和动机四个心理过程。首先，注意过程是观察学习发生的前提条件。这一过程是学习者在大量的范例中选择部分信息进行观察。被示范的对象或活动的特征和学习者自身的特征共同影响注意的效果。如动画片比较注重突出人物的特征，这样容易被小学生注意。其次，保持过程是指学习者将在学习过程中观察到的信息以符号的形式保存在记忆里。这种符号化的高级能力使得人能够从观察中学会很多东西。再次，生成过程指保持在头脑中的符号转换成相应的行为。这是一个“观念—行动的匹配过程”。最后，动机过程是认识示范行为的价值，形成动机、意向，在生活中表现出与示范行为相匹配的行动的过程。如人们通常表现出他们认为是有价值的、可以受到奖赏的行为。

亲历学习，是指学习者通过自己反应后果引起的学习。行为主义认为这种学习是一种机械的过程，反应后果自动、无意识地加强了反应，而不需要觉察反应与结果之间的关系。但班杜拉认为，反应结果之所以能够引起学习，取决于人们对反应结果的功能性价值的认识，表现在其反应结果对反应主体具有信息价值和反应结果对反应主体具有动机的功能两个方面。

【案例辨析】

学生学业成绩的高低与学习行为是否有效有直接的关系。那么，什么是有效学习？如何检验“有效”？

有一位初一学生的案例如下。

王某，男，初一，智力正常，小升初时学习成绩排在班里第二名；是班里的文体委员，平时经常组织一些文娱体育活动；学习很用功，但成绩却逐渐下滑。其班主任反映王某上课能认真听讲，但基本不举手回答问题；作业能按时完成，只是正确率不高。家长反映王某平时在家也花费很多时间学习，期末考试前更加努力，每天都开夜车。但是王某期末考试成绩仍然不是很好，下滑到班级 32 名，家长和老师都很头疼，该生自己也开始怀疑自己的能力。

王某的情况在初一学生中是有一定代表性的。许多初一学生的家长会反映：我家孩子在小学时学习很好，可到了初中之后学习成绩就开始下降，而且平时看孩子学习还挺努力的，可成绩就是上不来，这到底是怎么回事？

相信很多初一学生家长都有这种困惑，这也是一个很引人深思的案例。孩子学习很努力，究竟是什么原因使得学习成绩一直上不去？其实，初中的学习与小学相比有很大的不同，初中学习课程增多，难度加深，学科更加体系化和结构化。案例中的王某，智力没有问题，学习也很下功夫，成绩却在下滑，那么我们会认为，他所进行的学习是无效的，没有根据初中课程特点的变化来调整自己的学习方法，造成学习事倍功半。

请结合以上案例和本章观点，辨析以下问题。

1. 你是如何理解有效学习的，它有什么特征？
2. 有效学习理论对教师指导学生进行有效学习有何帮助，请举例说明？
3. 作为中小学教师，你是如何理解有效学习与有效教学之间的联系的？

【思考与讨论】

1. 什么是有效学习？

2. 有效学习的“做”与“受”有什么关系？

3. 有效学习有什么特征？

4. 学习了有效学习的定义与特征，你认为怎样的学习是有效学习？

【资料链接】

[1] 曾小妍 . 新课堂有效学习策略研究 [M]. 上海：上海社会科学院出版社，2013.

[2] 王生，陈仲刘，薛建新 . 有效学习　关于提高学习效果的策略 [M]. 徐州：中国矿业大学出版社，2008.

[3] 龙赞，王建华 . 有效学习的 16 个策略 [M]. 长沙：湖南教育出版社，2003.

[4] 丁邦平 . 从“形成性评价”到“学习性评价”：课堂评价理论与实践的新发展 [J]. 课程 · 教材 · 教法，2008（9）.

第二章

有效学习的表征

【内容提要】

有效学习的表征方式是揭示有效学习本质的关键所在，探讨有效学习的表征方式有助于了解和分析有效学习中所发生的心理活动过程，有助于进一步提出实现有效学习的具体实施方式。由于学习过程涉及了学习者自我学习和教师的指导学习，因此，了解有效学习的表征可以从学生和教师两个角度来分析问题。学生有效学习的表征主要包括学习策略与方法、行为与习惯、情感与态度三个方面，有效学习中教师组织行为的表征主要体现在教师的外部动机与内部动机、教育者的绩效和培训及教师组织有效学习的基本技能三个方面。

【思维导图】

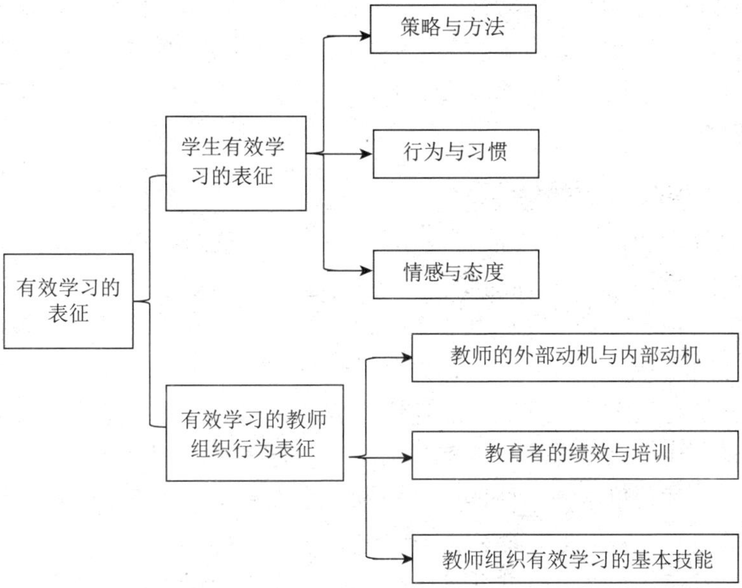

第一节　学生有效学习的表征

什么样的学习是有效的？有效学习的具体表现包括哪些方面？对于这些问题的解答可以帮助我们更好地认识有效学习，从而判断自身学习行为的有效性，进一步找到切实可行的方法来获得理想的学习效果。学习的过程本身是一个极其复杂的过程，学习效果是心灵和外部环境相互撞击而产生的火花。有效的学习是学习者在现有的表征系统基础上，通过对相关概念的链接、加工和重构，将经过加工的信息按一定的方式进行链接和保存的生成过程。区别于低效、负效、无效的学习，有效学习在学习的策略与方法、行为和习惯、情感和态度等方面有明显的外延特征。

一、策略与方法

学习策略是学习者为了提高学习效果和效率，有意识、有目的地制定和使用有关学习的方式方法。它包括学习者在学习过程中有效学习的规则、方法、技巧以及调节监控的方式方法等。[①] 学习方法是指学习者为完成学习任务所采用的具体手段和方式。有效学习下学生的学习策略和方法主要有以下几种。

（一）预设性的策略与方法

预设性的策略与方法是有效学习的策略与方法中最基本的形式。俗话说："凡事预则立，不预则废。"学生通过预习，收集和整理相关的信息，了解相关知识的背景，在此基础上提出自己的疑问，明确学习的目标，为开展学习做准备。

预习是有效学习的起点，在这个过程中，学习者除了进一步巩固已有的知识外，还可以根据自身的实际情况来制订未来的学习计划。预习的同时也为学习者提供了更广阔的学习空间，在没有干扰的情况下，学习者可以按照自己的兴趣、能力去挖掘学习内容。

学习者在开始学习前可以建立自己的"知识仓库"。在预习的过程中把已掌握的知识和遇到的疑问分类整理，对知识进行对比、归纳、整理，带着问题进入下一阶段的学习中，找到有效学习的切入点，真正成为学习的

① 彭小虎，王国锋，朱丹，等．儿童发展与教育心理学［M］．上海：华东师范大学出版社，2014：253.

主人。

（二）建构性的策略与方法

学习过程中，我们常常会遇到这样的情形：有些知识明明已经预习、题目已经会做，但是一段时间过后又会遗忘。这往往是不求甚解的缘故，有效学习区别于无效或低效学习的一个明显表征就是“知其然，更知其所以然”。

学生的内心体验和领悟往往比被动地接受更持久、深刻。有效学习下学习者有更多亲自尝试的机会，尤其是对那些操作性强的学习内容，知识像种子一样在学生脑中一点点生根发芽。在尝试的过程中，学习者自主研究，通过亲身经历“研究过程”获得有关科学的知识、素养、能力。探究式的学习让原本抽象的知识变得立体了，学习者逐步激发挑战自我的欲望，将外界的知识内化成自己的财富。

探究式的学习方法离不开学校和社会的支持，教师应该为学生提供相应的情境，使学习不只停留在记忆和背诵阶段，让学生有充分的空间来发挥自己的才智。例如，组织学生将语文课文改编为短剧，在改编的过程中体会作者的情感态度；带动学生进行科学实验，让学生通过观察、思考，完成知识的建构。

（三）合作性的策略与方法

有句谚语说：“一个人可以走得很快，但不可能走得很远，只有一群人才能走得更远。”学习也是如此，有效学习的另一个重要的策略与方法就是合作。不同的学习者通过彼此间的交流、互相帮助、互相补充，在成长共同体的促进下实现持久的变化。

合作性的学习策略和方法能够帮助学生打开思想的大门，学生根据自己的理解，见仁见智，充分展示自己。这样的学习营造了自由宽松的氛围，鼓励学习者开放自己的心态，融入学习过程，体验学习的快乐。合作中难免有比较，这同时也会激励学习者产生更深一步的学习动机。

合作性的学习重在交流，所谓“一人计短，二人计长”。在完成学习任务时，学习伙伴之间可以相互审视、修改作业。例如，英语课堂中常会有表演对话的形式，学生根据自己的特长分工，从编剧、导演、道具、演员到旁白，共同创作。每个学生都乐在其中，收获了自信，分享了合作的喜悦。

（四）拓展性的策略与方法

对所学内容的复习与反思是有效学习必不可少的一个环节。在这个过程中，学生通过对知识的深加工来重构知识，并灵活运用知识和技能。我们说的复习和反思不是一味地投身题海之中，而是在反思中梳理学习内容，构建自己的知识体系。

乌申斯基说过："智慧不是别的，只是组织得很好的知识体系。"学习者在反思的过程中，经历回忆、思考、补充等步骤，从新的高度上认识所学知识，构建了自己的知识体系。通过复习和反思，学习者巩固了所学内容，并且有助于对知识的迁移和吸收。

复习和反思的形式因人而异，例如，有些学生绘制自己的思维导图或知识树，图文并茂，帮助自己记忆和理解；有些学生会根据相关资料制作剪贴报，通过拓展性的阅读和摘抄丰富自己的知识体系；有些学生依据学习内容撰写研究报告，实现从理论到实践的升华。

区别于低效学习或无效学习，有效学习的主要特点是学习者通过有效的策略和方法把外在的知识内化，由表层浅显的认识转变为深层理解，从学习转向为"学会学习"。

二、行为与习惯

在多年的学习工作经历中，我们常常会遇到这样的情形：教师已经准备上课，学生还在准备相关的学习用品；教师在讲解知识要点，学生却在东张西望；该思考的时候有人在讲话，该讨论的时候又有人自己在看书……事实上，很多学生没有养成良好的学习习惯，不能及时做出相关的学习行为，没有良好的学习行为和习惯自然也不可能产生有效的学习效果。一般来说，有效学习下学习者的行为和习惯主要表现在以下几个方面。

（一）科学性：规划合理

同等智力水平的两个学生，合理规划学习的与规划性不强的，他们的学习效果也大相径庭。有了科学的学习规划，学习就有了明确的目标和方向。合理的计划就像大海中的灯塔，指引着学习者驶向心中的彼岸。与之相对的，没有计划的学习者往往会因为盲目而被老师牵着鼻子走，得过且过。

科学合理的学习计划可以帮助学生对整个学习的目的、内容、时间安排做到心中有数，做自己学习的主人，告别那些"听天由命"的学习习惯。久而久之，学习和生活都形成了规律，学习者就会从"必然王国"走向"自由王国”，学习逐渐发展成了“自动化”的行为。

具体来说，科学的计划应该既包括长期计划又包括短期计划。长期计划可以是学习者的终极目标，涵盖了全部的学习任务、内容。短期计划则是学习者短期内对具体学习任务的具体时间安排。为了确保学习的有效性，制订的计划首先要具有现实性，是学生能够完成的计划；其次要有灵活性，要留给学生弹性的时间。

（二）专注性：专心致志

再完美的计划不去落实，也只能是竹篮打水一场空，没有发生的学习自然也谈不上有效了。因此，学生有效学习的另一个行为习惯特点就是专注。正如《劝学》中所言："蚓无爪牙之利，筋骨之强，上食埃土，下饮黄泉，用心一也。”学习也是如此，漫漫求学路，专注见成效。

专注可以说是有效学习的前提，有位学者说过："注意力是学习的窗口，没有它知识就照不进来。”我国古代有个优秀的棋士弈秋，他同时教两个学生下棋。其中一个学生总是专心致志，另一个学生虽然人在学棋，可心里却在想着怎样拿弓箭射天鹅，两人的学习结果可想而知。

要做到专注，首先学习者要排除各种干扰，为自己营造一个良好的学习环境，这些干扰既有外部的也有内部的。如噪声、光线、空气质量、视觉环境、休息状况、精神压力等，都会对学习效果产生影响。其次就是坚持，学习知识就像马拉松比赛，持之以恒是成功的唯一捷径。俗话说："锲而舍之，朽木不折；锲而不舍，金石可镂。”

（三）启发性：举一反三

美国心理学家奥苏伯尔认为有意义的学习主要是指新知识与学生已有知识之间建立了联系。当发生有意义的学习时，认知结构通过新旧知识的相互作用，导致新旧知识之间的同化。在这个过程中，学生除了获得新的知识，已有的知识也会更加深刻。这种同化体现在行为上就是学生在面对未知时更倾向于运用归纳联想等思考方式找到解决方案。

联想、分析、归纳、类比等思维习惯能唤起学生各种已有知识的链接，使思维活跃于过去和未来之间，让学生在已知和未知之间建立桥梁，创立新结论。这种能够举一反三的学习才是有生命力的学习，这样的行为和习惯可以使学生终身受益。

当然，想要做到融会贯通需要学习者平时大量的积累，对生活中各种现象多观察、多思考。学校和社会也应该多为学生营造思考的环境，用发展的眼光合理地评价学生。

（四）反思性：自省善问

有效学习的行为与习惯另一个突出表现是学生不断地在自我反思与质疑，这种持续性、渗透性的反思，最终形成的即是一种自我追求的习惯。有此习惯，学生的任何学习都会变成反观自我生命内核的学习，也就是一种“我者”的学习。

正如杜威许多年前观察到的，学生不只是从做中学；他们还通过思考自己正在做什么进行学习。这种行为被布鲁纳称为“进行后”的过程，换句话说，成功的学生不仅思考他们正在做什么，也思考他们为什么这么做。通过反复的思考和推敲，所学知识能够进一步系统化，做到查漏补缺、温故知新。在反思与质疑的过程中，学生会对自己的学习方式、思维过程等方面形成自我认识和评价，这无疑会促进学生后续的学习效果。

有许多手段可以帮助学习者反思，例如，及时回忆，制作知识卡片；整理笔记，提炼加工；整理数学错题集。同时，对于有疑问的地方一定要追根究底，清朝人郑板桥就说，“一问不得，不妨再三问”。

拿破仑说：“播下一个行动，你将收获一种习惯；播下一种习惯，你将收获一种性格；播下一种性格，你将收获一种命运。”良好的学习行为和习惯是逐渐养成的，它需要教师、家长、学生等多方面、长期不懈的努力。

三、情感与态度

罗杰斯认为只有当学习与一个人的情感意志态度等结合起来时学习效果才会明显。有效学习一定是带着感情的学习，学生将感情融入思想和活动，并且把学习与人生目标联系起来，才会出现真正的和持久的学习。就学生的情感态度而言，有效学习具有以下几个特征：首先，学生知道自己的学习目标和学习任务是什么；其次，学习者带有强烈的自我认同感；再次，在学习过程中学生注意力集中、思维活跃、积极互动；最后，学生能够体验到积极的情感态度，当学习遇到难关时有继续下去的勇气和力量。

（一）高度的责任感

有些学生把学习当成是一项待完成的任务。他们自身对学习没有任何情感冲动，这是一种无内在需求的学习。有效学习下，学生对学习有着高度的责任感，学生从学习中得到最大的自我肯定和心理满足，并转化为接受教育的内部动力，成为积极上进的推动力。

一个没有责任感的学生就好像没有加油的汽车，是不会跑得远的。拥有高度的责任感的同时也表明了学习者对自己的肯定。在这种责任感的驱使下，学生会有力地推动自己逐步向目标前进。责任感还会激励着学生把学习当做一辈子的大事，树立正确的动机，促使学生进行长期、有意义的学习。

高度的责任感不是与生俱来的，我们要在学生的成长过程中唤醒他们的自我认知需求。那些缺乏责任感的学生，不妨尝试一下自我暗示的方法，例如，每天在心中对自己说"我喜欢学习"。一旦学生明白了学习不仅为了生存，也为实现自我价值，那么也就会慢慢端正自己的学习态度，树立正确的学习观念，收获学习的快乐。

（二）强烈的自信心

学生的学习动机不同在某种意义上意味着学生的自信程度不同，自信心可以反映学习者对完成某一项学习任务所需的能力的自我评价。通过实际观察，我们不难发现那些表现出强烈的自信的学生更容易在学习上取得长足的进步。

美国的文学家爱默生说过："自信是成功的第一要诀。"因为自信是一个人对自己的肯定，它是我们坚持做一件事的动力，也是我们不断追求进步的动力。因为自信，学习者会积极肯定自己的能力和价值，伴随这样的肯定而来的就是强劲的进取心，这些势必会使学生的学习结果产生持久深远的变化。

自信心可以从生活的点滴中逐步培养，英国前首相撒切尔夫人的父亲曾对她说要永远坐前排，这句话影响了她的一生。我们也应该如此要求自己，永远坐前排，勇敢地抬起头，给自己一次成功的机会，坚信自己可以通过每天一点点的进步掌握命运。当然自信不能过度，所谓过犹不及。"胜不骄，败不馁"，在不断克服困难的路上逐渐树立自信。

（三）积极的参与度

主动参与学习过程是有效学习的关键特征，学生在学习过程中伴随着积极的情感体验和意志努力。有效学习中，学生充满激情、热情地学习，对学习融入一种积极向上的感情。如果学生对学习的任务没有激情，那么他们很难想去学习，即使有学习行为，效果也不会好。

当一个人对学习充满激情时，才能尽情释放自己的潜能，创造出许多意想不到的结果。冷漠的状态势必会造成对学习者自身的束缚，限制他们创造性的发挥。积极地参与和体验可以唤醒认知和感悟的经验，帮助学习者理解世界，使种种经历都参与到生命活动的总体中来。通过积极参与，学生能够从实践中摸索出行之有效的学习方法，享受学习带来的快乐。

根据学生的身心发展规律，我们可以对不同学段的学生提供不同的学习环境，来带动学生积极参与到学习中去。例如，针对低年级的儿童可以多使用游戏促进学习效果，孩子在游戏中拉近与所学内容的关系，更易于理解和掌握相关内容。俗话说“百闻不如一见”，我们可以尽可能地创造条件让学生走出教室、书本，走向自然、生活，在现实中感悟学习内容。针对高年级的学生则可以多安排实验、小组合作学习等学习方式。

（四）满足的愉悦感

当个体积极探究某种事物而进行学习活动时，会在学习的过程中产生自我满足的愉快感，这种积极的情绪体验会伴随心理上的追求学习的倾向。子曰：“知之者不如好之者，好之者不如乐之者。”有效的学习过程会让学生在积极参与的同时体会到学习成果带来的喜悦和满足。

心理学家的研究表明当我们出现消极情绪时，感知能力也会受到限制，直接影响我们的学习过程。对于这种现象，戴维·拉德劳夫的解释是：“愉快的感觉使我们更容易获得成功，而紧张和焦虑则具有相反的效果，它们使我们关注更多的危险。”当学生带着满足的愉悦感，全身心地投入学习中去时，那么“有效学习”就成了自然而然的事情了。

因此，对于学生和教师来说，在学习中体验到学习成果带来的喜悦都是至关重要的。教师要尽量地合理设计教学目标，组织教学活动，让不同的学生获得不同程度的发展；树立多元评价的意识，诠释学生的优势所在，扬长补短。

（五）坚韧的意志力

有些同学在学习上遇到困难后，就甩手不学了；而有些学生则恰恰相反，遇到困难时总是想尽办法解决。久而久之，这种意志力就成了一道分水岭，能否走出低效学习的误区，很大程度上取决于学习者是否具有坚韧的意志力。

罗马不是一天建成的，学习不是一件容易的事，从不懂到懂肯定需要一段漫长的过程。美国心理学家推孟通过对超常儿童的追踪研究发现，他们之间的成就差距不在于智力水平的高低，而在于意志品质的差距。只有意志力坚强的人，才能到达成功的彼岸。

每一次进步都离不开坚韧的意志力，怎样培养坚强的意志力呢？有几个方法大家不妨一试。首先要下决心培养自己的意志力；选择一些利于自己的小活动，除了不可抗拒的因素，每天坚持；参加野外素质拓展训练，接受挑战，战胜自我。不要因为学习中的一点小挫折而退却，每一次被打倒又重新站起来，坚持到最后的人走得最远，永不放弃的人飞得最高。

态度决定一切，积极的学习情感和态度必然会带来积极的学习效果。正如马斯洛的名言："心若改变，你的态度跟着改变；态度改变，你的习惯跟着改变；习惯改变，你的性格跟着改变；性格改变，你的人生跟着改变。"

第二节　有效学习的教师组织行为表征

教师行为是教师为实现其教育理想和教育目标所采取的一系列具体的行动，它是教师素养的外在表现。教师的教育动机、教育教学能力、教学成效等都会通过其行为表现出来。同时，学生也是在教师行为的指引下开展学习。有效学习离不开教师的组织与管理，探讨有效学习中的教师组织行为，有利于提高教师对学生有效学习的引导能力，更有效地促进有效学习的实现。

一、教师的内部动机与外部动机

（一）教师的内部动机和外部动机的含义

动机是人们发生各种行为的直接原因，人的一切活动都是由一定动机引起的，并指向于一定的目标。同时，动机也是个体积极活动的源泉和机制的具体体现。当人们的需要得到满足，伴随需要产生的紧张的心理状态就会消失，这时人们又会产生新的需要。这是一个循环往复的过程，使人们不断地向新的目标前进，完成人生的使命。

根据引起动机的原因，可将动机分为内部动机和外部动机。内部动机，是指人们对活动本身感兴趣，活动能使人们获得某种满足，并以此作为对自己的一种奖励与报酬，无须外力作用的推动，即"我要学""我爱工作"。外部动机一般是指外在刺激或压力给活动的行为主体带来的推动力，如工资、奖金、福利待遇等，即"要我做"。

内部动机和外部动机之间的关系就好像发动机和助燃气，内部动机在激励教师的过程中发挥主导作用。西格尔（Segal）等人（1994）发现，与营利性组织相比，非营利性组织中的雇员和管理者能更多地感受到内在激励。[①]对教师而言，激励教师从教的主要因素就是在教学过程中获得的自我效能感，但是外在激励也会对其产生一定的影响。诸如，工资低、工作条件差、缺少认可和职业前景堪忧等因素，可能会让教师感到气馁，从而阻碍工作动机的形成。

教师动机的研究不像“教学原则”“教学过程”“教学方法”等内容的研究那样成熟，人们往往对其仅是有一个模糊的认识或回答，有时候甚至处于一种“只可意会而不可言传”的状态。教师动机是由教师需要或工作诱因共同决定的。教师需要体现了教师对生理、心理及社会的要求。比如，教师不但具有对衣、食、住、行的生理需求，而且也具有被尊重、认可等心理上的追求。教师工作诱因是指引发教师工作动机的刺激或情境。比如，一位对教学改革漠不关心的教师，可能会因为同一教研组忙于新教法实验的其他教师，产生改革教法的动机。

概括来说，教师的内部动机主要受到生存需要、自尊需要、自我实现需要、责任和权利关系的影响。教师的外部动机主要影响因素有教师的薪资、学校的文化、教师的工作环境、教师的发展等。

（二）教师动机与有效学习的关系

1. 动机的作用

心理学家认为动机决定行为进而影响效果，教师的工作动机也会影响其教学效果进而影响到学习者的学习效果。首先，有动机的个体相较没有动机的个体会表现出更高的活动水平。个人怀有某种动机之后，就会对其行为发生推动作用，表现为对其行为的加强、维持直至中止；其次，具有某种动机的个人，其行为总是指向一定的目标，相应地忽视其他方面，使其行为表现出明显的选择性。

2. 教师内部动机与有效学习的关系

有研究表明教师的内部动机与教师个人成就感的感知成正比，教师的内部教学动机，通过学生对教师态度的感知，影响学生的学习动机。教师的内部动机越强，教师对教学工作的兴趣和热爱就越强烈，教师的责任感也越强，随之而来的学生的学习兴趣和学习愉悦感就会越强。同时，学生

① 经济合作与发展组织编著．教育政策分析 2005—2006：聚焦高等教育[M]．北京：教育科学出版社，2008：79.

的学习效果也会影响教师的工作动机。

新手型教师因为缺乏教学经验，可能更多地关心自身的生存问题，关注外界对其教学效果的评价，而忽视了学生的学习情况。当学生学习效果的反馈不理想时，新手型教师会感到强烈的挫折感，引发职业倦怠。经验丰富的熟手型教师则会以任务目标为主，他们关注教学本身的价值和自身教学能力的提高，重视学生的学习效果反馈，但是其内部动机的自发性相对较低。专家型教师具有强烈且稳定的内在工作动机。教师对他们是一份事业而不仅是一种职业，教学工作是他们实现自我价值的手段，他们在教学中体验到强烈的职业成就感，更乐于和学生交往、互动。

3. 教师外部动机与有效学习的关系

与内部动机相反，教师的外部动机来源于诸如校园环境、学校制度、校园文化等方面。当教师从工作环境中获得有关需要满足的条件，如学校的自然环境、工作条件、福利待遇、文化氛围等。这些外部条件激励着教师的内部动机，调动教师工作的积极性。例如，教师们为了争取成为优秀教师，为了获得各种奖励，为了评定职称而努力工作的动机，或者为了避免批评，避免惩罚而完成工作任务的动机。良好的办公条件是教师开展有效教学必不可少的硬件基础，完善的教育管理制度是确保师生有效学习的关键，和谐的校园文化是师生共同开展有效学习的养料。反之，学生有效的学习成果又作为教师满足自我成就感的一个重要的外部条件。

（三）培养和激发教师动机的主要策略

1. 教师内部动机的激发和培养

第一，有意识地培养教师树立社会责任感，让教师体验到自己是在做一件对社会、对他人有意义的工作。如举办校史展览，组织有贡献的校友返校做报告，开展家长座谈会等，让教师看到自己工作的社会意义。

第二，扩大教师的工作自主权。给予教师一定的空间实现其教育理想和自我价值，获得更多的自尊满足。如赋予教师制定教学目标、选择教育教学方法、解决各种教育教学实际问题的权力，鼓励教师对学校工作提出批评和建议。

第三，为教师创造机会，让其感受到教学工作的乐趣，可根据不同的教师的兴趣、特长安排恰当的工作，以满足其成就需要。

第四，适当地增加工作任务的挑战性，激发教师的工作积极性，挖掘教师的潜力，增强其自信心。

2. 教师外部动机的激发和培养

第一，合理利用外加报酬满足教师生活和工作的必要条件，解决教师的后顾之忧，推动教师积极努力地投身到教育工作中去。在利用外加报酬进行激励时，应将物质奖励与精神奖励有机地统一起来。

第二，建立健全学校的管理制度，保障教师的基本权利，例如，完善的教师绩效机制，科学合理的教学评价机制等。

第三，配备良好的教学硬件设施，包括校园环境、办公设施、教学用具、图书资料等，为教师更有效地投入工作、取得成就创造基本的条件。

第四，营造和谐的校园文化氛围，给予教师充分的人文关怀。融洽和谐的人际关系可以使教师产生愉快、积极的情绪情感体验，提高工作效率。

总之，教学管理机构应从教师的外部动机入手，激发和维持教师的内部动机，肯定并鼓励教师在教学工作中取得的成绩，引导广大教师树立良好的职业道德。

二、教育者的绩效及培训

（一）教育者的绩效与培训

1. 教师教学绩效

根据心理学的定义，绩效是指与内在心理相对的外部行为表现。[①] 教学绩效是指教师在教学工作中实现教学目标的程度及其在这一过程中有效利用教学资源的情况。与其相关的概念是教学效果、教学效益、教学效率。通常，教师的教学绩效主要表现为两个方面：一是学生身上发生了一定有益的变化，如知识的积累、能力的提升、人格的初步养成等；二是这种改变需要的时间在合理的范围内，如果硬要把铁杵磨成针，虽然精神可嘉，但是代价太大，得不偿失。

2. 教师培训

近年来，我国对教师的培训力度逐年加大，从校本培训到“国培计划”都是基于几种基本培训模式的有机结合开展的。例如，反思型教师培训，旨在引导教师发现问题、解决问题和教学实践的能力的发展，通过教师对自身的反思和研究，提炼教学理念和教育智慧，在培训中审视教学历程，建立教师的自我发展责任感。合作型教师培训主要强调教师之间的交流对话，

---

① ［美］R.M. 加涅 . 学习的条件和教学论［M］. 皮连生，等，译，上海：华东师范大学出版社，1999：64.

通过组建研修共同体，分享经验，合作互补。参与式教师培训模式为每一个参与者提供分享学习的机会，通过体验和经历，在平等对话的情境中产生新的教学理想。

（二）教育者绩效、培训与有效学习的关系

不可否认的是，学生学习成效是我们衡量教师的教学绩效一个重要参照标准，同时也是教师绩效的一个直观反映。学生发生有效学习时，教学活动才有意义，教师的工作才有成效，否则，教师就是在做无用功。反之，通过科学合理的评价教师绩效，也为教师引导学生有效学习指明了具体的操作方向。

学生是学习的主体，学生的学习效果是教师教学工作的出发点和归宿。教师教而有法，学生才能学有成效。教师要理解并掌握教学的规律、原则和方法，才能更好地引导学生开展有意义的学习。各层各类的教师培训为教师的教育观念转变提供了支撑，无论是何种形式的培训都会或多或少地促进教师的专业发展，帮助教师形成先进的教学理念、掌握科学的教学方法。这些理念和方法会指导教师在实际教学中不断完善教学过程，提高教学效率，达到令人满意的教学效果。科学有效的教法会逐渐引发学生长久持续的变化，达到令人满意的学习效果。

（三）提升教师教学绩效的策略

1. 教学内容回归生活

学生所学的知识归根结底都是来源于生活，只不过是通过人们层层提炼和抽象，形成了一般性的原理和规律。教师组织教学内容时应尽可能地联系学生的生活经验，通过经验的转化实现知识的重构。

2. 教学模式灵活多样

灵活多样的教学形式能够激发学生的求知欲，加强学生的学习主动性，活跃课堂气氛，提高课堂效率。教师可以适当地把游戏教学、小组合作、探究实验等方式融入教学中去，以提高学生的学习热情。例如，上海静安区教育学院附属学校提倡的“后茶馆式”教学，以学生的长远发展为出发点，结合最近发展区理论，将读、议、讲、做、练几种形式灵活组合，取得了可喜的成效。

3. 教学评价开放多元

评价是教育过程的重要环节之一，对学生和教师在教学的某个阶段做出评价，可以发现现阶段存在的问题，总结经验，促进发展。我们要树立

发展的评价观，认识到任何改变都有一个循序渐进的过程，为学习效果的变化留出一定的空间和时间。具体来说，评价的内容应具体形象，反映出学生鲜活的学习生活；评价标准有弹性，重视学生的发展潜力；评价主体之间的多元主体互动，学生、教师、家长之间形成交流互动的局面。构建一个开放的、充满人文精神和关怀的、激发学生学习积极性的评价体系。

三、教师组织有效学习的基本技能

“师者，所以传道授业解惑也”。教师从事教育教学工作必须具备组织教育和教学的能力，表现在善于制订教学计划，设计教学方案；善于组织和管理班集体，组织管理学生和班级的日常工作；善于结合姿态、表情、手势，使语言更具有表现力，等等。一般而言，有效学习中教师的组织行为包含以下几种基本技能。

（一）教学设计能力

所谓教学设计能力指教师在课前根据学生的特点，对教学内容进行组织再加工，并选择恰当的教学模式的方法以取得最佳教学效果的能力。[①] 首先，教师要客观地分析学习者的特征，结合学生各自的生活背景和学习能力来开发教学资源。其次，教师要具备根据学生的实际情况，重组优化教学内容的能力。再次，教师应该具有合理安排教学目标的技能，科学合理地安排学习内容，有梯度地设计层次目标，不断强化学生的学习效果。最后，选择教学策略技能。科学、合理、有效的教学策略设计对学习效果有着至关重要的影响。

常言道：“站得高才能看得远。”教师的教学设计能力直接体现了教师从全局的高度来把握教学的能力。设计教学时要考虑有效的知识传递形式，处理好教师、学生、教学内容、教学媒体、教学方法、教学目的、教学对象、教学条件、教学技巧等关系。教师用系统的方法将教学理论和学习理论转换成具体的教学方案，这种转化可以促进学生的学习。这种教学设计能力是促进有效学习发生的基础。通过学习发生前的干预，制订出有利于学生掌握知识的学习计划，来唤醒学生的思维，推动学习的进程。

作为一线的教育工作者，我们可以从以下几个方面来提升自己的教学设计能力。第一，教师要不断发展自身的学科教学知识。它是一种利用最有效

① 刘兴富，刘芳．教师专业化发展的理论与实践［M］．北京：光明日报出版社，2010：57.

的呈现方式来组织、呈现具体内容、问题，并使之适应不同学习者的兴趣和能力的知识。教师学科教学知识的发展是在“假设—实践—修正”这个基本循环的基础上实现的。第二，教师要钻研课程标准，深入挖掘教学材料。要从整体和全局的高度把握教材，从更深和更高的层次理解教材，了解新知识和原有认知结构之间的关系。教师只有在深刻理解教材的基础上，才能灵活地运用教材、组织教材和处理教材，深入浅出地上好每一堂课，进而使学生达到良好的学习效果。第三，教师要细心观察生活中的点滴，以于联系生活实际设计教学活动。借此帮助学生在经验和新知识中找到链接，让学习者在与外部环境互动的过程中建构知识体系。

（二）教学执行能力

教学执行能力是指教师为实现教学目标组织教学过程并解决实际教学问题的能力。具体可细分为教师的表达能力和课堂组织管理能力两部分。其中，表达能力包括教师的语言表达能力、非语言表达能力以及运用教辅设备进行表达的能力。课堂组织管理能力是指教师为顺利传递知识而对课堂教学中各种要素进行的调控，如组织课堂教学、营造课堂学习气氛、调节课堂节奏等。教师对学生的了解越深入，对教学内容的把握就越深刻，其课堂组织管理能力也就越强。

总的来说，人与人之间的多样化交往是教学活动有效进行的前提。在教学中，我们要把学生作为有情感、有个性、有自我追求的个体，教师和学生之间通过交流对话，达到教学相长的效果。教师的表达能力直接影响着学生的学习效果，亲其师方能信其道。如果教师能以富有情趣的语言讲课，必然会唤起学生的学习兴趣，启发学生积极思维，吸引学生，安定课堂教学秩序。教师如果具有良好的表达能力，更容易和学生拉近距离，能够更有效地向学生传递知识，唤起学生的学习热情。课堂教学的效果是影响学生有效学习的直接因素，学习氛围和谐、师生关系融洽、知识传播有效的课堂教学对促进学生的有效学习起着十分重要的作用。教师的课堂组织管理能力能够引导学生科学地安排学习过程，帮助学生理清认知障碍，层层递进地实现知识的重组建构，促进学习者实现有效学习。

良好的教学执行能力不是一朝一夕就能养成的，要一点一滴地从教学实践中累积。正如陆游诗云：“纸上得来终觉浅，绝知此事要躬行。”融入课堂教学实践的教学能力才是有生命力的。教师要把课堂教学与教学研究当做自己的成长舞台，研究和解决不断变化的教学实践问题。通过集体教研和教学反思，改进教育教学实践，有意识地将多媒体技术、探究式教学、情境式学习、合作学习等方法引入课堂教学中，使教学活动更有效率和创见，促进学生的有效学习。

（三）教学监控能力

教学监控能力是指教师在教学过程中将教学活动本身作为意识的对象，并能及时进行课堂反馈与评论、控制与调节的能力，充分体现出教师的教学机智。[①] 教师的教学监控能力具有多方面的内容和多样化的表现：对学生听课状况的监控、对自身教学过程的监控；对课堂学习氛围的监控；对课堂突发事件的监控等。例如，在课堂上教师要求学生背诵课文的一段，如果学生流利地背诵出一句，教师就由衷地竖起大拇指；如果学生溜号或做其他小动作，教师就以幽默的语言及时提醒；如果有学生不能顺利掌握新知识，教师就用深入浅出的方式及时反馈。试想，这样的老师能“管理”不好课堂吗？这样的课堂能“无效”吗？

教学监控能力强的教师在开展教学活动时，往往表现出积极主动的精神面貌，能够细致地观察学生的学习掌握情况，并对学生的学习情况做出积极、及时的评价及反馈，主动调整自己的教学计划以更好地适应学生的学情。多元化的教学评价不仅能够让教师从多角度了解学生，也能有效地刺激学生的学习热情，提高学生学习的有效性。及时的反馈可以帮助学生顺利完成信息整合，引导学生积极思维，促进学生的学习积极性和成就感。

叶澜教授说：“一个教师写一辈子教案难以成为名师，但如果写三年反思则有可能成为名师。”教师可以从自己的经历、学生的反馈、同事的评价等背景审视教学行为，通过不断地自我反思来发展教学监控能力。还可以通过观察和学习专家型教师的具体示范，从中摸索改进形成适应自己的教学风格的监控能力。

教师在教学过程中表现出来的行为会对学生的心理活动产生这样或那样的影响，其作用直接反映在实际教学效果中。教师与学生的关系有时就像水和舟的关系一样，水能载舟，也能覆舟。美国教育心理学家古诺特博士曾深情地说：“教育的成功和失败，‘我’是决定性因素。身为老师，我具有极大的力量，能够让孩子们活得愉快或悲惨，我可以是制造痛苦的工具也可以是启发灵感的媒介，我能让人丢脸也能叫人开心，能伤人也能救人。”

① 李长吉，等．教育硕士教育教学实践活动指导［M］．杭州：浙江大学出版社，2012：11.

当教师满面春光地走进教室时，学生们的心情也跟着轻松愉快；当教师一脸怒气地走进教室时，学生们则如坐针毡。教师怀着满腔热情赞扬学生、激励学生，他们的心里也会充满幸福与喜悦，会更加积极地面对学习生活。

【案例辨析】

W 老师受邀执教一堂研究课，W 老师选择了“圆的认识”这一课，如何有效组织学生有效学习，是 W 老师选择该学习主题的初衷，也是本堂研究课中要体现的研究主题。

W 老师凭借自己多年的教学经验，分析认为，学生在低年级时对圆已有初步的感知，但是对于建立正确的圆的概念以及掌握圆的特征还是比较困难。由认识平面的直线图形到认识平面上的曲线图形，是学生认识发展的一次飞跃。本节课知识点较多，有“圆是一个轴对称图形、圆心、半径、直径；圆里面有无数条半径、有无数条直径；在同一圆里，半径的长度是直径的一半，直径的长度是半径的 2 倍；相应的字母表示”等一些陈述性的知识。W 老师在课堂教学中设计了如下操作，首先进行实物展示，接着制作模型，制作模型是本学习主题的一个主要载体，一生说饭店里的饭桌一般是圆形，另一生根据自己已有的生活经验马上补充：饭店里的饭桌是由两个圆组成的，上面一个可以转动。W 老师抓住时机，适时提议同桌合作动手做一张自己在酒店里见过的圆桌模型。三五分钟后，交流开始。在交流的过程中出现以下几个问题。

问题一：如何画圆、剪圆？有一组同学说：“我们俩先在彩纸上用圆规各画一个圆，把圆规有针尖的一只脚在纸上钉好，另一只脚绕着它旋转一周就可以了。”学生交流的同时，我在黑板上演示用圆规画圆。“剪圆时，我觉得很方便。”“不，剪圆很麻烦，剪长方形、正方形可以直着剪，而剪圆的时候不能直着剪。”这位学生的回答遭到同学们的反对：“剪圆的时候，不能一下子剪完，要这样拐弯剪，得小心翼翼。”他边说边用手比画。在动手操作的基础上，同学们都有自己的切身体会，明明白白地感受到：圆是一种特殊的平面图形，它是由曲线围成的。

问题二：如何组装？学生回答：“图钉要钉在两个圆的中心，即圆心。”接着学生选择自己喜欢的方法，或折或画来验证自己是否真的把图钉钉在圆心上，从而看到圆上有 2 条（或 4 条）折痕，这几条折痕交点所在的位置就是圆心。说 2 条折痕的指的是直径，说 4 条折痕的指的是半径。通过交流，学生自然地引出“半径、直径的概念；圆里面有无数条半径、无数条直径；在同一圆里，半径的长度是直径的一半，直径的长度是半径的2倍”等一系列知识点。

问题三：圆桌的两个面为什么要固定在圆心？学生回答：“钉在圆心转动起来很平稳。”“不钉在圆心，转动起来是这样的。”学生用模型演示。“不钉在圆心，转动起来可能会把碗筷打落在地，不安全。”“不钉在圆心，有的客人夹菜不方便、够不到，这不公平也不合理。”学生以小组形式进行“画”“剪”“组合”三道程序，制作圆桌模型。这样的活动给每一位学生提供了实际操作、独立思考、探索创新的机会，使他们有了切身体验，初步感知如何画圆、圆与其他平面图形的区别、圆各部分名称及特征……

通过前两次操作，学生对画圆的步骤已有所了解。本次操作，学生用圆规在纸上自由画圆，在操作的基础上谈谈在画圆过程中自己的感受，有学生说：“我把有针尖的一脚固定在纸的右上角，圆就定在纸的右上角，如果把圆规的一脚固定在纸的左下角，圆的位置就在纸的左下角。”还有的说：“圆规两脚间的距离大一点，画出来的圆就大；圆两脚间的距离小一点，这个圆就相对小一点。”等等，使学生再次感受点、线、面之间的关系。在交流直径、半径的概念时，学生把教材当做资料，通过查阅，把在动手操作中获得的“口欲言却不能，心欲通却未得”的知识提取出来，从而自己完成对知识的创造以及对知识的正确认识。

根据以上案例以及本章论述辨析以下问题。

1. 通过分析上述案例，你认为上述案例中学生所进行的有效学习具体表征在哪些方面？

2. 基于学生有效学习的情感与态度表征，如何促进学生有效学习？

【思考与讨论】

1. 基于学生有效学习的情感与态度表征，如何促进学生的有效学习？

2. 教师如何建立合理的评价机制来促进学生的有效学习？

【资料链接】

［1］李瑾英 . 主动参与有效学习——“能被3整除数的特征”教学案例及反思［J］. 数学学习与研究．2012（4）.

［2］王爱梅 . 小学生课堂有效学习行为及管理策略研究——以寿光世纪

学校为例［D］. 聊城大学，2012.

［3］孙薇，常甜甜 . 有效学习研究十年回顾与前瞻［J］. 课程教育研究，2014（2）.

［4］陆建江 . 有效课堂：从把握学习起点开始［J］. 教学与管理，2010,（2）.

第三章

有效学习的方式

【内容提要】

《基础教育课程改革纲要（试行）》指出：在新一轮基础教育课程改革中，要改变传统课程过于注重知识传授的倾向，强调形成积极主动的学习态度，使获得基础知识与基本技能的过程同时成为学会学习和形成正确价值观的过程；改变课程实施过于强调接受学习、死记硬背、机械训练的现状，倡导学生主动参与、乐于探究、勤于动手，培养学生搜集和处理信息的能力、获得新知识的能力、分析和解决问题的能力以及合作与交流的能力。因此，以被动、接受、单一为主要特征的传统学习方式遭遇严峻挑战，自主、合作、探究等有效学习方式得到空前关注。有效学习能为学生的终身学习打下基础，且适应当今社会对创新型人才的需求。因此，传统学习方式向有效学习方式的转变应当成为当今课程改革的主要关注点。

【思维导图】

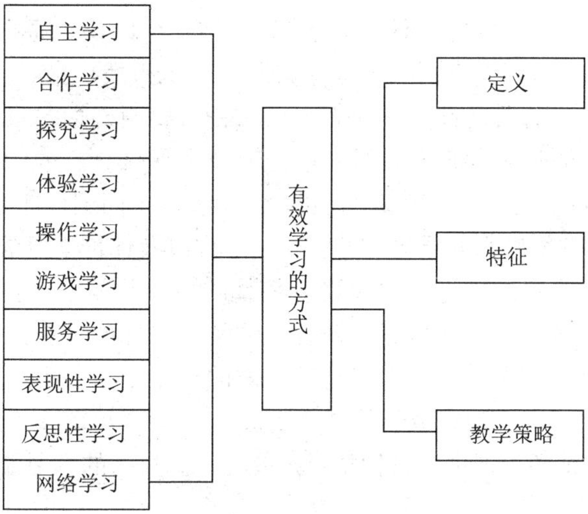

第一节　自主学习

一、自主学习的定义

国内外对自主学习的阐述多种多样，目前没有形成统一的看法。如有的认为自主学习是指学习者自己主宰自己的学习，是与他主学习相对立的一种学习方式。[①]有的认为自主学习有三个方面的含义：一是指学习者的态度、能力和学习策略等因素综合而成的一种主导学习的内在机制，是学习者指导和控制自己学习的能力。二是指学习者对自己的学习目标、学习内容、学习方法以及使用学习材料的控制权，就是学习者对这些方面的自由选择的程度。三是指一种模式，即学习者在总体教育目标的宏观调控下，在教师的指导下，根据自身的条件和需要指定并完成具体学习目标的学习模式。[②]

我们认为自主学习是一种学习者以自我为导向并进行自我监控的学习。在自主学习过程中，首先要明确学习者的主体地位以及教师的指导地位。教师在学生自主学习的过程中要对学生进行适时的点拨、指导、示范和引领。一切与学习有关的活动都由学习者自己掌控。要明确学习目标，制订符合自己实际情况的学习计划，并时时监控调节和评价自己的学习过程。具体来说，学习者能够独立地制定自己的学习目标、确定学习内容、选择学习方法和策略，并能够自我指导和监控学习过程以及评价学习结果。

值得注意的是，作为一种有效学习形式的自主学习，学习者在进行自主学习时，最终是要达到学习最初设定的学习目标的，否则这样的学习就不是有效学习，这样的自主学习也是无效的自主学习。学习者在教师的指导下，自主的、有效地完成学习任务。在这种学习活动中，学生可以更加主动地获取各种知识，训练各种学习技能，提高自己的学习能力。

二、自主学习的特征

根据前面对自主学习含义的分析，我们认为，自主学习的特征可以从两个角度来分析。

---

① 余文森．让学生发挥自学潜能，让课堂焕发生命活力［J］．教育研究，1999（3）．

② 程晓堂．论自主学习［J］．学科教育，1995（6）．

（一）从教的角度看，教师要转变传统的教学方式

教师需要把“要学生学”变为“学生要学”，同时，教师不仅作为“知识的传授者”，还要成为“引导者”“组织者”“促进者”。在教学过程中，要重视学生在学习活动中主体意识的自觉焕发，以及学生在学习活动中主体能动性和创造性的积极发挥。从这个角度出发，自主学习的特征有以下几个方面。

1. 指导性

教师是学生学习的组织者、引导者，他不仅能够调控自己的教学活动，而且能够对学生的学习活动进行调控。由于学生身心发展的特殊性和个别差异性，学生是否能够在接受教师的指导下进行学习活动的自我调控、是否能自主学习，这取决于教师能否给学生提供自主学习的基础和方向；学生是否愿意自主学习，则取决于教师能否调动起他们自主学习的主动性和积极性；学生怎样自主学习，则要求教师根据学生认知结构的不同和学习水平的差异进行相应的指导。

教师在学生自主学习过程中，通过一定的方式和渠道促进学生对知识的梳理，随时排除各种干扰，提高学习效率。教师在教学活动中的作用在于帮助学生澄清其想要学习什么，帮助学生安排适宜的学习活动，提供贴切的材料，帮助学生发现所学知识的个人意义，维持某种滋养学习过程的心理气氛。教师的指导更注重支持而非批判，更注重理解而非控制，更注重真诚而非扮演角色。学生自主学习时，教师应巡视他们的学习情况，及时了解学生自主学习的进程、已经掌握的内容以及存在的困惑，并有针对性地进行点拨、指导或者督促，还应根据掌控到的学习信息及时调整自己的教学思想、教学方案及教学进程，从中不断地吸取新知识，以便科学地引导学生发现问题、分析问题并最终解决问题，从而提高学生自主学习的有效值。

2. 激励性

教师在自主性学习的活动中还要注重对学生进行调控、评价。自主学习的调控要体现及时性与准确性，而评价则要体现形成性评价的特点，重视过程中的评价。要充分强调调控和评价的激励性，鼓励学生积极探求知识，成为知识的自我建构者。

调控是连接和协调内在需要和外在诱因的中介桥梁，通过它，个体的需求被激发，并进而获得能量，朝着一定的目标形成内驱力，从而引发和维持自主行为。外在诱因也通过这种调节作用转化为个体的内在驱动力。在

学习过程中，许多学生可能缺乏积极性、主动性，需要教师进行及时有效的调节。这里，我们也要注重学生的自我调控，学生可以根据自己的能力、水平调整学习目标和进度，实行“个别化”学习，填补传统课堂教学单一的严重缺陷。“自主调控自己的行为倾向，自觉达到预设的目标，从而实现学生自律的最高教育境界。”把教师外在调控与学生自我调控二者有效地结合，使学生能够在学习过程中更好地把握自己的学习最近发展区，进行自主的探索，达到充分认识自身存在的价值，并实现有效学习的目的。

学习的一般程序表明，教学是为学习者创造必要的条件，帮助学习者更有效地学习。在学生的自主学习过程中，教师应当充分发挥其指导性、激励性的作用，培养学生提出问题、分析问题和解决问题的能力，以及面对问题时独立思考的能力，使学生在积极主动的学习过程中，构建自己完整的人格。

（二）从学的角度看，学生要发挥主观能动性

1. 选择性

自主学习是将学习的主动权交给学生，让学生根据自己的需要、兴趣、特点和其他一些主客观条件积极能动地选择适合自己的教育，使教育由外层的强制力量内化为学生主体自身的要求，转化为学生能力体验的过程，从而实现自身主体性的发展。在学习过程中，学生对外界信息的接收、加工、整合和改造也都是有选择地进行过滤、筛选、再优化组合，而且所选择的学习内容既可以是教学大纲规定的学习内容，也可以超出大纲规定；学习某个知识点时，既可以按照教学大纲的要求选择课本相应章节的全部内容，也可以选择其中的部分内容。当然，在学习过程中，学生对学习对象的选择总是有一定的标准和范围，他们总是选择那些他们认为最有意义、最有价值，并且能够确实提高自身知识水平或能力素养的内容作为学习客体。

2. 目标性

目标是自主学习的核心构成部分，学生就是在既定学习目标的引导下，不断调控自己的学习过程和策略。为了促进学生的自主学习，教师应该注意为学生设置，或让学生自己确定具体的、近期的、能够完成又有一定挑战性的学习目标。明确了学习的目标，才能引导学生自主制订学习计划、安排学习活动，从而进入自主学习过程。

3. 自主性

自主性主要指的是主体的独立性，是相对于依赖性而言的，是个体在

活动中的地位问题，是指在一定条件下，个体对于自己的活动具有支配和控制的权利和能力。正如科思所言："自主有两个尺度。第一个尺度描述个体的客观状况、生活环境，使之相对于外部强迫和外部控制的独立、自由、自觉和自主支配生活的权利和可能。第二个尺度是对主观现实而言，使之能够合理地利用自己的选择权利，成功地控制外部环境，而且能够控制自己的冲动。"自主学习是把学习建立在人的独立性之上，整个过程中学习者要自己做出选择和控制，能够独立地开展学习活动。但自主学习的独立性绝非指学生一个人独立地、封闭地学习。学生可以根据自身的学习情况和特点选择学习伙伴，在学习活动中可以与学习伙伴相互学习，共同促进学业的进步。

4. 主动性

自主学习的突出特点就是学生积极、主动、自觉地开展学习活动，在学习过程中根据学习目标主动协调各学习因素，排除外来干扰，确保学习活动的顺利进行。自我判断和自我监控的根本要求就是主动性。学习动机对学习具有启动作用，意志控制对学习过程具有维持作用。再强的学习动机也取代不了意志控制在自主学习中的作用，只有具备了较强的意志控制能力，才能保证学生的自主学习行为和质量。①

5. 创造性

创造性以探索和求新为特征，属于自主学习的最高层次。它是学习主体在建构知识的基础上，创造出能够指导实践并满足自己需求的实践理念模型，是学习主体根据对事物发展的客观规律、对事物真理的超前认识、对其自身强烈而明确的内在需求，从而进行创造性思维的结果。这种超前认识是由明确的目标引导的创造性思维活动，在这种活动中，学习主体头脑中的记忆信息库被充分地调动起来，信息被充分地激活起来，知识系统被充分地组织起来，并使学习主体的目标价值得到了充分张扬。

自主学习不满足于获得现成的答案和结果，要求学生对所学的内容能够进行独立思考、多向思维。从心理学角度看，要求学生具有创新性思维，具有独特构思的新颖性和善于从不同层次、不同角度去思考问题的灵活性等品质；从教学理论角度看，学生要善于创新，善于质疑问难，并有与众不同的独到见解。能够不困于传统，不盲从权威，从多种角度去认识、理解同一事物。以活跃的思想、丰富的想象不懈地进取，并把它们整合、构建为自身

① 成为佐．关于课堂教学改革的十条建议［J］．江苏教育，2001（18）．

系统认识，创造性地运用所学内容去适应新情境、探索新问题、采取新方法。在这个过程中，能够大胆质疑，大胆批判、反思，用自己的思维去陈述己见，使自己的视野得到不断的开阔。同时也要求教师在教育活动中采用恰当的方式和手段，通过适当的途径，最大限度地挖掘学生的认识，发现学生的潜力，激活创新潜能，为学生自主性的发挥创设条件和机会，从而促进学生顺应、内化、建构、发展，并逐步地完善，使学生真正地成为学习的主人。

三、自主学习的教学策略

（一）培养和增强学生的自我效能感

自我效能感这一概念最初是由美国心理学家班杜拉于1977年提出的。班杜拉认为，个体从事某项活动的动机，在很大程度上与个体对自己从事该项活动胜任与否的判断有关。这种个体对自己是否能胜任某种任务的判断和知觉，称为"自我效能感"。相关的研究表明，自我效能感与自主学习具有密切的关系。自我效能感是影响自主学习的一个内在动机性因素。自我效能感高的学生，其自主学习倾向更强；自我效能感低的学生，自主学习的倾向较弱。

要促进学生的自主学习，教师必须把改善学生的自我效能感作为一项重要的目标落实到教学中去。教师可以从多方面入手来培养学生的自我效能感，比如说，对学生的学习给予适当的归因训练，提高学习者对某门学科学习的自我判断水平，为学生提供更多的学习和展示自己的机会，为学生树立合适的榜样，等等。

（二）指导学生制订合理的计划

学生进行自主学习不是自学，也不意味着放任学生、让他们盲目地乱碰乱撞。在此过程中，教师要有目的、有步骤地引导学生明确应该做什么、需要做哪些准备、每一步要完成哪些阶段性的任务、如何去开展学习活动、实施的过程会出现哪些问题等。自主学习的目的就是让他们通过自主活动逐步学会制订学习目标和计划，循序渐进地培养学生自主学习的能力。

学习目标的制定关系着学生学习潜能的发挥、学习任务完成的情况，是有效学习中至关重要的部分。教师需要帮助学习者设置合理、高效的目标。具体可从以下几个方面入手。

1. 开展相关辅导

有研究者指出，当前的学习生活中，自我学习计划并没有引起大部分学生足够的重视，他们的学习常常处于相对无序的状态。因此，有必要在中、小学生中开展相关辅导，让他们认识到目标设置的重要性，并针对他们的现状开展制订自我学习计划的训练。

2. 加强沟通交流

在学生进行自主学习过程中，教师应该与学生保持一定的联系，及时了解他们的学习进展状况，适时地给他们提供相应的指导意见。当然，学生也应该主动与老师沟通交流，针对自己学习中遇到的问题向老师寻求帮助，以保证有效学习的顺利进行。

除了经常与老师保持沟通交流外，教师也可以将同等学习经历的学生组成互助小组，在制订自我学习计划时可以展开讨论，互相提供帮助；或者是加强与高年级同学进行交流，获得他们的指点。

家长作为学生最亲近也是最了解学生的人，却也是常常被忽略的因素。他们有着比教师更好的条件来帮助学生学习。他们最了解学生的秉性和特质，也最清楚学生存在的优点与不足。引导学生与家长搭建起顺畅的沟通交流渠道，更利于孩子提高自我判断能力，从而制订恰当的学习目标与学习计划。

（三）指导学生自主学习

掌握学习策略是进行有效学习的基础和核心，也是衡量学生是否学会学习的根本标志。① 所谓学习策略，主要是指在学习活动中，为达到一定的学习目标而学会学习的规则、方法和技巧。学习策略关乎学生自主学习的效率，学习策略的形成与使用有一个过程，教师应注意分析学生的“学情”，引导学生增强自主学习的意识，掌握自主学习的策略。根据信息加工阶段，可将认知策略分为选择性知觉、复述、语义编码、提取、执行控制等策略。②

1. 复述策略

复述策略是指学习者为把信息储存在记忆中而采取的多次重复识记的策略。复述有助于学习者了解材料的内在联系，进而深入理解材料。常用的复述策略有重复、画线、抄写、做记录等。比如，学生为了记住汉字，必须一遍遍地读写生字。对于复杂知识的学习，可以尝试在阅读时对材料的重点、难点和要点用画线、圈点、加注符号等方式将其凸显出来等学习策略。这些策略行之有效，教师在日常的教学活动中应有意识地对学生加以训练。

---

① 刘电芝，黄希庭．学习策略研究概述［J］．教育研究，2002（2）．

② 皮连生．教育心理学［M］．上海：上海教育出版社，2004：140-141.

2. 精加工策略

精加工策略是指通过对学习材料的深入细致的分析，在理解其内在含义的基础上对材料进行精加工，以达到记忆的目的。如联想、总结、举例、编口诀、推论、做比较、做笔记等。它是通过人为因素对无意义的材料赋予一定的意义，促进知识保持的记忆方法。如在阅读和听讲时，一边听（或一边看），一边做笔记，这是一种非常重要的学习策略。但真正要使笔记成为一种促进学习的策略而非简单地进行信息记录，却不是一件简单的事情。为了培养学生做笔记的良好习惯，教师讲课时应注意语速不宜太快，复杂、重点的内容要适当重复，对讲课内容的结构、层次和重点应当进行板书。

3. 编码与组织策略

编码与组织策略是指将孤立的、分散的知识整合成整体，形成知识架构的信息加工方法。要将信息保存在长时间的记忆中，最有效的方法就是对其进行组织与编码加工，具体有描述策略、表象策略、归类策略等。描述策略是指将孤立的词描述成相关句段或语篇。表象策略是指将言语形式的信息转化为视觉或图形形式的信息。归类策略是指将零散的项目按某种类别组织起来。经过长期的理论指导和实践证明，人们认识到要想能够长久地保持信息，最有效的策略就是对信息进行编码和组织。

4. 注意策略

注意策略是指学习者掌握能将注意力指向与集中在所学习材料上的方法。它指向学习活动的各个阶段，主要作用是帮助学习者进行自我调控，促进学习。注意策略主要包括选择性策略和重复策略。选择性策略是指学习者能选择出和学习相关的信息并保持警觉，从而将所学知识内化的一种学习策略。例如，画出关键词句、批注等。重复策略是指学习者对学习材料进行有选择性的重复，与已学知识产生联系的学习策略。主要方法有总结、复述，运用有意注意和无意注意，充分调动各个感官参与，将注意保持在当前的学习任务中。教师可以采用外部手段来控制学生注意力，并激发学生采用适当的注意策略，以促使良好学习习惯的保持，进一步完善学生的自主学习，如让学生“带着问题阅读”等。

第二节　合作学习

一、合作学习的定义

关于合作学习的含义，人们从不同视角，对合作学习进行了界定。到目前为止，大致有以下几种观点：第一，形式说：认为合作学习是一种教学组织形式。如“从本质上讲，合作学习是一种教学形式，它要求学生在一些由 2 名至 6 名学生组成的异质小组中一起从事学习活动，共同完成教师分配的学习任务，在每个小组中，学生们通常从事各种需要合作和互动的活动”。[①] 第二，方法说：认为合作学习是一种教学方法。如“合作学习是一系列促使学生共同完成学习任务的教学方法，以便通过同学之间的交互作用对学生的认知发展、学习情境和同伴关系产生积极的影响”。[②] 第三，互动说：认为合作学习是教学动态因素之间的互动。如“合作学习是一种同伴之间的合作互动活动”“合作学习就是在教学上运用小组，使学生共同、最大限度地促进他们自己以及他人的学习”。[③] 第四，评价说：注意到了合作学习的评价的地位。如合作学习是以各个小组在达至目标过程中的总体成绩为奖励依据。

从学生活动的组织结构看，形式说有一定的合理性，因为合作学习在时间和空间安排都与班级授课制有很大区别。方法说容易把合作学习简单化，使合作学习走向形式化的误区；此外，用方法来描述合作学习就只能是一种静态的描述，不能反映其灵活性、发展性。互动说将互动推至教师与教师，特别是学生与学生之间的互动，这与传统的教学观形成了鲜明的对比。评价说不同于传统的竞争评价观，它把学生的着力点定位在争取不断进步和提高上，对于我们走出竞争教育的怪圈，实现教学评价的科学化，无疑有着积极的意义。这些观点从不同角度为我们诠释了合作学习的内涵。我们认为，合作学习是以异质学习小组为基本形式，通过教学主体之间的互动，促进学生的学习，以团体成绩为评价标准，共同达成教学目标的教学活动。

---

① 嘎斯基．合作掌握学习的策略［J］．王坦，译．济南：山东教育科研，1993（5）．

② 王红宇．美国合作学习简介［J］．外国教育资料，1991（5）．

③ 王红宇．美国合作学习简介［J］．外国教育资料，1991（5）．

二、合作学习的特征

小组有效合作是合作学习的基本载体，合理分组、科学分工、任务明确、有效评价构成了合作学习的体系。一般来说，合作学习的基本特征有以下几点：

（一）异质小组

小组的形式采用组间同质、组内异质的形式。小组成员在性别、学业能力、学习步调和其他品质上大都是不同的。这样也便于取长补短，相互帮助、支持，建立团结互助的小组团队或者叫“学习共同体”。

（二）任务明确

将一个较大的任务在学习小组之间进行分配和专门化，其结果取决与个体与群体、小组学习之间的共享与合作，但小组内分工和任务必须要明确，比方说，每个小组内要设立小组长、纪律长、信息员等，明确各自分工的职责并切实承担其责任，教师可以根据教学目标、知识点、问题、专题合理分配学习、工作任务。合作学习与松散组合的讨论小组的不同在于必须指定支持有序完成任务的专门化角色，以及任务完成后的检测、信息共享、结果运用等，否则合作学习将很难完成，小组讨论将混乱无序。

（三）建构规则

小组是班内若干小组的一个基本学习单位，合作学习的前提是个体学习，然后可对学、群学，这就特别需要教师的指导策略和建立有效的学习秩序，也就必然要建立起学习规则，规则可以使合作更有序、更高效。比如说，可先让学生完成个体应该掌握的基本知识点，然后每个人带着困惑、问题、发现进行求助、讨论、共享等；每个人也可根据自己分配的学习任务独立完成，集中解决，建立规则时还要考虑时间分配，资源运用，发言顺序，信息整合，学生差异等因素，避免为讨论而讨论，为合作而合作。其实，当问题自己能解决了，完全没必要讨论或合作解决。

（四）有效评价

小组奖励体系通常会增加小组成员的压力，个体要很好地帮助其他成员，达到增强合作意识的目的。通过有效的实时评价会更加激起个体学习的斗志和群体学习的激情，增进团结，相互依赖，共同进步，评价方式很多、方法很多，这里不再赘述，但评价一定要体现激励性、赏识性、多元性和发展性。

三、合作学习的教学策略

（一）选择有意义的合作主题

合作学习是围绕特定的问题或任务，也就是围绕合作主题来展开的，合作主题本身必须具有合作价值和意义。如果合作主题本身不具有合作价值和意义，那么这样的合作主题就是无效的主题，合作学习也是无效的合作。有效的合作主题应该具备以下特征。

1. 围绕重难点内容

在课堂教学中，教师应该明白：不是所有的教学内容、任务都适合采用合作学习方式来完成。有些教学内容应该由学生独立完成，这些内容如果用来进行合作学习，不仅不利于学生独立学习能力的培养，而且会浪费宝贵的课堂教学时间，造成合作学习的形式化。因此，在课堂教学中运用合作学习策略时，教师首先要确定一个适宜合作的主题。

任何一种课堂教学都需要完成一定的教学目标，而教学目标的实现有赖于教学重点和难点的落实，在进行这些重、难知识点的教学时，如果采用合作学习策略就可以使学生积极参与到学习活动之中，对问题进行主动的探究，并通过合作找到解决问题的关键，从而使学生对这部分知识点有更深刻的理解和掌握。

2. 主题形式开放

开放式的合作主题对于培养学生的发散式思维以及训练学生思维的灵活性都具有重要作用。一个开放式的合作主题可以引起学生的思考与讨论，而学生对问题的不同见解也可以使学生的思维产生激烈的冲突、碰撞，从而使学生能够对所探讨的问题有更深层次的理解。

3. 能激发学生内在的学习需要

学生对学习本身的渴望是进行有效学习的动力。只有产生了内在的学习需要，学生才能够积极主动地参与到学习活动中去。因此，一个有效的合作主题，必须能够引起学生的学习兴趣，有效激发学生内在的学习需要，吸引学生主动参与到合作学习活动中来，并能够在合作中积极思考、深入探究。

（二）选择适当的合作时机

就像不是所有的内容都可以用合作学习来实施一样，也不是任何时候都适合开展合作学习。因此，一定要根据教材内容、学生现有的认知水平等情况来选择有利的时机让学生进行合作学习，这样才能保证合作学习的有效实施。开展小组合作学习的时机可以分以下几点。

1. 学习任务比较复杂时

在进行课堂教学时，有些学习任务比较繁杂，仅靠个人的努力很难完成或根本无法完成。在遇到这样的学习任务时，便可运用小组合作学习的教学方式，让学生通过合作分工、共同探讨、互相帮助、互相启发，共同完成学习任务。比如，在教学北师大版数学《找次品》一课时，学生必须通过动手实验来总结发现找到次品的规律，如果每个人都单独做实验，不仅浪费课堂教学时间，而且会有相当一部分学生无法得出正确的结论，甚至无法将实验顺利地完成。在这样的情况下，采用小组合作学习，在小组中进行分工协作，由组长、记录员、实验员、监督员等共同合作，学生就能够很快地完成实验并总结出结论。这样的方式既保证了教学工作的有效进行，也让学生在合作中学到了知识，提高了能力。

2. 学生思维受阻时

当教学内容出现难点、疑点，大多数学生思维受阻时，此时恰恰是开展合作学习的有利时机。由于思维受阻，学生内心产生了困惑感，这种困惑感使学生产生了极其强烈的学习需要，这种强烈的学习需要促使学生期望从同伴那里寻求帮助，继而产生了强烈的合作需要。教师应及时抓住这一时机，有效地组织学生进行合作学习，使学生积极地进行思考探究、合作交流，促进其思维的发展和问题的解决。

3. 学生意见产生分歧时

由于不同学生对同一问题思考的角度和理解的深度、广度都存在差异，因此，学生的意见往往会出现分歧，此时正是开展小组合作学习的极好时机。

（三）加强对学生合作意识和技能的培养，提高学生参与度

在合作学习的实施过程中，学生的合作意识起着非常重要的作用，如果学生缺乏合作意识，就会缺少参与的主动性，而缺少了学生的主动参与，必将导致合作学习无法得到有效的实施。合作学习与其他教学策略所不同的是，学生的合作技能既是合作学习得以有效开展的有力保障，同时也是教学目标之一。因此，在日常教学工作当中，加强对学生合作意识、合作技能与技巧的培养，提高学生在合作学习中的参与度，成为合作学习有效实施的重要策略之一。

1. 培养和增强学生的合作意识

培养学生的合作意识，首先，应该创设一个适宜合作的情境，激发学生的合作需要，使学生在这样的情境当中感受到合作与交流的优势，意识到合作与交流的重要性。其次，对于学生合作意识的培养，不能仅局限于课堂上，更应渗透在平时日常生活中，使学生意识到团队精神的重要性，产生与别人友好合作的意愿。最后，运用有效的激励措施培养学生的合作意识。教师应对合作意识强、愿意帮助同学、与同学友好相处的学生及时给予表扬或奖励，使其他学生也产生合作的愿望。

2. 训练和提高学生的合作技能

学生的合作技能并不是与生俱来、自然产生的，它离不开后天有意识、有计划的训练和实践。罗米索斯基认为，小组合作技能包括以下 7 个方面的内容：①态度与情感；②寻求与提供信息；③提议；④支持与扩充；⑤引导和阻止；⑥异议；⑦概括。我国学者陈燕认为课堂教学中合作学习的基本技能主要有 10 项：①听取；②说明；③求助；④反思；⑤自控；⑥帮助；⑦支持；⑧说明；⑨建议；⑩协调。教师应多为学生创造提高合作学习基本技能的机会，让学生在不断的实践中养成合作的习惯，最终形成良好的合作交流技能与品质。

（四）教师要做学生合作学习的促进者

在合作学习中，教师应为学生的合作学习活动做好充分的准备工作，积极参与到学生的合作学习活动当中，成为学生的合作者，保证学生的合作学习活动顺利进行，促进学生的进步与发展。教师要成为好的促进者，需要做好以下几项工作。

1. 营造和谐平等的合作氛围

首先，应建立民主、平等、融洽的师生关系。在这种新型的师生关系中，教师不再是高高在上，而是与学生平等的个体，是学生学习活动的参与者、合作者。在学生提出不同观点时，教师要平等地与学生交流、对话，切不可滥用教师的权利。教师应该对学生多一些表扬和鼓励，少一些批评和指责，让学生在轻松和谐的氛围当中产生积极合作的欲望。其次，在学生之间同样要建立一种和谐的、平等的氛围。在异质小组当中，小组成员在性格、学习成绩、家庭背景、合作能力等方面存在差异。如果在学习小组中缺乏平等和谐的合作氛围，小组成员之间不能友好地相处，那么合作学习的有效实施将是一句空话。因此，教师应当积极营造和谐、平等的合作氛围，对那些合作氛围好的学习小组及时进行表扬与鼓励，甚至是必要的奖励，为其他小组的合作起到榜样示范作用。

2. 为学生的合作学习提供指导

在课堂教学中运用合作学习时，教师必须深入到各个学习小组中去，倾听小组成员的发言，掌握各小组合作学习的进程及在合作学习中出现的问题，及时了解各小组在合作学习过程中遇到的困难，做到心中有数，并且给予必要的指导和帮助。教师在小组合作学习中的指导和帮助主要表现在两个方面：一是对于学生在学习中的困惑进行指导。当小组成员遇到解决不了的学习困难时，教师应该及时给予必要的引导、启发。如果是普遍存在的问题，教师应当提醒全班同学注意。如果是非常有价值的问题，应在集体教学时提出，供全班学生共同思考讨论。二是对于小组成员在合作过程中合作技能、技巧的指导。由于学生的人际交往技能、技巧不完善，因此在进行小组合作学习时，难免会出现意见无法统一，随意打断别人发言的现象，此时就需要老师出面对学生进行必要的引导和指导，帮助学生掌握解决出现的问题，并且传授合作的技巧。虽然老师的指导和帮助，在合作学习的实施过程中必不可少，但教师要尽量避免经常介入小组学习活动，过多干预小组的合作学习活动。如果教师过多地干涉小组的合作学习活动，将不利于学生合作学习能力的提高。

3. 注意控制合作学习中的噪声

在课堂教学中，合作学习极易造成较大的噪声。当学生合作学习时产生过大的噪声时，小组成员之间听不清彼此的谈话，为了让别人听清自己的发言，有的学生只好大声喊叫，使教室内的噪声现象更为严重。过大的噪声不仅影响到小组成员之间的有效合作，而且影响教师对合作学习进程的有效控制与了解，易导致合作学习的失控。因此，教师要对合作学习中产生的噪声进行有效的控制。教师可以在各学习小组设一名“噪声监督员”，专门对本小组的发言声音进行监督控制。另外，在制定“课堂合作学习评价表”时要将小组讨论声音大小，作为评价小组合作学习效果的一项依据。

第三节 探究学习

一、探究学习的定义

“探究学习”是由美国芝加哥大学教授施瓦布于1961年在哈佛大学所做的报告《作为探究的科学教学》中首次提出。

到目前为止，国内外学者对探究学习的内涵提出了许多界说。比如，施瓦布将探究学习定义为这样一种学习活动：“儿童通过自主地参与获得知识的过程，掌握研究自然所必需的探究能力；同时，形成认识自然的基础——科学概念；进而培养探索未知世界的积极态度。”① 又如，郑金洲在探讨课程教学改革中探究学习方式的运用时，指出探究学习是“运用探究的方式进行的学习过程和活动，也就是学生在教师的指导下，主动地发现问题，以一种类似科学研究的方法对问题进行分析和研究，从而解决问题和获得知识的过程和活动”。② 张德银认为探究学习是指“在教师的指导下，以发现、发明的心理动机去探索，去寻求创新性解决问题的方法；以类似科学研究的方式去获取知识，应用知识解决实际问题，从而在掌握知识内容的同时，让学生体验、理解和应用科学方法，培养创新精神和实践能力”。

基于此，笔者认为探究学习是指学生主动参与学习活动，根据自己的猜想或假设，通过类似于科学家科学探究活动的方式，在科学理论指导下，运用科学的方法对问题进行研究从而获取科学知识，并在这个过程中学会科学的方法和技能、获得思维发展，形成科学观点和科学精神。

二、探究学习的特征

（一）问题性

探究学习方式特别强调问题在学习活动中的重要性。一方面，强调通过问题来进行学习，把问题看作是学习的动力、起点和贯穿学习过程的主线。另一方面，通过学习来生成问题，把学习过程看成是发现问题、提出问题、分析问题和解决问题的过程。通过这样一个过程的锻炼，提高学生发现问题，解决问题的能力。与此同时，提出的问题要具有科学性，问题要与

① 钟启泉．现代教学论发展［M］．北京：教育科学出版社，1998：363.

② 郑金洲．基于新课程的课堂教学改革［M］．福州：福建教育出版社，2003：136.

学生所学的科学概念相联系，并且能够引发他们进行实验研究，引导他们收集数据和利用数据对科学现象做出解释。

（二）真实性

学生常常会抱怨学那么多枯燥乏味的知识没有实际用处，还不如不学。因此，这就要求课堂教学中开展的探究学习的问题必须是学生身边存在的真实现象、真实问题，而不是脱离学生生活实际的纯学术问题。实际上，脱离生活实际的问题在学生看来只是枯燥无味的“智力游戏”，学生极易丧失学习的兴趣和热情。因此，探究学习应注意加强学科之间以及知识与社会、个人之间的联系，凸显学习的真实性。

（三）开放性

探究学习的目标应该是很灵活的，可以因地因人而异。探究学习的内容涉及广泛，即使在同一主题下，研究的视角或切入点也有相当大的灵活度。教师不应该把学习内容限制在某些方面，只要学生想到而且力所能及的，都可以成为探究的内容。通过探究学习，希望学生获得一种关于社会、自然、生活的综合知识，而不仅仅是学科知识。这是因为今天学生所面对的许多问题，都是综合性问题。解决这些综合性问题，所需要的知识远远超出了某一学科领域的范围。在探究过程中，不论是关于生活、社会，还是自然的知识，只要需要就应该用上。

就学生所获取的知识而言，探究学习也是开放的。学生的学习不再局限于课堂与教材，而是向更加广阔的世界延伸。探究学习的学习资源既包括人、财、物，还包括环境、信息、关系、组织、机构等。在探究学习中，知识的来源是多方面、多渠道的。除了书本知识以外，学习者还要广泛地获取未经加工处理的第一手资料，经过头脑的加工形成结论，使学生获得的知识超出二手书本知识的局限。

此外，探究学习要求与其他学习方式在相互作用中得到不断的改进。同时，探究学习要求创造宽松、和谐、民主的学习氛围，给学生一种心理安全感。

（四）过程性

当我们在思考要不要进行探究学习的时候，顾虑更多的可能是它的价值问题。对于探究学习来说，它可以具有学术价值、社会效益、教育价值等，但是探究学习的最主要价值在于其对学生成长发展所起的作用，也就是其教育价值。

强调探究学习的教育价值，注重的自然是探究的过程。学生的体验和表现比结果更重要，让学生在探究中学会交流和合作，在探究中得到发展，是探究学习的最主要目的，也许有的活动最后没能得出结论，给孩子们留下一点遗憾，让他们反思所做的探究存在什么问题，为什么没有结果，也能起到很好的教育作用，不一定强求明确的结论。

强调探究的过程，但不能让探究的过程模式化、固定化。探究的过程没有固定的模式，提出问题、进行假设、制订计划、收集数据、整理分析、得出结论、评鉴预测，是科学探究过程的要素，而不是固定的规范。它们之间也没有固定的先后顺序，不能硬性规定哪一步骤在先，哪一步骤在后，也不必强求探究过程的完整性。一次活动可以只包括其中的几个要素，也可以是相对完整的探究活动。

三、探究学习的教学策略

教师在引导学生开展探究学习的一般流程为“创设情境—发现问题—组织探究—形成结论—进行反思—实践运用”。在整个学习活动中学生自主参与探究活动和控制学习过程，在探究过程中获得知识，提高能力和情感体验。因此，在教学过程中，教师要科学地引导学生探究，让探究学习有效地进行。

（一）活化课堂，激发学生主动参与探究

1. 营造和谐民主的课堂气氛

首先，教师必须确立“心中有学生”的思想观念，树立以学生为主体、尊重学生的个性、以人为本的教育理念，培养学生的创造精神和参与意识，明确学生是教学的中心，教师的主要职责在于引导而不是全权包办，不能一味地告诉学生问题的答案。其次，教师和学生之间必须建立真诚、平等、共融的密切关系，在教学中谋求平等、追求高质量；鼓励学生发表不同的见解，允许学生向教师提问质疑等，学生的心情才能舒畅，敢于热衷于发表自己的见解，积极参与教学中提出的问题的讨论与争辩。再次，在教学中，教师要允许并鼓励学生发表不同的见解，对学生的发言、问答不应求全责备、失之过严，压抑学生的积极性。教师还要善于制止学生间的讥讽嘲笑，引导他们相互尊重、相互支持、相互理解、相互学习。

2. 激发学习动机、引发探究兴趣

适当的动机会使学生的学习更加努力、有效率、有计划，所以教师在教学过程中应该尽可能地激发学生的学习动机，引起学生的学习需要。首先，教师要促使学生的认知失调，引发学生的好奇心和求知欲。其次，帮助学生体验成功，提高学生的成就动机。研究表明，学生的成就动机与其过去成功与失败的经验有关。成功经验能增强学生的成就动机，使学生在学习中越来越追求成功；而过多的失败则会大大削弱学生的成就动机，在学习中就会选择简单的任务，尽量避免失败，以减少自己对失败的体验。因此，教师要注意创造机会，帮助学生获得成功的体验，要指导学生进行积极的自我评价和对学生进行鼓励性评价，使学生树立自信心，提高成就动机，主动发展内在的认识兴趣。总之，兴趣是最好的老师，教师要因地制宜，巧妙而合理地利用各种教学资源和多种方法策略来激发学生的内部学习动机，激发学生的探究兴趣，以此来提高教学以及学习的效益。

3. 给予学生更多时间与空间

在探究教学过程中，教师应给予学生更多的主动权，将更多的时间和空间交给学生主动地进行学习活动，指导学生的学习和思维方法。探究学习绝不是教师“填鸭式”地向学生传授文化知识、示范操作技能，也不是教师用定性的、简单的讲解代替学生的感悟和认识，而是要将时间多留给学生，多给学生进行感悟的机会，引导学生展开想象的空间，进行体验、思考、比较、鉴别和判断，拓宽学生思考问题的角度，让学生在拥有足够信息的情况下，在一定的“空白”中，通过实践进行选择、探索和尝试。虽然在传统教学观念看来，这会有“讲解示范不具体”之嫌，但任何一种学习方法的掌握，创作目标的实现，都不是纸上谈兵，而是一个不断尝试和探索的过程，单纯地依靠传统临摹和灌输往往难以奏效。给学生更多的时间和空间，让学生在自我的感悟、探索和尝试中进行学习，这样他们会学得更加主动，也会有更多的收获。

（二）引导学生积极探索，激发学生自主创新

1. 鼓励大胆质疑、启发独立思考

俗话说：学源于思，思源于疑。常有思考，才能常有探索，才能有创新。教师在教学中要引导学生提出问题。使学生的思维积极活动起来。要做到这一点：首先，教师要注意提问、激疑，以启发他们的思维，让他们茅塞顿开。“问则疑，疑则思”，一石激起千层浪，只要提问切中要害、发人深思，

脑子一开窍，学生的思想便一下子活跃起来，课堂上将出现令人兴奋、紧张、有趣的生动局面。然后，老师因势利导，使学生的认识逐步深入，以获取新知识。“教学就应当是这样一个不断启发、引导学生去分析矛盾和解决矛盾的过程。”教师在启发学生的过程中要有耐心，给学生思考的时间；要有重点，问题不能多，也不能蜻蜓点水、启而不发；要深入下去，提出补充问题，引导学生去获得新知识。

2. 培养学生独立解决问题的能力

启发不仅要引导学生动脑，而且要引导他们动手。学生掌握知识有一个逐步深化的过程，懂了不一定会做，会做了不一定会创造。所以，教师要善于启发诱导学生将知识创造性地应用于实际，向他们布置由易到难的各种作业，或提供素材、情景、条件和提出要求，让他们去独立探索，克服困难、解决问题，别出心裁地完成作业，以便发展创造才能。作为当代的教育者一定要认识到创新型人才的培养不是埋头苦读读出来的，也不是苦做习题做出来的。教师要在教学当中多为学生提供一些主动思考、认真动手操作的实践机会，培养学生主动参与、勤于探究的精神，发展学生解决问题的能力。

3. 为学生提供学习资源和环境

与传统的学习方式比较起来，学生积极探究的学习活动可能需要一些特定的资源、工具和环境条件。教师要引导学生从他们自己的经验、书本或者其他材料以及社会活动中提供这些资源，鼓励学生补充资源，并对小组以外的资源给予开发。学生探索他们自己喜爱的事物，根据这些资料，每个人就自己的学习方式做出选择来发现新的知识。此外，教师还要提供一种促进学生自主学习的学习氛围。引导学生在教学过程中积极探索，能够开发学生的智力，培养学生的创新精神，能够更好地促进学生全面和谐可持续的发展。

（三）优化“教学控制”，引导学生有效探究

教学控制即是教师在教学时对整个教学进行形成某种把握的心理体验，是有效教学的心理基础，也是教师实际调节教学的手段和方法，是必备的教学行为。然而，长期以来，人们习惯于将教学控制同封闭和操纵联系在一起，认为教学控制是传统讲授式教学和接受式教学的产物，而探究学习强调自由，不应该提倡教学控制。其实就探究学习的本质来讲，它是一种潜能释放性学习，它赋予学生以学习的主体地位，使学生能够自主地开展

学习活动；但正是这种开放性和不确定性的风格，很难达到教育的预期效果，因此，要促进学生探究学习，避免教学中出现的散漫现象，就离不开必要的教学控制。

探究学习中的教学控制绝不是操纵和约束学习活动，而是对其进行调节与引导，保证学生的探究学习方向正确。这就要求教师根据具体的探究学习情景，为学生提供恰当的引导与反馈，在暗中为他们搭建支架，提高学习的有效性。首先，教师可以积极地参与到学生的探究活动中，通过榜样示范，达到"身"控的效果。其次，教师可以指导性的言语为学生排除困境、指点迷津。最后，教师还可以站在旁观者的角度观察、注视学生的表现，以无声反馈的形式，调控、强化学生的学习行为。总之，教师要根据具体的探究学习情景，综合使用各种调控方式，努力做到运用技能做到微观调控，又能整体把握全局。

第四节　体验学习

一、体验学习的定义

体验是个体与外界环境交互作用，外部世界与自我生命存在状态的一种交融过程。体验，既是一种活动，也是活动的结果。作为一种活动，即主体亲历某件事并进行反思；作为活动的结果，即主体从其亲历中和反思中获得认识和情感。学习中的体验是指学生在参与学习活动中获得的情绪感受，并融入自身的经验之中。它强调学生亲历活动，伴有情绪反应，并对原有经验产生影响。

体验学习是指让学生通过实践和体验来认知知识或周围事物，或者说通过使学习者完完全全地参与学习过程，使学习者真正成为课堂的主角。传统的学习对学生来说都是外在的，而体验式学习却像生活中其他任何一种体验一样，是内在的，是个人在形体、情绪、知识上参与的所得。正因为全身心的参与，从而使得学习效率、知识理解、知识记忆持久度都大幅度提升，相关研究显示，采用体验学习的方式学习比传统的学习方式效率要高 5 ~ 10 倍。

二、体验学习的特征

（一）感悟性

体验式学习，可以使学生获得第一手的经验、具体化的感受，获得对知识、技能、过程、方法、情感等的感觉、知觉、表象，但又不能让学生的收获仅仅停留在这个层面上。学生还要在老师的指导下对这些东西进行升华提炼，升华为科学理论、文学手法、道德、观念、态度和价值观。也就是要让学生从中感悟出一定的道理、道德观念等。比如，观看了庐山瀑布，学生有了感觉之后，老师要引导学生交流他们的看法，引导学生理解诗歌的优美和诗人写作手法的奥妙。学生做了一件帮助有困难的人的好事，教师要引导学生提升到对道德的认识。

（二）情境性

情境是经验赖以产生的真实或虚拟环境。学习是个人化的行为，这就注定学习内容不能像接力棒那样被传递或转让，而必须在丰富的、复杂的真实情境中体悟知识、生成知识。体验学习中，教师设计把所要学习的内容融于形象生动、可观可视、可触可摸，而且学生直接参与的情境中，学生几乎所有的感觉器官都被调动起来参与其中。在这一过程中，学生倾入了自己的欣喜、热情、烦恼、困惑等个人情感。一个具体生动的情境设置，可以引起学生的亲切感和新鲜感，从而调动大脑皮层的优势兴奋中心，提供想象和思维的前提，使学生在一种轻松愉快的情绪下进行学习和创造。学生所获得的东西，有的是语言描绘难以达到的，体会到的东西往往比语言描绘对思维的冲击更大，给学生印象更深刻。比如，观看电影《汪洋中的一条破船》学生对“坚强”体会要比任何语言说教都要强烈；观看有关泥石流的录像要比单纯地学习有关泥石流的灾害的文字印象深刻。访问孤寡老人更能让学生体会到“孝”的内涵。

（三）创生性

创生性是指在已有事物或认识的基础上创造和生成。创生性反映了生命与生俱来的能量与活力。西美尔认为生命过程是不断超越、发展自身的过程，它不仅创造更多的生命时时更新自己，而且还从自身创造出非生命的东西。伯格森也指出生命是创造的进化。体验学习的创生性体现在学生对学习内容所蕴含的意义的创造和生成上。体验学习是一种伴有情感反应的意义生成活动。在学习过程中，学习者作为主体与学习内容发生联系，通过想象、移情、神思等多种心理因素的交融、互汇，使外部世界在主体心灵中被激活、唤醒，生出新的意义。这一创生过程不仅带来学习目标的达成，还使得学习者主体自我生命感的增强及精神力量的超越与提升。

（四）持续性

持续性是指连续不断相互交织的特性。体验学习的持续性表现在以体验为手段的学习过程持续不断地发生质变和量变。这种持续性表明体验学习是一个螺旋上升的过程。正如杜威所说："体验的持续性原理意味着每一种体验既开始于过去经历的一些事情，也包括将来修正一些方法的特性……"[①] 学习者进行一次体验学习所产生的印象是即时的，也是当下的，即学习者此时此刻的所思所感。体验学习的当下性、即时性体现在学习者对学习内容的理解，在此时此刻是这样的，而彼时彼刻又变成那样的。这正如杜威所言："经验的连续性原则意味着，每种经验既从过去经验中采纳了某些东西，同时又以某种方式改变未来经验的性质。"[②] 体验学习是反复循环的，之前习得的经验会影响以后的经验学习，而以后的经验建构又建立在之前的学习经验基础之上。经验就在这样持续的过程中不断地发生量变和质变，不断地补充和完善。

三、体验学习的教学策略

（一）开展活动，直接体验

根据体验情境的真实与否，体验包含两种形式：直接体验和间接体验。直接体验要求学习者参与到真实活动中，身临其境，亲自体验。间接体验则需借助模拟或想象的场景进行角色体验，使学习者产生心临其境的感觉。

1. 在真实活动中体验

在真实活动中体验包括实地参观、联系生活、直观教具等形式。体验学习强调个体体验，那么体验的来源必然涉及学习主体的方方面面。其中最直接的体验来源便是走出教室、走入生活、走进大自然，亲身进行实地参观考察，进行真正的体验。假如学习者是第一次接触学习内容，以前没有任何体验的话，且学习内容与生活息息相关，那么学习者不妨走进生活，直接获取所需要的经验。学习者与教师要利用各种手段和方法，直接到现

---

① 杜威 . 经验与自然［M］. 姜文敏，译 . 北京：人民教育出版社，2004：78.

② 杜威 . 经验与自然［M］. 姜文敏，译 . 北京：人民教育出版社，2004：165.

实中学习，获取直接经验。

联系实际生活也是学生进行体验学习最重要的来源。受教学条件和时间的影响，亲身参与体验只能作为达到有效学习的一个方法，让学生每次都进行亲身参与体验是不现实的，再者说，有些常识性的经验也没有必要亲身体验。在实际教学中，如果新学习内容与学习者先前的经验相类似，那么学习者必然会不由自主地将新内容与先前的经验相联系，据此来同化或顺应新的学习内容。当然，如果学生一时回想不起已有的经验，教师如果适时地加以提醒、引导，也会收到出人意料的效果。对于教师而言，不仅在课堂上要引导学生再现已有的经验，还要善于激励学生多留心生活、积累生活经验。学生一旦有了丰富的生活经验，学习那些立足生活实际的知识自然就容易很多。将知识与实际生活相联系，一方面学生更容易掌握，知识储存得也更加牢固，另一方面也能使学到的知识应用到生活中，解决生活中的问题。

使用直观教具进行实物展示也是获取新知识的体验学习方式。在教学中，特别是在小学低年级教学中，运用直观教具也是一种常用的教学方法。如果说实地参观是让学生走出教室，那么实物展示则可以称为将教具带入教室。教学中的实物包括实物、标本、图片等。学生通过实物展示进行体验学习，产生的不仅是对实物面貌、特性的外部印象，也能认识实物所具有的色、香、味等特点。

2. 在模拟活动中体验

在模拟活动中体验有两种形式：现场演示、动手操作和角色表演等形式。现场演示是一种呈现直观形象的模拟活动。它主要是通过调动学生的视觉参与进行思考，进而体验学习内容的特性。当学习内容较为抽象或者难以理解的时候，可以通过现场演示，让学生在亲眼目睹中通过体验，恍然大悟。

动手操作从其概念上看似乎是真实活动，将其归入模拟活动是因为课堂中的动手操作一般都是利用模型或简易物品模拟现实中的那些无法直接进行操作的物体的活动方式。动手操作的特点是通过直观的动作进行形象思维，需要学生手脑并用，所以它也属于体验学习。课堂上，学生通过操作简易的学习用具或者物体模型，可以使抽象的知识直观形象地呈现出来，增强理解。实验操作的过程就是体验学习的过程。学生通过实验不仅能亲身参与学习过程，而且在观察实验的过程中，能理解各种物质的特点与关系。

角色表演是最高层次的模拟活动，也是最具有代表性的体验学习。因为它不仅是教学内容的外观形象，而且展现了人物的内心世界。学生通过角色表演其实就是参与真实的生活情境。在角色表演中，学生自己的真情实感被激发出来。而且，学生所扮演的角色也赋予他们一个看问题的角度。不论这个角度与自己的真实心理是相同的还是矛盾的，都可以让学生获得深刻的体验。苏霍姆林斯基说：“儿童个个都是天生的艺术家。”实际上，中小学生不仅具有潜在的表演天赋，而且还有爱表演的倾向。表演能够有效地调动并发挥中小学生的积极性和创造性。这种学习方式能给学生留下较深的印象，担任角色的学生会有更深切的体验。

（二）创设情境，间接体验

关于情境，德国学者有一句精辟的比喻：将 15 克盐放在你的面前，无论如何你也难以下咽。但当将 15 克盐放入一碗美味可口的汤中，你早就在享用佳肴时，将 15 克盐全部吸收了。由此可见，情境之于知识，犹如汤之于盐。盐需溶入汤中，才能被吸收；知识需要融入情境之中，才能显示出活力和美感。心理学研究表明，当人进入某一情境，甚至在头脑中想象情境，都能激起自身的某种体验。因此，在体验教学中，为了引发学生相应的体验，教师要注意创设情境。

1. 通过语言创设情境

语言表达的形象性能够使听者的脑海中呈现出一幅幅鲜明而简洁的画面，而不是一些抽象的语义或信息代码。这种将抽象事物形象化、具体化的语言，学生听起来必定是兴致盎然似三春，趣味浓郁如仲夏，犹似欣赏一幅画，观赏一幕剧。声情并茂的朗读、绘声绘色地描述和贴切精彩的比喻都可以将学生带入某种情境中进行体验学习。

声情并茂的朗读是人文课程学习常采用的学习方法。声情并茂的朗读能把学生带到作品的艺术境界之中，使学生如临其境、如闻其声、如见其人，在头脑中浮现出教师所描绘的情景。如语文教材中有许多课文，描写的景物亲切宜人，表达的感情细腻温馨，可谓情文并茂、文质兼美。这些课文光凭教师讲解不足以让学生领略文章的奇妙之处。只有通过声情并茂的朗读，才能使学生唤起课文中美的形象，从而撩拨学生心灵的琴弦，使他们在思想深处产生共鸣。

声情并茂的朗读是通过直接传达感情而唤起学生内心的体验。而教师或学生绘声绘色的描述则是通过形象的语言将人带入某种情境，然后由学生自己感悟、体验。使用绘声绘色的语言进行描述也能够把抽象概念变得生动形象，营造出适合体验的情境。在理科教学中，建立抽象概念时，往往需要形象的描述与想象。

比喻就是用某些有类似点的事物来比拟想要说的某一事物，以便表达更加生动鲜明。善用比喻，不仅会使抽象的东西变得具体、化平淡为生动，还能把难以理解的内容变得浅显易懂。通过运用大家所熟知的具体形象的比喻，使原来抽象的难以理解的知识变得通俗易懂，学生容易接受，理解深刻，而且把机械记忆转化为理解记忆后，也不易遗忘。

2. 通过音乐创设情境

达尔克兹有句名言："对音乐的理解，与其说是一种智力过程，不如说是一种情感过程。"音乐是一种诉诸人的听觉，启动人的联想和想象的一门艺术。音乐通过有组织地安排音符构成艺术形象、反映社会生活、表达人的思想感情。同时，在适当的情境播放适当的音乐最能调动人的情感，并且能渲染情境，创造气氛。如果能把音乐语言与语言文字沟通起来，教学就能真正实现调动学生的听觉、视觉等器官，在这种联觉的通感中，会收到意想不到的效果。只要创造出适合学生进入当前学习情境的音乐，无论通过什么方式都是符合体验学习的。

3. 通过图形图像创设情境

在教学中，尤其是随着多媒体的普及，借助图形图像创设学习情境既方便又普遍，因此当之无愧成为体验学习创设情境时的首选。而且，图形图像因其直观、形象、有趣，备受学生欢迎。图形包括画图、插图、幻灯等，图像包括录像、电影以及电脑等电化教学手段所制造出来的视频。借助图形图像可以把学习内容简单化、具体化和形象化，能收到"一图穷千言"的效果。在图形图像面前，学生看得清楚，也感受得真切。

（三）交流分享，丰富体验

交流分享是从拓宽体验学习的广度而形成的策略。众所周知，经验越多，进行体验学习越容易，所获得的体验也越丰富、越深刻，这也是体验学习所期盼的。丰富体验可以采取以下两个交流分享的方式。

1. 交流讨论

交流讨论是分享丰富体验的方式之一。通过讨论，学习者可以听取其他学习者的体验感受，从而丰富自己已有的体验。在学习过程中，学习者个人的认知与发现总是有限的。因此，在学习活动中，学习者彼此间就各自的发现、体验进行交流，相互启发与借鉴，有利于他们更全面深入地体验。在一次学习中，如果每个人都发表自己的观点和看法，自然而然就增加了学习者的认识。当学生纷纷说出个人的体验时，能激发他们的思维。交流是主体意识形成的重要条件。因此在交流中能促进学生的体验内化，加深理解，解决问题。

2. 阅读汇报

阅读汇报也是分享交流经验，促进体验学习的一条有效途径。学习者通过阅读大量的资料，获得更多的体验。但是，不同的学习者由于条件或资源的限制，阅读的资料不一定相同。这时候，组织学习者进行汇报，即可分享彼此的体验，从而丰富所有学习者的经验。阅读汇报最典型的例子就是，学生将自己的读后感写下来张贴在班级的学习园地中。这样。每个学生都可以阅读其他学生的读后感，从而增加自己的经验。读后感主题相同的同学还可以比较自己与其他人的相同与不同，进一步加深印象和理解，丰富已有的感受和体验。

（四）拓展深化，升华体验

引导拓展是从体验的深度来寻找实施的策略。体验式学习中，体验越深刻，学习时的所得就越多。

1. 补充经验

现代认知心理学研究表明，学生的认知活动与其原有的认知结构之间关系密切，只有学生原有认知结构中有适合于学习新知的观念时，有效的认知活动才能产生。体验学习就是如此。一般情境下激发生成的体验，主要是通过外界诱因，如声、乐的感染等，再借助学生自身的想象和联想而生成的。但是，学生如果完全不具备相应的生活经验，这些体验就无法产生。因此，当学生对学习内容的经验不熟悉时，教师可以补充或者引导学生补充相关的经验，以便学生顺利地进行体验学习。最常见的例子就是，语文教师在教学新课文之前常常补充介绍作者、故事发生的历史及社会环境等背景，为学生进行体验奠定基础。时代背景有助于学生深入理解课文的内在含义。

2. 引发想象

引发想象就是学习者利用原有的知识、表象或经验，进行再造或创造想象，从而使意境更丰富，更能获得体验。对于学生在生活中没有的体验，可以利用想象帮助产生类似体验。每个学生都有自己独特的内心世界、精神世界和内在感受，有着不同于他人的观察、思考和解决问题的方式。教师在教学中要善于引发学生的联想和想象。学生们通过心灵的感受，能够升华自己的已有经验。教师必须用情感激发学生的学习心向，这是有意义学习的情感前提。一位小学语文教师在教“奶”字时，亲切地对学生说:“看，左边是女字旁，右边像个驼背的人，这就是奶奶的‘奶’字，奶奶年纪大了，走路时背弯弯的，还要拄个拐棍。”这种充满亲情之爱的教学，把本来死板板的、不会动弹的文字，变成了有生命的东西，钻进了孩子的脑海里。让孩子们想象，老师也要特别注意倾听和引导，并推波助澜，促成动态生成。

第五节 操作学习

一、操作学习的定义

在多维学习观的指导下，我们将学习活动划分为符号学习、观察学习、交往学习、反思学习和操作学习这五种基本类型，其依据并不是在于学习目标、内容或形式的不同，而是在于对象和手段上的差异。其中操作学习以对实际事物的操作或身体器官的动作为对象。因此，我们可以将操作学习看作是学习者依靠操作外部实物或自身肢体器官而进行的一种动态学习活动。“此类学习活动以对实际事物的操作或身体器官的动作为对象，如实验、实习、制作、游戏、音乐、绘画、舞蹈、体育活动等。”①

与其他学习形式相比，操作学习最突出的特征就在于它是以实际事物为对象、以动手操作为手段的一种学习活动。一般来说，操作学习的对象本身有两种。一种对象是外部实物、图像、符号等，如实验材料、制作原料、一副被摆弄的学具等，通过对这类外部对象的操作，主体在直接经验的基础上主动建构起对客体的新认识，形成针对这类实物的具体操作技能和实际动手能力，并依据自身需要改变客体存在状态甚至创造出符合自身需要的新客体。另一种学习对象是操作者自身的肢体或器官，如头、手、脚、发音器官等。通过这类操作，主体身体的柔韧性、灵敏性、平衡性，主体运动的速度、强度等都得以改变。另外，值得注意的一点是，与符号学习、观察学习、交往学习、反思学习不同，操作学习是一种外显的学习，教育者可以通过肉眼直接观察学习者的身体动作或他所制造出来的产品来间接

① 陈佑清 . 学习方式的多样性及其选择［J］. 江西教育科研，2003（7）.

地了解他的内部心理活动，并对其学习效果进行及时评定。

二、操作学习的特征

（一）动作性

传统教学观认为，教学过程“从本质上来说是一种有组织的认识过程。在这一过程中主要是通过知识的传递和掌握来促进学生身心发展的”。由此看来，传统教学观认为学习就是学生通过静听、静观和静思从老师那里获取间接知识的过程，它主要借助于大脑的内部思维活动，极少依靠外部的行为和动作。后来随着活动教学论的兴起，越来越多的人意识到学习并不仅仅是大脑加工间接经验的内隐过程，它其实还包括很多复杂的外部身体活动。除了那些专门为获取人类文化知识、社会生活经验而进行的内隐心智活动被称为学习之外，其他一些在实际活动中为锻炼身体、获取直接经验、培养良好情感或增进能力而进行的外显身体动作也同样属于学习。

操作学习就是这样一种学习，它以学习者肢体或器官的动作为学习基础，并以由动作带来的身心变化或其他外部产品为学习成果。可以说，动作性是操作学习的根本特性，也是这种学习类型区别于其他几种学习类型的本质所在。我们以最为典型的操作学习——体育锻炼为例，学习者只有通过反复的动作训练才能掌握动作技能，并提高身体素质。如果在体育课堂上仍用“静听”的方式去进行体育教学，那么培养出来的学生只会是徒有大量与体育锻炼有关的书本知识，而实际上却体质较差、动作迟缓、柔韧性极差。再如，手工课上学生只有依靠手的动作才能将头脑中先前预设好的物品变为现实产品，学生所使用的学具需要学习者亲手摆弄才能实现其辅助知识学习的功能。

（二）亲历性

操作学习是一种学习者亲力亲为、直接参与的学习活动。与传统教学中的静学（静听、静观、静思）不同，操作学习作为一种有效的学习方式，不是简单依靠学习者阅读书面文字材料或在课堂上听老师讲解这样一些学习途径就能实现的。相反地，在操作学习过程中，更重要的是让学生在阅读与倾听的同时进行操作活动，学习主体要亲历知识发生的过程，要通过自己的感官、肢体等去亲自触摸摆弄。

在这样一个亲历亲为的过程中，力图充分发挥学习者的创新精神和实践能力，让他们积极主动地去认识和改造旧客体或创造新的客体，并在与这些客体进行身体互动的过程中形成知识、获得感受或培养能力。当然，除了在学习过程上突出表现学习者的亲力亲为之外，操作学习的亲历性还表现在学习者对学习目标的选择、学习方案的设计以及学习结果的评估等环节上。在操作学习中，老师并不操控学生的学习，他们通常只为学生设置问题情境、提供操作条件，为学生在需要的时候提供必要的帮助和指导。学生则要根据自己的需要、兴趣和能力水平选择合适的操作目标、设计操作方案，并在操作结束后自觉对自己的学习进行反思和评价。正是因为拥有这样一个亲历亲为的特点，才使得在操作学习中学生的主体地位得到充分保证。

（三）脑体合一性

传统观念中，知识学习被认定为是一种单纯的脑力活动，而技能的学习则被归为一种纯粹的体力活动。事实上，无论是知识学习、技能学习都是脑力与体力的共同活动，是肢体与心智的共同参与。不论哪种学习，如果离开其中的任何一方面，学习就无法实现。操作学习也不例外，它以外部肢体的活动为表征，同时兼有内部心智活动。从表面上看来，它似乎只是一种纯粹的体力活动，但实质上在整个身体参与活动的过程中，它的内部心智也在同时进行相应的活动。只有达到了脑体合一的境界，操作学习才能够实现其对个体身心素质的发展价值。试想一下，如果没有心智活动的参与，主体的操作就如同物理学上的机械运动一样虽然操作者机械刻板地反复从事着同一动作，然而却不知道从事该动作的目的何在、意义何在，更无从实现通过操作活动去辅助学习书本知识、培养情感或改进技术的更高目标。

（四）主动探究性

操作学习的过程是学习者主动探究的过程。我国传统的知识学习通常是由教师将现成的知识或问题结论直接呈现给学生，学生则是被动地去理解或记忆这些知识，在教与学之间缺乏学生积极、主动地探究过程。传统课堂中，通过教师的传授，学生可以在较短时间内获得较多的知识，具有用时少、收益多的特点。然而，长期以来受这种教学方式的影响，学生被塑造成了只知被动接受知识的容器。他们的学习需要和学习兴趣得不到关注，学习主动性和积极性更是得不到激发。而操作学习突破了这种传统讲授式教学的弊端，使教学真正踏上了一条为当今所力倡的探究式学习之路。

许多科学家的科学发现或发明创造给了我们很多启示，只有经过反复的动手操作和主动探究尝试过程，才能发现问题、解决问题甚至形成新的发明创造。真正意义上的操作学习要求学生以问题为中心，带着预先的假设或计划好的方案去操作外部事物或自身肢体器官，在操作的过程中观察外部事物的变化或感受自身肢体器官的运动，最终使问题得以解决。从整个过程来看，它是学生在亲自动手中再现知识发生、发展过程的学习活动，也是学生积极、主动地解决问题的探究操作活动。

三、操作学习的教学策略

（一）转变传统观念，重视操作学习

长期以来，在我国教学领域中，占主导地位的知识观是客观主义知识观，这种知识观强调知识是经过实践检验的对客观事物属性与联系的真实反映，教学的目的就是使学生掌握人类积累下来的精确的科学文化知识，因而，操作学习一直不被重视。

因此，要想真正在教学中实施操作学习，发挥操作学习作为一种有效学习的作用，教师首先要转变传统的客观主义知识观，承认知识不仅可以通过间接授受获得，也可以通过操作学习而得，并且效果更加明显。英国著名物理化学家和思想家波兰尼提出，人类的知识有两种，通常所说的知识是用书面文字或地图、数学公式来表达的，这只是知识的一种形式，还有一种知识是不能系统表述的，如我们有关自己行为的某种知识。如果我们将前一种知识称为显性知识的话，那么我们就可以将后一种知识称为缄默知识。一般来说，学生除了具备大量的显性知识，缄默知识也是不容忽视的。教师必须努力挖掘并认识学生的缄默知识，理解学生的缄默知识对教学工作的影响，因为在进行操作学习的过程中，学生脑海中是储存有大量的缄默知识的，可能这些缄默知识还不够清晰完善，有时甚至有错误，但是它们对学生的操作学习具有重大的影响作用。

（二）营造宽松情境，激活缄默知识

1. 营造宽松适宜的操作情境

在操作学习中，教师要善于创设适宜的操作情境，积极地挖掘学生的缄默知识。比如，在学生操作时加一些适当的引导语，或通过多媒体添加音乐背景、图画背景等，这些声与色的渲染能够感染学生的情绪。

与符号学习等其他学习活动相比，操作学习不仅要求学生进行内隐的思考活动，更要求学生进行外显的实践活动。因此，操作学习首先是在“操作”

这一大情境中进行的。除了要创设适宜的操作情境，教师更要创设一个宽松、民主、愉悦、和谐的操作情境。因为紧张、专制、焦虑、压抑的气氛会使学生惧怕教师，此时学生的缄默知识会处于潜伏状态，思维难以活跃，而宽松、民主、愉悦、和谐的氛围能让学生感受到安全和舒适，此时他们会勤于思考，并敢于乐于表达自己的观点，只有这样，学生的缄默知识才可能被激活。因此，在操作学习中，教师要鼓励学生质疑提问，让学生发表不同的建议和意见，对学生提出的新颖观点予以积极的评价，对学生的错误观点保持宽容的态度，让学生对操作活动进行反思、总结。

2. 采用多种形式的表达，促进学生缄默知识的显性传播

对于操作学习中学生的感受、理解及所得等，教师可鼓励学生用多种方式表达出来。如可以通过模拟、描绘、譬喻等言述形式，也可以通过行为演示、图画示意、活动观摩、声音、表情、语气、停顿等非言述的形式将缄默知识加以表达和传递。加德纳认为每个人都具有八种智力，即语言表达、逻辑表达、动作表达、空间表达、音乐表达、内省表达、人际关系表达和自然表达。不同的人拥有不同的优势智力，所以并不是所有的人都善于用语言表达感受体验的，有些人可能更加擅长其他方式的表达。对此，在操作学习中教师要引导并鼓励学生用多种方式表达自己的操作感受、操作体验、对操作知识的理解。同时，从每个学生多样化的表达中发现其较为擅长的表达方式，给予积极的肯定和引导，允许他们采用适合自己的个人化的表达方式。

（三）加强合作对话，促进知识传播

“隐性传播是内隐知识编码最传统最基本的编码方式，同时也是最传统的传播途径。”可以说，“从有内隐知识的时候起，可能就同时有了隐性传播”。隐性传播最明显的例子是师徒关系，徒弟通过观察师傅，可以有意识或无意识地从师傅那里学到诸如工作态度、工作方法和思维模式等缄默知识。而在班级授课制的今天，可以通过师生间、生生间的合作与对话交流来实现缄默知识的隐性传播，促进学生的操作学习。首先，操作学习中要尽可能多地采取合作的方式，合作可以是小组合作，也可以是全班合作，这也符合新课程所倡导的合作学习的理念。教师对合作中表现优秀的学生予以肯定和表扬，引导其他学生观察那些表现优秀的学生，使他们有意或无意地去模仿优秀生的操作行为、态度、情感等，从模仿中感受优秀生的操作体验，从而实现缄默知识在学生间的隐性传播。

其次，对话与合作相伴而生，在加强学生间合作的同时，教师应力图使操作学习成为一种师生之间、生生之间自由的对话过程，在对话中促进缄默知识的共享。对话大致有师生对话、生生对话两种形式，教师要大力鼓励学生在操作中与他人交流讨论，进行自由的对话。同时，教师应积极地参与学生的对话，从而加强师生间的交流。在充分的对话交流中，表达各自对操作活动的理解和体验，展现自己的感受和态度。彼此的触动和启发会使学生的缄默知识，尤其是那些不能表达的或无意识的缄默知识得到隐性的传播，并在传播中被有意或无意地检讨、修正、批判和利用。

（四）鼓励操作反思，优化缄默知识

随着教育研究与实践的不断深入，课后反思越来越受到重视。因此，教师要在操作学习中给予学生反思的时间，要求学生对操作活动进行反思，让学生在反思中得到自我提高。首先，教师应对学生的反思活动给予正确的引导，拓宽学生反思的范围，增加学生反思的内容。让学生不仅对操作学习中的知识进行总结反思，更要引导学生对活动的过程进行反思，检讨操作活动的成败得失，从而在不断的反思、检讨中纠正错误的缄默知识，强化正确的缄默知识，使学生的缄默知识得到优化。同时引导学生对自我经验、自我思想、自我感受等进行反思。另外，反思不只是在操作活动结束之后才可以进行，它可以无处不在、无时不有。所以在操作学习的进行过程之中，教师也可鼓励学生对已做过的操作活动进行反思或小结，让学生在动手操作的同时也动脑思考。这种穿插性的反思不仅能够及时地发现、解决操作活动过程中的问题，保证活动的顺利进行，而且与活动结束后的反思相比，穿插性的反思更容易使学生注意到操作活动中细微的事件、问题、感受、体验等。

其次，同多样化的表达形式一样，反思的形式也可以是多种多样的。我们不能简单地说某一种反思形式是正确有效的，也不能要求所有学生以同一种形式进行反思。如要求所有学生写操作心得，那难免有学生会应付了事；再如要求所有学生向他人述说自己的反思或自己在头脑中进行反思，难免有学生会浑水摸鱼。因此，我们要让学生选择自己喜欢的反思形式，给予学生充分的反思自主权。只有选择了自己喜欢的形式，学生才会积极主动地对操作活动进行反思。

第六节　游戏学习

信息化社会教育研究的趋势之一是游戏学习，人们也把游戏认为是一种主要的教育媒体，不管是对于以后的教学还是学习方式都会产生非常重要的影响。对于游戏所具有的教育价值，学者们已经做了大量的研究和讨论。由于在研究的基础上，教育家和游戏专家们对游戏具有的教育价值的认可，游戏中融入了很多的知识，蕴藏着巨大的教育潜力，游戏被引入学校。在教学中，游戏不仅仅是提供一种学习的情境，更重要的是它能帮助学生发展技能、开发能力和应对策略。

一、游戏学习的定义

由于不同的学者有不同的看法，因此游戏没有一个统一的定义。最早用“数字化游戏学习”一词的是马克•普兰斯基，他的著作《数字化游戏学习》一书中，针对数字化游戏学习的概念，普兰斯基指出，数字化学习其实就是教育内容和数字游戏的相对结合，就是把各种各样不同形式的教育内容，通过传统的学习方法和数字游戏结合起来，从而来达到一种相对比较好的学习效果，[①] 并提供相关的反馈。同时，游戏者还被允许根据自己本身的能力来选择难度，并且不断呈现出新的刺激和最新的反馈，使游戏者的知识和技能在不知不觉中慢慢加强。我们不能把数字化游戏学习简单地当做传统教育形式的翻版，并且数字化游戏学习与其他的应用媒体进行教学的方式也有很大的不同。[②] 不管是学习内容、学习形式以及学习目的等，数字化游戏学习都对学习进行了全新的阐释。

二、游戏学习的特征

通过文字、声音、绘画、动画等媒介给学生提供一种像体验式和参与式的学习环境和学习氛围，营造出一种心理与物理、静态与动态的时间和空间，从而能够展现游戏参与者的情绪投入程度、对游戏的热情，以及接受挑战的魄力、百折不挠的精神等，进而判断一个人的学习能力、交往能

① 姜梦妍．数字化游戏与教学整合的机制初探［D］．南京大学，2012-05-31.

② 陶力源．基于自我效能感理论的教育网络游戏设计策略研究［D］．陕西师范大学，2009-05-01.

力等是游戏学习的基本特征。[①] 主要特征有以下几种。

（一）情境性

游戏的体验式学习通常是时间、空间及物质条件性在一种或真实或虚拟的学习环境中来进行的，通过多感官的刺激，学习者能够在设定好的情境中得到一种身临其境的、真实的体验，激发学习者的兴趣、动机与能力。[②]

（二）体验性

学习的人在教师或者指导者的带领下进入特定的情境中，参与到其中的一些活动，在这个过程中用自己的身体去感受，用自己的心灵去体悟。[③] 正因如此，体验式的学习不是被动接受的过程，而是一种亲力亲为、真实体验的过程。体验式的学习过程也是一个自我反思的过程。游戏学习的反思性表现在学习过程中身体、情绪等的反应，也表现在情境中的立刻的一种体验，也可以是在离开那个情景之后的回味、品尝、反思。[④]

（三）差异性

在游戏学习的情境下，不同背景、不同需求的学生，在同样的环境下会得到不同的学习体验、不同的学习结果。参加游戏学习的人不像一张白纸到场景中，他们自己的需求、价值取向、认知结构、情感经验导致他们独特的感受和理解。因此，游戏情境中的体验式学习的结果也因人的差异而有所不同。

总之，游戏学习强调在某些情况下的形成与特定的学习经验、知识、技能，这样不仅有助于学习的人及时理解新知识、掌握新的技能。同时，在这一过程中还能对学习的人的情感、态度、价值观等方面产生深刻的影响。

---

① 万力勇，赵鸣，赵呈领. 从体验性游戏学习模型的视角看教育数字游戏设计[J]. 中国电化教育，2006-10-10.

② 李湘，袁志芬 . 体验式学习的理论与实践策略［J］. 现代中小学教育，2005-02-20.

③ 龙虎 . 基于游戏化学习社区的小学数学教育游戏设计［D］. 河南师范大学，2012-04-01.

④ 周健 . 论体验式教学方法在党校教学培训中的应用［J］. 学理论，2015-06-10.

三、游戏学习的教学策略

（一）提供直观的感性材料，激发兴趣

数学本身的特点决定了它的严肃和枯燥性，教师应该不失机会使数学学习呈现出趣味化。数学游戏是将数学知识变得趣味化的很有用的手段，是小学数学尤其是低年级数学教学中常用的方法。小学生的心理特点决定了他们对具体形象的内容，生动活泼的形式，新奇动人的事物比较感兴趣，因此，在教师中运用游戏的方式，可以将数学概念等知识更直观具体地呈现在学生面前。如教学“乘法的初步知识”时，数学教师可以请 3 名学生戴上小动物头饰，如小兔子的头饰，表演小兔子，“每只‘小兔子’都长着两只长长的耳朵。一共有几只耳朵？”学生凭直觉观察，很快列出算式：2+2+2=6（只）。伴随着学生的表演，教师介绍更为简单的方法：2×3=6（只）。然后引导学生讨论：2、3、6 各表示什么意义。通过游戏，一年级的学生不难领会乘法的意义，且过渡也较为自然。

（二）营造生动的教学情境

游戏教学的重点是让学生在课堂教学中快乐参与，习得知识。如在学习《平移与旋转》一课时，平移与旋转的现象在现实生活中，学生大都经历过这种真切的感觉，只是他们不知道“平移”“旋转”这两个数学中专门的术语，因此，在这节课的教学设计上，可以创设一个游乐场的情境，把游乐场引入教学中，就可以让学生带着快乐的心情去学习数学。更加直观地感悟平移与旋转的运动方式，对所学数学知识也有更深刻的理解。

（三）在游戏中体验学习与成长

教师在进行教学活动时，应该以游戏的内容作为引导，在激发儿童兴趣的同时导入新课，让学习内容与游戏融为一体。不能为游戏而游戏，而要运用游戏让学生爱上学习。设计的游戏不仅要符合课程的特点，还要符合学生的身心发展规律。让学生在学习中心理得到放松，思维活跃，始终保持高昂的学习兴趣，享受快乐的学习体验。为保证学生的参与度，教师在设计游戏时需要考虑学生是否具备了参与此游戏的经验和能力，这一游戏能否引起学生的兴趣。如果游戏离开了学生的兴趣和实际能力，那游戏的开展必然会毫无效果和价值可言。另外，义务教育的主要目的是为学生各方面能力得到充分发展。那我们在进行游戏学习过程中，不仅要注重知识的学习，还要注重能力的发展。不能一味地让儿童随意游戏，而是要运

用丰富的游戏材料，让学生自己动手操作，锻炼学生的动手能力。还要加强学生间的交流、互动，培养学生的交际能力，口语表达能力等。

第七节　服务学习

一、服务学习的定义

服务学习的概念起源于20世纪60年代的美国，是一种有机结合的专业学习和社区服务的教育理论和教育实践模式。服务学习的产生，是因为美国和世界上的一些地区的实践，教育工作者认为，正确的教育思想可以提高学生的实践能力。在美国，社区服务和志愿服务有着悠久的历史。早在20世纪初，家庭、其他社区组织和社区学校所倡导的活动一直是服务他人，年轻人生活在社区服务的过程中学习知识和技能，并了解他们应该扮演的角色和责任、教育和服务的有机结合。1964年，由美国“服务学习”南区教育委员会提出，然后逐渐被用来描述结合实际的社会服务和改善学生的学习体验教学或教育计划，不同于工作和慈善机构为基本出发点的社区服务。著名的美国服务学习教育的倡导者杜威，他通过对学生参与社区活动和服务过程的研究，将能够促使学生更有效地学习，成为更好的公民。

雅各比（1996）也深刻分析了服务学习的概念。他认为服务学习是一个组合的经验教育模式，反射和互惠是服务学习的两个核心因素。在学习服务中，学习是服务学习概念的关键，服务和学习不仅是同样重要的，是互补的，学生通过服务和在服务反思的过程中，形成国际化的概念，并得到学习和成长；不仅促进专业知识和技能的提高，也形成了良好的情感、态度和价值观。服务学习不是一个简单的常识的社会实践活动，而是必须进行特殊的设计和精心组织，学习过程满足“实践—认识—实践—再认识”的认知规律，通过服务的实践，深化专业课程知识的理解。

综合国内外学者对服务学习的概念，我们可以从三个角度来理解：第一，服务学习是一种有效教学方法，注重服务过程的集成和专业课程，有明确的教学目标和教学计划。第二，服务学习是一种学习方法，学生学习目的明确，有组织的服务，获得发展。第三，学习是一种社会教育服务，通过服务学习过程来帮助学生理解公民责任，提高公民的能力。

二、服务学习的特征

（一）互惠性

服务学习强调学习者和社区双方的互利是服务学习活动，双方共享服务学习的结果，互利共赢。一方面，学校教育进社区生活，打破学校的界限进入社区开展服务学习，教室的定义扩展到社区，在一段时间内不仅满足社区服务的需要，而且学生得到锻炼，并培养自己的能力；另一方面，学生获取经验学习机会的同时，也有更多的社区人力资源回馈学校。在这个过程中，双方是一种平等互利，双方共同建立目标之间的关系，共享资源、共同合作。

（二）主动性

服务学习要求学生积极主动参与。服务学习的过程往往被认为是学生的一种被动服务活动。服务活动是因为学生的学习目的而设定的，学生需要为了完成学习过程而进行服务活动。因此，在服务学习中只有学生积极活动、主动探索服务学习的方法和内容，才能将被动转化为主动，不断培养和提高学生的学习能力、实践能力、创新能力和乐于助人的奉献精神。

（三）教育性

服务学习能促进学生的智力发展。服务学习不仅提高学生的学习成绩，还可以培养和促进学生的责任感、民主意识、社会能力、同情心和医疗服务的质量，让学生准备好承担社会责任，促进学生理解社会和公共事务并直接参与。此外，服务学习可以促进学生的自我意识，加强学生的服务理念，促进尊重其他文化。同时，服务学习对学校和学生的社会认可和理解有助于帮助解决社会问题。

（四）开放性

服务学习将学习从学校转到社会，使学习活动具有社会开放性。学生的视野从封闭的“象牙塔”向外辐射，有利于学生的社会化。服务学习时间是有弹性的，什么时候、多长时间都由学校和社区双方协商的服务而定。学生参与服务学习的多样性，也包括不同年级、不同性别、不同的学习方向和学习能力、不同背景的团体或个人。服务学习的开放性也指服务内容、方法、活动的安排应该适应不同学生的需求。

（五）反思性

学生在不同阶段的服务学习均具有反思性。学生对于自身的服务经验和课程内容进行实践批判审视，它可以帮助学生避免盲目参与社区服务，帮助学生服务学习经验内化为自身素质和能力。反思性是服务学习的一个重要组成部分和基本特征之一，也是服务学习的基本条件。没有反思，服务学习会失去意义。社区服务反映了服务学习必须具备的特征“5C”：连接（Connect）、连续（continuity）、环境（circumstance）、挑战（challenge）、监督（control）。学生需要在服务学习中反思内容、挑战新体验，而学校和社区需要给学生必要的支持和监督。

（六）课程性

服务学习加强了课程内容和学生生活的连接。在现代社会，通过充分发挥广泛的社会资源，融入课程服务，极大地丰富和发展了课程资源，使教育更接近社会，课程内容更加联系学校、学生生活。在不同的地区，学校应根据当地实际，明确服务学习课程目标和具体要求，开发丰富的地方特色服务学习课程是国家课程标准的应然组成部分。

（七）社会性

社会服务的课程，引导学生走出教室，广泛的社会实践阶段给学生提供一个广泛和深入地了解社会，接触社会的机会。学生通过亲自参与社会活动，建立沟通与合作之间的关系，学会与他人沟通，互相帮助，学会探索发现问题和解决问题。此外，服务学习以促进社区发展为目标，以提高学生的社会化为己任，注重培养学生的社会交往能力和社会责任，帮助学生更好地适应社会。因此，经济学家杰里米·佛说，“服务学习可能成为主要的方法来解决21世纪的社会问题”。

（八）学生主体性

学生是活动的主体，教师和组织者只是指导和监督服务学习的过程。服务学习早期的支持者认为：“学习者希望从服务学习中学会控制服务内容，获得服务学习经验和进行服务学习的自我反思。”为此，学生必须参与服务学习的整个过程，从计划、服务、实现、反思、评价，充分发挥学生的自主性和主动性。主动的学习，让他们在实际活动中发挥主导作用。活动由学生自行组织，使他们自我教育和锻炼自己，同时也意味着让学生学会主动承担责任。

（九）服务性

服务学习有两个目标：第一个是服务，第二个是学习。服务的前提是学习。学习服务，没有服务就没有学习这一目标。因此，服务学习重要的目标是提供高质量的服务学习活动，满足社区的实际需要，服务于地方经济建设，解决社会热点问题，促进社会的和谐发展和进步，实现社区的文化环境和人文环境等。

（十）可持续性

进行服务学习不可能是一个短期的行为，需要坚持很长一段时间，只有保证服务时间才能真正发挥作用。在很多美国学校服务学习是毕业的先决条件，学生有参加服务学习的时间要求，而且服务活动有明确的要求。服务学习需要在特定的时间灵活安排，以确保可持续的、有效的和长期的活动继续深入。服务学习内容、形式必须保持一定的梯度，应该结合学生的思想、知识、心理、身体等实际情况，确保学生的凝聚力，使服务学习的实施有效。

三、服务学习的教学策略

服务学习的发展价值取决于高质量的活动实施。服务学习与学科教学相比更加注重学生的个性发展本身以及学生和社区之间的关系；更强调学生学习行为的自我超越和社会应用逻辑；更强调教师对学生活动的参与和指导。

（一）将培养公民素养作为服务学习的重要目的

教育应该培养学生的公民意识，使学生能够参与社会服务，成为负责任的社会公民。因此，教育必须积极塑造学生公民意识，培养公民技能。实践证明，服务学习是培养公民素质最好的方法。服务学习的内涵应扩展到包括学生对社会的贡献、各级教育行政部门和学校必须使用的措施，例如，“绩效评估”和“档案袋”评价，等等。因此，确定培养公民素养作为服务学习的目的是有效教学策略的关键。

（二）将服务学习和学校课程有机结合

研究发现，学生服务学习经验和学校课程之间的联系越紧密，服务学习的效果就越大。服务学习和学校课程整合不仅是服务学习的实施关键，而且是服务学习发展的一个历史阶段。与学校课程整合后的服务学习能够帮助学生获得高质量的服务标准。服务学习的学习目标是学生掌握有关知识。教师应帮助学生了解服务学习与学校课程的目标与意义，教师应经常结合课程评估服务学习并使用评估结果改善服务学习。服务学校与学校课程的整合应该结合学科课程标准及教科书。第一，结合学科课程标准确定相关的服务学习内容。第二，服务学习活动与多学科的课程标准相结合。如波士顿的小学生选择“关注退伍军人”作为服务学习主题，这个内容可以完成英语课程标准中的“可以做有效的人物报道”和“理解并使用合适的词句进行有效的写作”，同时，这个内容可以实现社会课程标准中“参与历史分析和解释”。四年级的小学生可以使用互联网研究和访问二战老兵，然后写好计划并在社区中开展系列关注退伍军人的服务活动。第三，整合多个学科课程内容行程研究和反思的服务学习主题。如在美国华盛顿州的几个高中毕业班学生根据课程标准内容整合的原则设计和实施一个服务学习的主题，并记录他们的工作过程。无论如何，对于任何一个服务学习，从计划到实施，反映和评价，如果能有意识地结合相关课程知识，将实现“双赢”的学科知识学习和服务学习。

（三）确定高质量的服务学习反思时间

研究表明，反思活动影响服务学习的质量。此外，优质的服务学习活动需要提供连续时间（每周至少一次）。结构化反思能使得学生主动分析服务学习经验，完善服务学习过程中最有力的因素。充分的反思和高品质的服务学习实践的保证能够使得学生总结服务学习经验、探索服务学习中的问题，因此，保证高质量的服务学习行动。

（四）充分发挥个人主动性并建构与成人良好的“合作”关系

研究表明，提高学生的学习效果最有效的方式是在服务学习过程中的自主学习活动。自主学习能够帮助学生自主思维的发展与应用，并能够追求个体思考的结果，将充分发挥自己的主动性。同时，应该协助学生在服务学习中进行自由地讨论，并与教师或其他成年人构建良好的合作交流关系，分享成人的有效经验，从而来提高学生社会态度和推理能力。

（五）创建服务学习系统中的教师专业发展

服务学习对教师专业发展有特殊的要求，因为它需要教师从“演讲者风格的教学”到“实践者风格的教学”。为此，需要相应的教师专业发展作为保障。美国服务学习委员会提出三个建议：结合服务学习对教师和教育管理者提供职前教育和资格认证体系；从新手到专家教师，提供了解服务学习内容的专业发展支撑；创建多媒体资源，为教师专业发展提供更多的网络资源。

第八节　表现性学习

一、表现性学习的定义

表现性学习是指表现主体在操作情境中，选择最合适的表现方式，来表现自己学习过程中的即时个性特征和心理状况，从而获取知识技能、培养情感态度、形成价值观的一种学习方式。这里的“表现”有两层含义，即“动手操作”的情景与“表现、表达”的方式、途径，它强调学生在实际生活中学习，即“做中学”，并且在学的过程中充分释放、表现自己，将所学到的知识、技能充分地表现出来，做到“学以致用”。

二、表现性学习的特征

（一）内发性

表现性学习实时地表现了学习主体的个性和心理特征，它反映了主体的某种状态，它们是表现主体的自然、内发的行为。表现性学习的内发性或表现性不仅体现在其表现性行为上，还体现在表现主体的求知倾向上。因此，在表现性学习的过程中，表现主体从开始的求知欲望到表现过程中的表现性行为，都是内发的、自然的，而不是外烁的、强制的。

（二）主体性

主体性是表现学习的一个基本特征，可以充分发挥学习者的权利和能力，使学生在学习的过程中实现自我控制和自主选择。例如，学生在老师的指导下能独立确定主题、选择学习对象、确定学习目标。在主题学习阶段，学生根据自己的生活，对社会的观察，自主选择，提出适当的研究主题。学生可以根据自己的意愿和想法，积极主动地参与每一个过程，发挥自己的主观能动性，而非被动地参与学习。同时，学生在表达过程中，不断创新、不断超越表现形式，发挥他们的想象力和创造力，以各种形式充分表现、释放自己、超越自己。

（三）主题性

表现性学习是一种开放性的学习形式，主要是以主题为载体展开的，包括发现主题、提出主题、探究主题等程序，依据一定的主题组成某一学科或跨学科综合性的单元来进行教学，使得学生能够充分地表现自己，发挥自身的各种潜质，积极主动地运用各种途径来亲自经历或操作、实验等，并且在这一过程中，积累丰富的情感体验与实践经验，养成对知识的综合运用能力与创新能力。

（四）过程性

表现学习尤其强调学习过程中学生的参与活动，在这一过程中学生展示自己的水平，形成了独立发现问题和解决问题的能力。例如，音乐老师在教唱歌曲《草原是我的家》时，老师可以让学生跟着老师唱几次，然后检查学生唱的效果，通过强调学习的过程使学生更好地感受这首歌。首先，让学生“动”起来感受歌曲：引导学生模拟声音，让他们随音乐的节奏“摇头晃脑”“哼哼唧唧”，一起感受这首歌的节奏。然后，让学生“动”起来学习唱歌：老师让学生自由表现，表达他们对草原的感受，学生想象草原美丽的风景，万里无云、牛羊成群……通过这样生动的形式，学生体会到歌曲中蕴含的精神和美感。

（五）交往性

表现学习是一种交往性的学习活动，交往活动实质上是人的本质的现实表现，是人实现自己本质的必然。在交往性活动中，人性得到了张扬，人的生存和发展得到了保障，个体实现了社会化。“表现”是促进个人与他人情感交流的重要形式，通过表现，个人的荣誉感、集体的凝聚力变得更加强烈。如通过学生对课文的朗读状况，我们可以了解其对文章的感情投入、理解程度以及该同学的精神状态等，如果我们再给予一定的关怀，则同学之间、师生之间的关系将变得极为融洽。

（六）实践性

一切学习都来源于生活，回归于生活的，表现学习也不例外。表现学习强调知识和经验交流，突出实践学习。其主要体现在操作或做的背景下，引导学生参与和体验学习发生的过程，表达自己学习的体悟与感受，找到理论知识与生活实践的关联。在学习过程中，学生通过各种各样的形式来表达：有口头形式，如唱歌、对话、大声朗读、朗诵、演讲等；有非语言形式，如跳舞、手势、目光接触、点头、操作等；还有多种形式的组合，如短剧、对话、唱歌等。

三、表现性学习的教学策略

任何一种教学模式和相应的课堂教学策略，都是教学基本结构可以运行的保障。富有表现力的课堂教学实践需要课堂教学策略作为专业指引，因此，我们根据表现性学习的内涵及特点总结了两类教学策略。

（一）创氛围：让学生愿表现，乐表现

研究表明，心理安全和心理自由有助于学生表现的展现。教师在教学中，首先要创建让学生自由表达的课堂教学情境。在宽松的课堂氛围中，学生的学习质量和学习创新成为可能。创建良好的课堂教学氛围包括心理氛围、情绪氛围和空间氛围。

1.积极创造安全、自由的心理氛围

根据学生需要而创建的心理安全、自由的学习氛围，能够促进学生表现性学习的积极参与。课堂上，教师应该真诚地对待学生，充分尊重学生表达的情绪和想法，理解学生之间的差异，给学生演讲积极评价，正确指导。同时，教师应该尽量减少教学行为可能导致的学生精神紧张，让学生在安全、自由的氛围中学习。教师和学生之间轻松自由，容易相互沟通，接受彼此，彼此共同承担完成研究任务。这些将大大增加学生的安全感，在此基础上，教师可以在课堂上鼓励学生大胆表现自己。

2.努力创造快乐、和谐的情绪氛围

研究表明，孩子充满了情感，而且孩子的情绪容易受刺激、感染。情绪直接影响学生在课堂上的表现活动。和谐的情绪氛围可以缩短教师和学生之间的心理距离，使得学生更好理解教学内容，帮助学生形成最佳的情绪状态，促进学生积极的表现。在课堂教学中，一方面，教师爱每一位孩子，用快乐、和谐的情绪氛围建立教师与学生之间密切沟通和相互信任的关系；另一方面，教师要善于调节自己的情绪，正确地表达情感，用激情和爱启发学生的情感力量，共同塑造快乐、和谐的情绪氛围。

3.尽力创造帮助学生表现的课堂空间

课堂是学生表现的物理空间，良好的课堂空间可以刺激学生的表现欲望，提高学生的表现水平。教师在组织各种形式的小组合作学习时，可以提供圆形或马蹄型的小组座位，可以提供适当的自由座位给小组讨论，还可以提供适当空间给学生展示他们的学习成果，等等。与此同时，教师还应该充分利用多媒体技术，为学生创造更丰富、更方便的课堂空间。

（二）精点拨：让学生会表现，善表现

教学活动是一种特殊的沟通活动，教师作为指导者、组织者能够与相关机构为激发学生学习行为提供良好的学习条件。每位教师应该根据教学目标、内容、学生等做好充分准备，选择合理的切入口对学生进行点拨，让学生在优化的教学氛围中全面发展。学生在课堂上学习的表现行为，可以从表现性学习目标来明确，表现性学习素材吸收和理解，表现展示的尝试与体验，表现结果的呈现与反思等。

1.于导入处点拨，引导学生了解表现目标，激发表现欲望

在表现性学习的导入处，教师提示学生感兴趣的信息以提高学生注意力，往往，教师提供给学生的信息是为了引导学生了解表现性学习的目标，促进学生有效学习。此外，教师还可以围绕学习目标，促使学生激活原有经验，为新知识的学习做好充分准备。

2.于吸收处点拨，促进学生吸收表现素材，生成表现表征

教师精心组织教学内容，合理安排好新知识的逻辑顺序，其目的是为了让学生选择自己感兴趣的内容和适合自己学习方式的信息，以吸收新知识。学生会通过表现性学习，通过分析、比较、分类等方式探究新旧知识之间的关系，并将其对新知识的了解与初步建构表征出来。

3.于尝试、体验处点拨，指导学生表现展示，形成表现策略

教师应创造良好的自主学习情境，让学生的大脑、身体动起来，学生在尝试表现中，体验表现性学习的过程。教师应该在学生尝试、体验之处通过对学习目标的审视、表现行为的反思等调整表现策略，有效促进学生表现性学习。

4.于表现、反思处点拨，鼓励学生表现，不断提高表现水平

在学生表现阶段，教师应在课堂上积极创造条件，提供平台，为学生的表现行为提供合理的方法，注意引导学生使用适当的学习方式，引导学生充分展示个人或小组所获得的知识、技能、方法和情感体验，等等。在学生充分表现的基础上，教师要及时组织评估，通过全方位的评估，促使学生和教师表现性学习成果最大化。同时，通过对比预期目标，教师应引导学生回顾和总结存在的问题，让学生获得有效的反馈，并且能够在学习活动中进行调整和改进。

课堂教学中，学生作为学习的主体，其表现性学习的成果表征是多样化的。同时，学生的个体也具有多元性。因此，表现性学习的教学策略应该根据不同的教学目标、教学内容、教学情境、教学设计等而不同。符

合表现性学习的课堂教学策略应该具有较强的操作性，能够激发学生的学习欲望，积极提高学生表现水平，但是不同学科的表现性学习的教学策略各有特点，教师需要选择更有针对性的教学策略，促进学生的表现。

第九节　反思性学习

一、反思性学习的定义

反思性学习是学习者的驱逐下反映的动机，是学习本身的反思对象，借助一定的反射方法，通过一系列的反思学习法来调整认知结构，优化自我的学习以及学习提高自我学习能力，促进自我学习和学习生活的有效途径。反思性学习本身作为一种新型的教学方式，在当今的教育学术界没有一个统一的标准，一些学者认为，反思性教学是通过“反思学习活动的过程中学习”，或认为是“反思学习活动过程和结果的研究”。

反思性学习不仅是重复自我的学习，同时参与知识的学习活动、思维、方法、策略等，具有较强的科学研究的本质。自我反思性学习可以帮助学生学习，可以使学生学会探究性研究活动，可以提高学生的能力，提高学生的创造力，促进学生的全面发展。

二、反思性学习的特征

（一）探究性

反思不仅仅是“回忆”或“回顾”已有的心理活动，还要找到其中的“问题”以及“答案”。也就是在考察自己活动的经历中探究其中的问题和答案，重构自己的理解，激活个人的智慧，并在活动所涉及的各个方面的相互作用下，产生超越已有信息以外的信息。反思性学习的灵魂是“提出问题—探究问题—解决问题”。因此，探究性是它的基本特征。

（二）自主性

反思性学习的整个过程是学生自主活动的过程。它以追求自身学习的合理性为动力，进行主动的、自觉的、积极的探究。学生既是演员，又是导演，自始至终都是真正的主人。它通过自我认识、自我分析、自我评价、获得自我体验。它是建立在学生具有内在学习动机基础上的“想学”，和建立在学生意志努力基础上的“坚持学”。因此，反思性学习具有很强的自主性。

（三）发展性

这里，把反思性学习与常规学习作一番比较。常规学习是学生凭借自己有限的经验进行简单的、重复的、直觉的操作活动。它以“学会知识”为目的，关注的是学习的直接结果，即眼前的学习成绩；而反思性学习是一种复杂的、探究的、理性的学习活动，它以“学会学习”为目的，既关注学习的直接结果又关注间接结果，即学生眼前的学习成绩和学生自身未来的发展；另外，常规学习只要完成了学习任务，就达到了学习的要求，而反思性学习不仅要完成学习的任务，而且使学生的理性思维得到发展。学生通过反思对问题及解决问题的思维过程进行全面的考察、分析和思考，从而深化对问题的理解，优化思维过程，揭示问题本质，探索一般规律，沟通知识间的相互联系，促进知识的同化和迁移，并进而产生新的发现。

（四）批判性

反思性学习本身是一种批判性思维，是否认原始思维和认知，促进人们的理解螺旋推进，进入一个更高层次的发展，从而实现控制自己的思维和认知过程。反思性学习中，学习者应该持有积极的情感，关键看潜在的程度，分析自己的学习过程，包括所涉及的相关因素的过程、方式、方法、视图等，在不断反思和思考的过程中升华自己的认知过程。

三、反思性学习的教学策略

（一）创设良好氛围，引发反思动机

“学而不思则罔，思而不学则殆”，这些想法在一定层面强调学习和思维的统一，高度重视反思的研究，创造良好的和谐开放的学习环境，让学生畅所欲言，并帮助学生反思性学习能力的发展。

根据学生的需要活动和提供强有力的帮助，可以通过假设问题情境，促进学生加强反思的意识，教师应与学生平等相待，共同探索，彼此合作，尊重和信任学生，为学生的学习绩效评估尽可能做出一个积极的意见，和学生建立一种平等、民主、和谐、友好的关系，帮助学生积极思考。热烈的讨论，有助于激发学生的反思意识。犯错误本身就是一个学习的过程，让

学生思想自由从根本上说不是老师的礼物，而是学生的权利，教师应评估学生在想什么，引导学生去发现和了解，并引导学生走出误区。

（二）撰写反思笔记，形成反思习惯

有心理学家说过，“私人冥想和写日记将开发他们的内省能力”。学生更多的是学习经验的反思，而不是本身，其反射习惯需要养成。反思性学习能力的形成不是一蹴而就，需要长时间的过程。

练习这种方法，老师开始给学生反思笔记大纲，明确指出需要反思的内容，教师可以培养和锻炼学生从以下几方面来反思，帮助学生养成良好的习惯。第一，反思自己的班主任是如何指导他们的学习，同时，反思自己如何理解老师说的内容，如果在理解的过程中出现混乱，是什么影响理解等。第二，反思自己的过程来解决这个问题：你的主题的过程，解决问题的能力，解决问题的思维缺乏什么。第三，反思自己和其他学生交流过程：为什么自己和其他的学生不同，其他学生的观点有什么合理的成分。第四，反思自己的考试过程：在接下来的考试应该如何避免错误，等等。

教师通过学生的反思笔记可以及时了解学生的学习情况，情感态度和困惑，采取有针对性的措施来处理。学生坚持了很长时间写笔记，反思可以内化为有意识的反思学习，最终对自己的思维方式在学习过程中有一个“警戒线”，对自己的学习随时警惕，一旦发现可疑的地方立即进入反思状态，为了更好地从多层次、多角度综合思考和解决问题，提高自主学习的能力，成为“自主学习”。

（三）培养优秀思维品质，提高反思技能

针对当前学生反思能力弱、反思策略缺乏的现状，迫切需要教师引导学生思考，提高学生的反思能力，培养学生优秀的思维品质。优秀的思维品质表现为能从多角度考虑问题，不丢失关键因素，发现隐藏的线索，找到更多的影响因素和关系因素，最后得出综合判断，并且可以构建复杂的逻辑链，可以避免共同认知的错误和逻辑陷阱，谨慎的因果判断，等等。在培养学生思维品质的过程中，可以根据不同的情况从以下几方面来引导学生：第一，让学生在解决问题的过程中告诉他们解决问题的能力所基于的原则和规则；第二，让学生审视学习目标和计划实现的问题；第三，让学生描述和评估回答问题时思维过程的优缺点等。

培养学生的反思技能，教师可引导学生主动探讨和反思学习过程中存在的不足，形成良好的反思习惯，这将使学生终身受益。在课程改革的进

一步发展中，提高学生的反思性学习能力可以识别和评价学习目标的自觉完成程度，从而提高学生的自主意识和终身学习能力。进而，教师和学生可以拓展思维深度，增加思维的速度，提高思想高度，延伸思维广度，实现教师和学生之间的双赢。

（四）展示思维，利用交流讨论提高交往思路

反思性教学具有自治的特点，但学生有限的知识和意识的主观性，使反思很容易产生错误的结果，从而使学生在学习过程中更加迂回，学生不仅浪费了很多时间，更影响到学生的学习自信，会导致一些不利的反思效果，因此，这个时候就需要加强学生之间的交流，沟通，讨论和分析自己的学习结果。在沟通的同时，学生可以拓展他们的思维能力，学习和理解同伴学习方法和技能，提高学生的反思效率，展示学生的积极性和主动性。当然，学生之间的交流学习，更重要的是创建一个平等、合作的交流环境，在这个环境中，每位学生都可以自由发表自己的意见和建议，从而促进学生最大限度地发挥各种信息的反馈。此外，当学生交流时，教师也应该积极和学生讨论，而不是做一个旁观者。在必要的时候，也应该适当地给学生提供一些指导和建议，以提高学生沟通的效果和效率。

（五）利用概念图完善认知结构，提高策略技巧

概念图是根据其内在关联建立一种视觉的语义网络，是学习者认知结构中的特定主题元素。在学习过程中，使用概念图来说明一个特定的主题，必须按照以下步骤进行：第一步，找到的主题和列出所有相关物理概念和知识；第二步，将最普通，最包容的概念上的知识或概念图放置在顶端；第三步，将下属概念根据同一所属关系排放一起；第四步，构建不同的概念或知识之间的联系。概念图构建完成后，应该反过来，多次安排，包括排放的概念或概念之间的增加或减少，等等。概念图能有效帮助学生加深对知识的理解，让学生不断提高大脑中的认知结构，使学生的思维不断可视化，因此可以实现学习目标，培养学生反思性学习能力。

第十节　网络学习

一、网络学习的定义

所谓网络学习，就是指通过计算机网络进行的一种学习活动，它主要采用自主学习和协商学习的方式进行。网络学习通常也被称为“数字化学习、在线学习”。也可以被定义为通过使用资源和服务的机会和远距离的沟通与合作，利用新媒体和互联网改变学习的质量。网络学习是信息化社会学习者，尤其是成人学习者的一种重要的学习方式。探讨网络学习环境以及在这个环境中开展有效学习的策略主要有自主学习和协商学习两种方式。

二、网络学习的特征

基于网络学习环境中的交互活动被概略分为学生与学习资源、学生与教师、学生与学生、学生与其他专家、朋友等之间的交互。利用网络学习支持平台的交互功能，构建虚拟的协作学习环境，探讨在这个环境中进行充分社会性交互的策略和方法，不仅能够建构一般协作学习的意义，更能促进教师教学方式的转化、学生创新精神和实践能力的培养。彻底改变提供在线学习环境，正是这种变革的学习环境，使网络成为一种新的学习方式，呈现以下的一些新特征。

（一）开放性

跨区域和广泛参与在线学习的特点，从整体来看，网络学习都具有开放的特点。可以与世界各地的人们在交流的过程中学习，免费获取各种各样的信息资源。不同的主题在网络空间在线网站和电子论坛，对感兴趣的人开放，可以发表任何意见和想法。网络覆盖面广和实时交互的能力，使学习者的学习不受时间、地理和资格的限制。

（二）平等性

网络环境倡导学习是人人平等的，从而淡化了学习者的身份意识，在日常生活中所倚仗的身份、等级以及权力在网络社会学习中都失去了作用。在网络中，每个人都可以同别人一样共同享用各种信息和资源，都有充分参与的机会和自由选择的权利，都可以向他人请教，也可以将经验分享给他人。

（三）虚拟性

网络是一个虚拟的空间，与物理空间相对。虚拟学校、教师，虚拟图书馆、虚拟实验和虚拟讨论、虚拟教学、辅导，等等，这些虚拟的学习方式改变了人们对传统学习的理解。

（四）交互性

网络环境体现了高度的互动性，每个人既是信息资源的享有者，又是信息资源的生产者和提供者。人们可以通过网络实现实时的信息交换和情感交流，从中产生共生效应。

（五）自主性

学习者根据自己的实际水平和兴趣选择自己的学习内容和形式，也可以根据自己的特点决定学习方法；学习步骤，积极构建知识。学习者不是被动接受者和对象，而是信息加工的主体。

建构主义认为，知识是学习者在社会文化背景下，借助其他人（包括教师和学习伙伴）的帮助，利用学习材料，通过意义建构的方式而获得。

与此同时，在线学习也存在一些易被忽略的缺点。第一，学生在网络背景下学习时，往往会下意识地以自己的意愿为主，而忽略了学科本身的逻辑顺序。第二，老师总担心学生无法抓住关键，不能独立理解问题，因而不敢放手让学生独立获取知识，自主交流讨论，自主探究答案。第三，网络资源复杂，还有许多不健康的因素，很难保证学生在学习时不受不良资源的影响，有些学生甚至可能会沉迷于网络。第四，一些网上课程往往没有教师指导，完全依赖自学，学生很有可能学习无效。第五，学生的思维容易中断。第六，不利于教师和学生之间的情感交流。第七，青少年的知识水平和分辨能力等方面都不成熟，很难对网络上的多元价值观做出正确的选择。

三、网络学习的教学策略

目前关于网络教学策略的系统研究尚不多见。这里的九大教学策略与传统教学策略的划分方法有所不同，但并无矛盾。这九大策略中的每一种策略都渗透有组织策略、传递策略和管理策略的程序和方法。

（一）抛锚策略（anchoring strategy）

抛锚式教学策略是建立在真实事件或真实问题之上的，确立这类真实事件或问题被形象地比喻为“抛锚”，因为一旦这类事件或问题被确定了，整个教学内容和教学进程也就被确定了（就像轮船被锚固定了一样）。抛锚式教学策略是基于建构主义学习理论的，建构主义强调学习者要想完成对所学知识的意义建构，最好的办法就是到现实世界的真实环境中去感受、去体验，而不是在课堂上听老师介绍或者讲解这种经验，所以在进行意义建构的过程中抛锚式教学策略始终强调学习者的主体地位，要求以学生为中心进行教学，通过学习者主动搜集和分析材料、数据，对所学习的问题要提出各种假设并努力加以验证，最后在老师的指导下和同学的讨论中得到正确的结论。

（二）认知学徒策略（cognitive apprenticeship strategy）

认知学徒策略是建立在传统学徒制基础上的一种策略。传统学徒制中，师傅作为“教师”，由始至终都和学徒参与到一个实践活动中，指导学徒技能的学习。在此基础上，通过一系列的研究，现代认知科学家提出了“认知学徒制”。今天，认知学徒制策略通过类似职业学徒中的社会交互活动，促进学习者的文化适应，强调知识的工具性。

（三）十字交叉形策略（criss-crossing strategy）

交叉策略引导学习者从不同的角度理解一个概念，完成知识的建构，达到完全理解。认知灵活性理论认为，学习者在建构知识意义的过程中，只有实现知识的全面理解和灵活的应用，才能实现学习的效果。基于多角度构建知识意义，最终全面了解知识，这是一个十字架形状教学策略的意义。网络信息具有超文本的特点，超文本可以基于计算机网络为学习者提供一个直观的学习环境，可以更清楚地解释复杂的关系概念。学习者通过浏览器导航工具和热词搜索，不难发现学习之间的“交叉”主题。所示，超文本的灵活性和多维性，为网络学习提供了一个交叉策略。

（四）建模策略（modeling strategy）

建模策略指学习者通过自己的探索构建一个模型来解决问题。行为建模是用来表明学习者在学习活动中应该实现哪些活动和如何执行这些活动；认知建模用于显示学习者在学习活动中，应该使用的推理方法。通过建模，学习者还可以构建知识体系，启发学习的思维活动。

（五）教练策略（coaching strategy）

教练可以是老师，也可以是智能导师。在网络环境中，为了促进学习者的自主学习能力，发展解决问题的策略，教练只有当学习者需要时才向学习者提供指导和建议。帮助学习者最大化地利用他们的认知资源，并做出适当的决定。教练的指导，在某些情况下，也可以是完成一个任务。教练可以通过网络监测来掌握学生的学习情况，激发学习者的动机，分析学习者的水平，提供反馈和学习方法，鼓励学习者澄清和反思他们所学到的知识。

（六）支架、淡出策略（scaffolding and fading strategy）

与建模策略和教练策略相比，在学习者系统化学习方面支架策略表现得更加明显。根据欧共体“远距离教育与训练项目”（DGX Ⅲ）的有关文件，支架式教学被定义为：支架式教学应当为学习者建构对知识的理解提供一种概念。这种框架中的概念是为发展学习者对问题的进一步理解所需要的，学习之前把复杂的事物进行分解，然后一步步引导。

（七）合作学习策略（cooperative learning strategy）

与个性化的学习相比，合作学习有利于促进学习者认知能力的发展，有利于学习者的健康情感的形成，因而受到广大教育工作者的关注。合作学习策略是心理学、社会学和许多其他理论和教学实践相结合的一种教学策略。合作学习可以提高学习者的社区意识，培养学习者的合作精神和人际交往能力，提高教育教学效果。网络的出现为我们创造了适合开展合作学习的学习环境，以提供更加灵活有效的合作学习。

（八）小组评价策略（group evaluating strategy）

通过团队评估策略，合作学习的积极作用可以扩展到以学习者为中心的评估标准。传统评价策略下，学习者主要依靠外部反馈和奖励，在网络学习中，学习者可以通过自我评估等方法，将变得更加有责任心、更会独立思考。团队评估策略经常和其他教学策略一起应用。

（九）反思策略（reflection strategy）

在学习结束时，学习者通过反思解决问题的过程，自我评估，或由教师做出适当评论，以便学习者做出归纳和总结。反思可以引导学习者理清自己的学习过程，并检查学习计划和学习方法是否合理，帮助学习者改进他们的学习方法，是培养学习者的自我监管的重要方式。

【案例辨析】

“圆的面积”一课是学生在已经学习了长方形、正方形、三角形等平面几何图形的基础上进行新知学习的。本课的学习重点是通过渗透转化思想，使学生能利用旧知、自主推导出圆的面积公式。在学习中，A教师设计了这样的环节，组织学生进行小组合作学习。首先由学生回忆、思考，三角形、梯形的面积公式是如何推导的，类推出圆的面积公式是否也可以将圆转化成已经学过的图形来推导出呢？通过设疑，学生的学习动机得到激发。

在明确学习任务后，各小组经过初步考虑，对问题进行逐个分解，首先提出了三个需要解决的子问题。面临的第一个难题如何转化？解决化曲为直的问题。第二个难题是转化成哪个平面图形？第三个需解决的问题是圆和转化成的平面图形有什么关系？明确了解决问题的先后次序，各小组就着手展开了第二次讨论。课堂气氛相当活跃，学生动手动脑，参与面广。

通过剪剪拼拼，有的拼出了近似于长方形的图形，有的拼出了近似于三角形的图形……有的发现平均分的份数越多，就越接近于长方形或三角形。思维体现出了有序性、互补性。在解决问题的过程中，有的同学表现了协调的专长，有的表现出了决策的才能，有的表现出较好的钻研精神，小组合作使学生在思维的比较中取得了对问题的完满解决，萌发出创新意识和创新精神。

随后，各小组进行交流反馈。在交流过程中，学生的思维得到进一步的深化，不仅认真聆听同学的发言，还不断地提出疑问或补充，更为重要的，通过反馈，学生意识到集体的智慧远远超过了个人的聪明，合作使问题得到了最优化的解决，最后，当同学们运用自己学到的知识解决生活中的实际问题时，兴趣盎然。

结合以上案例以及本章中的论述，辨析以下问题。

1. 你认为以上案例中学生的学习是有效的吗？为什么？

2. 通过上述案例的介绍，你认为有效组织学生探究学习的优势主要体现在哪些方面？

3. 有效学习的方式有很多种，比如合作学习、探究学习、操作学习等，你在教学过程中是如何选择的呢，以及运用什么样的教学策略实现学生的有效学习？

【思考与讨论】

1. 分析网络学习策略与传统学习策略的异同、优缺点。
2. 该如何将网络学习策略与传统学习策略进行科学的融合？
3. 针对不同年龄段的儿童，游戏学习的内容应该如何设置？
4. 家长和教师应当在游戏学习中发挥怎样的作用？
5. 表现性学习的教学策略在不同年龄段的学生中如何与课程设计结合？
6. 教师在表现性学习中起到了什么作用？
7. 反思性教学的特征、模型与缺陷分别是什么？
8. 反思性教学在实践意义上对中国教育的启示有哪些？
9. 如何在中国的教育环境和背景下开展服务性学习？
10. 美国等发达国家的服务学习体系对你有什么启示？

【资料链接】

［1］刘电芝，黄希庭. 学习策略研究概述［J］. 教育研究，2002（2）.

［2］钟启泉. 现代教学论发展［M］. 北京：教育科学出版社，1998.

［3］余丽，桑新民，焦建利. 反思性学习在教师专业发展中作用的研究［D］. 上海：华南师范大学，2003.

［4］姜梦妍. 数字化游戏与教学整合的机制初探［D］. 南京：南京大学，2012-05-31.

［5］陶力源. 基于自我效能感理论的教育网络游戏设计策略研究［D］. 陕西师范大学，2009-05-01.

［6］万力勇，赵鸣，赵呈领. 从体验性游戏学习模型的视角看教育数字游戏设计［J］. 中国电化教育，2006-10-10.

［7］李湘，袁志芬. 体验式学习的理论与实践策略［J］. 现代中小学教育，2005-02-20.

第四章

有效学习的课堂组织模式

【内容提要】

课堂组织模式是指课堂上教师教和学生学相结合的学习形式。良好的课堂组织教学模式能促进师生之间和谐的交流互动，激发学生的学习热情，促使学生理解并掌握更多的学科知识和技能，健全学生人格，保证教学质量。

【思维导图】

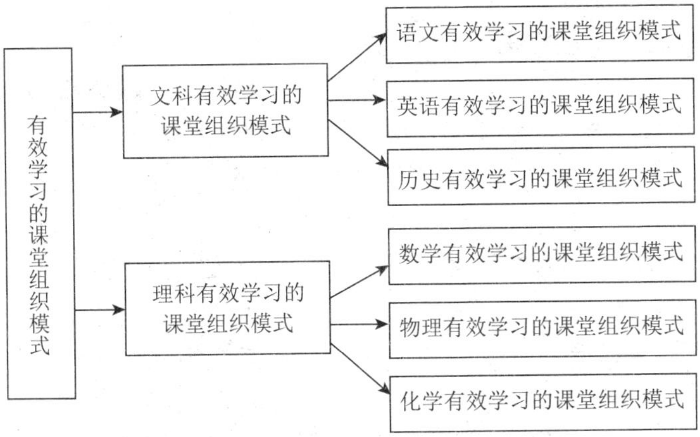

第一节　文科有效学习的课堂组织模式

根据文理科的学科特点，有效学习的课堂组织模式也会不一样，文科的课堂更加偏重于合作的探究，而理科的课堂则注重操作，因而，要根据不同的科目对课堂进行组织，以便更有效地学习。

一、语文有效学习的课堂组织模式

语文相对于其他的基础教育学科来说，在应对应试教育和素质教育方面，都起着无可比拟的作用。因为语文这门学科拥有很强的实用性和工具性，学好语文会使学生在语言表达和理解事物方面具有很强的优势。但是语文学科的学习却并非简单，中华文化数千年，对于基础教育的学生来讲，课堂学习显得十分重要，下面将呈现出以合作学习的组织模式进行语文学科学习的课堂状态。

1. 语文学科的特点

（1）工具性。语文就是一门以语言为基础的工具性学科。生活中的听、说、读、写都依赖于语言的学习。作为学习者，在阅读方面要有很强的理解能力并且能够从学习的文章中提炼出作者的情绪、情感，在写作方面对于文章的人文情怀以及思想立意有很高的要求。

（2）人文性。语文人文性的内涵是提供自由的文本，关注生命个体，尊重个性差异。作为教育的对象——人，是具备鲜明的个性特征的生命个体，因此，语文教材为了更好地扮演“文化中介”的角色，引导学生的认知发展和人格构建，就必须具备文学性、灵活性、开放性等相关特征。

2. 语文有效学习的课堂组织模式的基本理念

基本理念指的是课堂组织模式的指导思想，应该落实的目标，而这些基本理念都应该渗透在课堂的每一节课当中。主要体现在以下四个方面。

（1）全面提高学生的语文素养。这是语文课堂组织模式的最核心理念，该理念要求全面培养学生的听、说、读、写能力，使学生具备良好的品德思想，在初步掌握学习方法同时，培养良好的学习习惯。例如，现在很多教师在课堂教学过程中，只是注重书本知识的不断灌输，从来不讲究学习方法的教授，到最后学生没有达到预期的学习效果，教师就会对学生自身的学习提出质疑。学习良好的学习方法往往比学习知识更为重要，首先，教师要有发现和总结发现学习方法的意识，然后再通过课堂，使学生接受并掌握这些方法以达到自我学习的终身有效性。

（2）正确把握语文教育的特点。语文这门学科的实践性和外延性尤为突出。语文的课外延展就是实实在在的生活，“多写、多读、多积累”是学习语文的最有效途径。随着基础教育课程改革的发展，多数教师和学者提出，课堂上应该大声朗读，读写都应该出现在语文课堂中。国学热便是这一观点最好的阐释。

（3）积极倡导自主、合作、探究的学习方式。积极引导学生以主体角色学习，同时激发学生的内在学习动机，在此基础上锻炼出学生的团队意识。在过去的学习过程中，主要是让学生大量的阅读和背诵，以此来展现学生以自我学习为主的学习理念。“熟读唐诗三百首，不会作诗也会吟”就明显地诠释了学生自读自悟的学习过程。而合作学习则是要求学生能够相互地交流学习，继而产生思想的碰撞。

（4）努力建设开放而有活力的语文课程。在学习和生活的过程中建立大语文观的意识，认识到生活和学习中处处都存在语文的思想。前期对于中华传统曾有否定之说，通过实践证明，传统依旧传统，诸多精华值得继承和发展，并辅助于创新，这是现在学习语文的时代意识。在继承和保有这种意识的情况下有效地组织学生进行课外阅读学习，积极参加综合实践活动。

3. 案例分析

（1）《马说》是初二语文（下）第五单元的一篇文言文。基于这篇文章比较短小，且属于略读课文，文中的用词和学过的文章有很大的重合，所以，翻译文章这样的学习环节就比较适合用合作学习来完成。

第一步：平均四个学生一组，在小组内部轮流朗读课文，小组人员对朗读课文的组员的读音和断句有错误的要进行纠正，然后再进行讨论。

第二步：选择其中的几个小组齐读课文，随后按照分好的小组选出代表进行发言，其他小组进行点评，然后，全班再次齐读课文。

第三步：每个人都对全文进行翻译，每一个字和词都要翻译到位。

第四步：小组内部再进行讨论，帮助各位组员解决各自在学习这篇文章中碰到的问题。与此同时，教师在教室内巡回走动，及时解决学生遇到的难题。

第五步：请自认为有把握翻译整篇文章的小组站上讲台，给下面的学生逐一讲解词句、语法和翻译全文。

第六步：对于台下提出的问题，作为“小老师”的组员们应该要齐心协力回答，教师在一旁顺势点拨。

第七步：接受完台下学生的提问，作为“小老师”要关注台下的学生是否已经掌握课文，对台下的学生进行提问。

第八步：台下的学生对台上的“小老师”组进行评价，如果评价“小老师”足够称职，那么则给“小老师”组的每位组员加分奖励，并在每组评选出“最智慧提问者”，给予相关奖励。

（2）《背影》是初一语文上册的第三单元中的一篇文章，是一篇叙事散文。作者通过朴素的文字成功地塑造了一个充满父爱的父亲角色。文章第六段更是通过父亲爬过月台为儿子买橘子的这样一个场景来体现感人的父爱之情。教师为了更好地引导学生感受文章当中的这份感情，将文章的第六部分作为合作学习的一部分进行学习。

第一步：在教师的指导下学生对文章的第六自然段进行阅读，在阅读的过程中，将不懂的字词句用记号标好。

第二步：阅读完成后，各小组成员相互讨论，解决小组成员的疑问，如果有个别不能解决的，就请教教师，再由教师和全班同学一起辅助完成。

第三步：各小组成员在读完文章后，各自讲述文章中父亲买橘子的过程，各小组推荐一名成员代表小组讲述，学生和教师共同担任评委，对于讲述表现良好的学生给予一定的奖励。

第四步：各小组内部的成员进行合作，找出文章当中关于父亲过铁道买橘子时用到的动词，然后思考作者用这些动词的用意。

第五步：讨论过词语之后，每位学生从文章中找出最能体现父子情深的句子，谈谈自己的感想。在组内相互讨论后，各小组再进行相互的讨论，教师在小组间走动观察及倾听学生的问题，随后进行相应的指导。

第六步：各位同学根据文章的中心思想，联系现实生活，写出自身的感悟，小组内部相互学习。

第七步：每个小组需派一位组员代表小组谈谈对于整篇文章的感想和思考，教师总结评述。

评析：在课堂学习环节中，学生一直处在一种他们自身充满兴趣的环境中，这样学生在课堂上探究和学习知识时表现出前所未有的认真和仔细，而且小组间成员的相互合作的精神也在此体现得淋漓尽致。不同小组间，也相互提问和相互解答，这样相互帮助、层层推进课堂的环节，远比教师一个人在讲台进行讲解的效果强。

二、英语有效学习的课堂组织模式

在基础教育的学科中，英语这门学科是较为特殊的。与理工科相较，英语和语文一样是属于语言的学习；虽然与语文学科一样同属于语言教育，但是也有很多不同之处。对于英语学科来说，它不仅仅是实践和技艺相互结合的语言类学科，同时也具有上含天文，下通地理的广博知识，同时英语学科还是充满着人生哲学的文科学科。英语学科的学习可以不断扩充我们的知识范围，把握时代的发展脉搏，不断地提升个人的文化素养。

（一）英语学科的特点

（1）记忆性。首先，英语是一门语言类的学科，需要记忆大量的信息，以便日后在学习生活中运用。单词是学好英语的关键，要记忆单词、语法、句型、固定搭配等，只有这样，才能有足够的知识灵活运用。

（2）新异性。英语与我们的母语学习存在很大的差异性。它们所承载的文化差异则更为显著。第一，从语言本身来说，汉语是属于汉藏语系，而英语是属于印欧语系。对于语法、词汇、语调、发音以及发音方式，表达方式上都存在较大的差异，比如，汉语是表音文字，英语是标音文字；英语的动词有时态的变化，而汉语的动词则没有时态变化。第二，从文化的角度来说，英语和汉语所表现出的文化是具有显著差异的，对于汉语和英语的学习不得不在两个完全不同的文化氛围下相互转换，而我们大多数是在汉语的环境中学习英语，这就增加了我们学习英语的难度。①

（3）应用性。英语作为世界上最通用的语言，使用范围最广，自然具有学习的价值。通过学习英语，掌握了与更多人交流与学习的机会，并且随着经济全球化的不断推进，各种信息技术也都需要懂得英语的人才运行。

（4）人文性。虽然英语是一门语言，但也并非只是学习简单的语言。对于英语文章的人文内涵，内容的广泛，英语教师们都经常认为英语是一门“上知天文，下知地理，中间还要知空气”的包罗万象的学科。所以我们可以通过英语的学习内容了解到各国的风土人情、政治、经济、文化、科技等相关知识，英语其实就是在为我们展示出世界的多元文化。

（二）英语有效学习的课堂组织模式基本理念

（1）突出学生个体，尊重个体差异。从多元智能理论我们可以知道，人在智能方面是多元的、存在差异的。因此，英语教学的过程中必须要充分考虑学生的个体差异，满足不同学生的学习需要，同时关注不同学生的发展。课堂组织模式当然也要充分考虑学生的需求和发展，所以注重整体性的模式是不适合英语学习的，如大班教学。②

（2）采用活动途径，倡导体验参与。英语课程注重任务型的组织模式，如在教师的引导下，学生们自身积极地投入课堂模式当中，通过感知、体验、参与合作等方式，完成任务和目标。在课堂学习中，提升对英语的学习兴趣。

（三）案例分析

1. Free talk（知识铺垫）

（1）话题引导。教师给学生一个讨论话题：

T：Where is your mother？（Where is...？句型与后面 where was ...？对应。）

评析：教师提出的这个问题，既可以解决实际问题，同时也是引出新知识的重要话题。这种前后衔接的话题必须是要联系学生的实际生活，才

① 何振峰．初中生英语自主学习能力培养策略研究［D］．重庆：西南大学，2009.

② 王坦．合作学习——原理与策略［M］．北京：学苑出版社，2001：122.

能引起学生的共鸣。

S1 : She is at work.

T : What does she do ?（抛出话题，引导学生用已有的知识在熟悉的话题中不断地相互交流）

（2）分组合作。学生以老师的句型为范例，以“where is ... ?”为话题进行分组讨论，表达自己的想法。

（3）自我展示。教师根据不同话题的难易程度，请 5 ~ 6 组学生在全班面前展示自己的对话成果。

2. Checking（自主探究）

（1）首先教师对各组进行检查，并将新的单词和短语写在黑板上，引导学生联想。例如 : grow（第三人称单数）——grows，enjoy——enjoys，world——in the world，visit——visits 等。

（2）让学生读、拼单词，教师提醒学生注意单词发音，帮助补充词形及用法，如: visit（名词）——visitor，grow（过去式）——grew 等。

3. Presentation（思考迁移）

（1）设置问题情境。教师提问:

What day is it today ?

S1 : It's...

What day was it yesterday ?

S2 : It was ...

（2）引导自主思考。教师继续提问:

Where is Li Ming ?

S1 : He's ...

Where was Li Ming yesterday ?

（3）自主总结规律。引导学生开展小组讨论，梳理出本课的新知识点的语言规律，教师再进行补充和完善。

4. Practice（强化新知）

学习课本第三部分

（1）示范引路。

教师引导学生观看教材上的图，提问: Where were you last Sunday ?

Ss : We/I were/was in New York.

（2）合作操练（放伴奏音乐）。学生两人一组，给每幅图任意附上人名、地名、过去的时间，围绕图画进行操练 。

（3）分组展示。学生分组问答：

S1：Where was your uncle last year？

S2：He was in Shenzhen .

5. Reading（自主阅读）

学习课本第二部分——短文

（1）任务初听。学生不再看课本，带着问题 Where was Lily's uncle the day before yesterday？ 听录音。

（2）朗读体验。根据听到的录音，写下答案。答案更正后，再听录音跟读，模仿标准的语音和语调，使学生感受英语语言美妙的韵律。

（3）自主练习。在一定时间内阅读练习，学生根据阅读的内容完成教师安排的正误练习。如：Lily's uncle's office is in Shanghai，Lily's uncle was in Sydney last month. 等等。学生独立地完成课后练习册的第一题。

（4）合作探究（放伴奏音乐）。学生们按小组阅读文中的段落，通过相互讨论之后发现短文的重、难点。

6. Extention（拓展应用）

话题拓展。结合本课的短文内容以及现实生活实际，引导学生进行开放性的话题讨论。教师问：

Do you think businessmen/businesswomen are very busy？

What do they often do？

Do you want to be a businessmen/businesswomen when you grow up？

S1：I want to be a businessman because I can make much money.

S2：I can go to some big cities when I discuss business . 等等。

7. Homework（布置作业）

Prepare for the next lesson.

评析：（1）自主学习对于学生来说并不是一次就能表现得很完美的，这是建立在学生有一定的英语基础水平并不断练习而习得的，而教师也需要具有培养学生自主学习的意识，这是教师的一种长期的教学策略。

（2）小组合作（以四人或两人一组活动为主要方式）是解决大班额、课堂学习效率低下的有效课堂组织模式。但是在实施这种课堂组织模式的过程中，需要特别关注小组活动的效率。也就是说，教师在组织小组学习时，不仅要给予学生足够的时间和空间，还要对小组的活动进行适当的监督和控制，从而形成完善的小组活动机制。教师不仅要关注整个小组间相互合作的能力的提高，同时也要关注小组内每个组员的个体能力的发展。

（3）教师要呈现和营造出民主的课堂氛围，鼓励班上每一位学生表达自身想法，做到不打断学生的发言，并且给予足够的尊重。

三、历史有效学习的课堂组织模式

“以史为镜，可以知兴替”或云“读史使人明智”。历史课堂将这门科学以理论系统的方式呈现在受教育者面前，它帮助学生有效认识历史文化的发展，训练其逻辑思维能力和卓越的判断力，进而提升人文素养，塑造高品质的价值观。历史课堂是促进学生全面自由发展的课程体系中重要的有机组成部分。

（一）历史的学科特点

1. 存在形式的过去性

在时空上，历史的内涵是过去人类社会发生的变化，历史的发展变化不可逆。现代人类接触的历史科学，是历代人类通过对物化的文字、图片、实物等历史文物和非物质文化遗产等的调查、考证，整理出来的文化科学。历史在存在形式上是过去式的，历史课堂的直接教育功能是将这种间接的、过去的、抽象的文化，用系统的方式融进学生的生活，给学生的想象和创造性思维提供巨大的发展平台。①

2. 认知结构的多样性

历史学科的内容包含整个社会发展的各个领域，政治、经济、文化等。对历史的学习，其认知结构可以从历史的各个领域去构建，也可以从某一思想或制度的流变去建构，更可以选取历史时期某一横截面去认知构建。历史事件的学习，更应该表现多角度、全方位、深层次的思考。总之，认知结构的多样性表现为整体性、因果性和发展性。

3. 思维方式的求异性和灵活性

历史学科认知结构的多样性也从一方面决定了其学科思维方式灵活性的要求。求异性思维是灵活性的重要表现之一。求异是针对打破常规思维的反向创新，它是一种对常规的、习惯的审视和反思。历史学科是对过往实践的梳理，学科本身要求揭示客观事物的本质内在联系，梳理真相、整理经验。历史学科的学习，要求学生也应该具有相应的能力，根据不同的情况、从不同的角度、用不同的方法去分析问题。

---

① 肖川．学生自主学习方式将悄然变化［N］．中国教育报，2001，（9）．

4. “史由证来，逻辑严密性”

历史学科的最大特征是“史由证来，证史一致；论从史出，史论结合”。[①]历史学科不能通过重复试验推算演练的方式得出事实，是在浩如烟海的资料里甄别出价值和真相。信息判断和处理能力是历史学科重要的学习要求。历史学科用事实、证据整理出答案，其逻辑严密性突出。历史课堂应顺应学科特点，培养学生对史料的选择和阅读能力，提高其思维逻辑的严密性。

5. 学科联系的交融性

历史是一门包罗万象的“荟萃”学科，它贯穿着时间和空间上不断变化的各方面的事物。在知识上，涉及自然和社会的各个学科，内容之大，范围之广，且历史学科中各个领域知识交错纵横，其间，联系更是精彩纷呈。总之，历史学科是一门广博的综合学科，知识涵盖复杂多样，极具交融性。

（二）历史有效学习的课堂组织模式基本理念

1. 明确教学活动的目标方向性

在历史有效学习的课堂组织模式中，应该坚持目标教学的模式。所谓有效的教学活动就是“把系统、科学、可操作的教学目标作为教学的出发点和归宿点”，同时要以教学目标为根本点组织和实施教学活动，这样才算是有效的教学活动。此种教学模式，不仅能减少教师在教学过程中发生的随意和盲目，提高教学的质量，同时也能够提高学生的学习效果。教学目标的设定需要科学性，更需要实践性和具体性，这样更能实现其方向性。

2. 学生的发展差异得到有效关注

心理学科的多元智能理论及社会学科等的资源差异论等都提醒教育者，重视每个个体的差异性。历史有效学习的课堂组织要求教育者关注个体独特的智能风格。在真实的课堂上虽然不能够做到针对每个学生的特点，对他们进行针对性的教学，但却会采用个别指导、分类指导和全体指导相结合的方式。教学的关键所在是创设适当的学习情境，为学生创造一个集体的学习环境，在集体的学习中实现自身的学习和发展。反对“定型化教学”，让学生的成长发展没有活力，也大大削减了历史学科学习的灵动性。

3. 有效地促进课堂互动，生成开放共享

互动、开放式的分享是历史学习最科学有效的方式。历史科学的学习是对过往文化的求实和探索，需要师生流畅地沟通交流。想要达到这样的

① 张新莲. 对自主学习的认识和探讨［J］. 高等教育与学术研究，2007（2）.

教学效果，这就要求教师们要主动地组织安排教学活动，并积极引导学生参加，在开放的教学过程中使学生学会相互学习，相互交流，全面地掌握知识和把握知识所呈现的规律。课堂资源是动态、流动、鲜活的，这也为学生的学习提供了丰富的资源。既然课堂需要大胆开放，那么在课堂上也就要求学生和教师不必过分地拘泥于一定的模式和教材，适当衍生、拓展，增强学生的自主和创新的学习能力。最终实现学生的知识完善，从而提高课堂和活动的质量和效益。

4. 及时评价、反馈、矫正完善

关注学生的成长获得，在课堂教学中表现是及时对于学生的表现和相关学习程序实施相关的评论，以实现学生对自身阶段性的认识，激发学生的学习需要，并及时进行自我学习的调整。及时的信息反馈能有效帮助教育者进行教学活动的修正，对自己的教学实施进行结果的完善。最终为教学目标的实现做好课堂方面的机制保障。

（三）案例分析

上海某教师融入以上历史有效学习的课堂组织模式设计并实施了“宋元时期的社会生活”一课的教学活动。具体教学活动开展如下。

第一步：创设适合的教学情景，给学生的学习制造形象可感的环境。

把“线头”呈现在学生的面前。教师在上课前，通过极具象征性的情景布置，创设了宋元时期民间风俗的生活场景。在墙上贴了春联、年画，讲桌上放了春卷、月饼、腊八粥、烟花、爆竹等。给学生一种特别的感官冲击，带入感强烈。

第二步：多角度搭建学生的认知结构，形成丰富又深刻的认识。

师生双方在模拟好的“宋元社会”里展开教学活动。首先，教师以“宋元长者”的身份给学生介绍他们生活中熟悉的春联、春卷等实物的来历及流变，用熟悉之物牵扯出学生对宋元时期民俗生活的好奇，形成认识上的链接。进而，教师介绍宋元时期社会生活的文化背景、主要内容、变现方式。并让学生观看年画、抄写春联、动手做元宵……在实践中，学生实现了由生活实物到历史穿越的学习，从具体到抽象再到深刻，看、听、做，多角度地搭建了学生对宋元时期民间风俗的认知。

第三步：拓展升华，给学生空间来自我创造，自我生成。

临下课时，教师引导学生回归课本，对书本知识进行梳理。此时学生已经对书本知识上的内容有了具体的感知，这样的文字回顾，能让学生梳理出学习的逻辑，并且升华课本考点。教师启发学生多多参与生活，参与活动。最后，教师课堂之外的作业布置，给了学生自我体验创造的空间，有利于对学生的情感进行人文素养的陶冶培养，让学生感悟生活的丰富和美好，引导学生热爱生活，感恩生活的情感生成。

评析：对于地方史，或者关于社会“横截面”的历史文化的学习，情景参与式的教学活动非常生动、适宜，教学效果明显，是实施历史素质教育的优秀模式。这样的教学模式，对教师的职业能力有较高要求，并对学生设有一定的选择性。这样的教学模式实施起来，需要教师精心准备，并拥有较强的课堂控制力和处理教学突发情况的应变能力。但是，不可否认的是，这样的教学模式，是学生喜爱、教学效果实现情况优良的创新模式。①

第二节　理科有效学习的课堂组织模式

对于理科，本书主要列举数学、物理、化学三门学科的课堂组织模式，根据案例进行相应的分析。

一、数学有效学习的课堂组织模式

（一）数学的学科特点

1. 高度的抽象性

相对来说，数学是一门非常现实的学科，但是数学又从数量关系和空间形式或者一般结构方面来反映客观现实，显示出了高度的抽象性。

2. 严谨的逻辑性

数学的对象是形式化的思想材料，它的结论是否正确，是靠严谨的逻辑推理来证明的，不像物理、化学学科一样，可以借助实验来重复的不断的检验。

3. 应用的广泛性

数学的应用范围很广，无论是人们的日常生活还是科研学习中，都要用到数学的知识，这是毋庸置疑的。所以，数学的学习对于完善知识结构的重要性不言而喻。

① 邵莉珺．问题讨论教学模式在历史教学中的运用［J］．政史地教学与研究，2008：30.

（二）数学有效学习的课堂组织模式理念

1. 学生计算能力的提高

想要学习好数学，学习者必须具备最基本的计算能力，只有掌握计算能力，其他数学能力才有提升的可能。计算能力要求学习个体能够根据公式等相关法则准确地进行运算、处理数据，并能够明白其中演算的道理，且能够根据条件和问题，找寻和设计出相关的元计算途径的能力。

2. 学生多种思维能力的养成

人的认识分为几个阶段，最高级的阶段是思维能力，思维能力是一种人的大脑对外在事物的间接概括的反映。而感性认识又是人思维活动的根源。儿童的思维发展需要经历三个步骤：第一，动作思维；第二，具体形象思维；第三，抽象逻辑思维。这三种思维经历是相互关联和影响的，任何一种思维经历都不能够被单独地运用，所以根据这一思维经历的过程，在设计教学内容时，要在具体形象的动画中引入更为抽象的数学内容的教导，不仅如此，优秀的教师还要学会创造出空间让学生去运用思维，使得学生和老师能够教学相长。

3. 学生空间观念的培养

数学的学习过程中，学生的想象能力的培养是极为重要的，教师对于学生空间观念的培养可以提升学生的想象力。所以，想要学生在几何知识的学习中轻松学习，必须要从最基础的几何知识点着手，只有在学生能够认识最基本的几何图形之后，运用自身的想象力来培养学生的创造力，培养创造力的同时也能具备灵活运用知识的能力。

（三）案例分析

在“黄金分割”的教学中，教师通过展示一些生活中“黄金分割点”的有趣事物或者现象，引入“黄金分割点”的概念，再通过教师画一条线段的黄金分割点让学生去思考：“为什么那一点就是线段的黄金分割点？”

学生自己学习课本后进行小组讨论，并证明。像这样学生带着问题去学习，会很有目标性，也能很顺利地投入学习当中。

这种课堂组织模式与以往的较为相似，都是由教师引导学生来学新的知识。不同之处在于让更多的学生参与到课堂组织中来，通过学生的参与更好地理解知识。它最大的特点就在于学生参与到知识形成的整个过程中，从以往的被动转变为主动的状态。只要学生活跃起来了，课堂氛围营造好了，效果也就会不断地提高。

学生对于目标的认同，对行为的顺从，对于信念的坚信都很好地与教学设计达成共识。教学是一个双向而又复杂的过程，而学生的这边就占主导地位，只要赢得了学生，教育的教学活动也就成功一大半。不同的课堂组织形式有不同的教学效果，而且各有利弊。作为教育工作者，我们要不断总结，直到找到一个行之有效的方法。

二、化学有效学习的课堂组织模式

化学是一门研究物质组成、结构、性质及变化规律的自然学科。对于化学的课堂组织模式，要根据化学学科自身的抽象和复杂性来规范。

（一）高中化学的学科特点

1. 抽象性

在基础教育初中的阶段，教师一般都是通过较为直观的视觉和现象来引导学生了解关于化学的相关概念和理论，以此来学习最基本的化学相关知识。而且在这个阶段，老师一般都会更倾向于让学生死记硬背来记住所学到的概念性知识。但是到了高中阶段，化学这门课对于学生有了更高的要求，初中阶段一般都只限于定性分析，而高中阶段却是定性分析和定量分析相结合，而且更加注重培养学生的抽象性思维能力，并且在此基础上构建起学生自身的化学知识体系。

2. 复杂性

高中知识的深度和难度都远远超过了初中的水平，比如，表现为方程公式的不断增多，且所含变量更多，由此一来，学生除去在课堂上学习化学知识的时间，还要花更多的课外时间来进行补习。

3. 以实验为基础

化学学科与其他学科相比较，更多的是利用实验来使得学生获得相关的知识概念，在实验的过程中使学生理解化学中相关知识所形成的原理，形成化学的独特思想。

4. 注重实践

化学学科与我们的日常生活有着密切的联系，且化学的知识是源于并应用于现实生活的，我们学习化学的初衷也就是为了能够解决更多的生活问题，所以化学学科是很注重实践的。

（二）化学有效学习的课堂组织模式理念

1. 注重实验

注重实验室是化学这一学科的重要特点之一，作为化学的很多基础知识，比如，一些基本的原理和概念，还有一些元素化合物的性质等，这些都是要通过实验才能获得。并且在做实验之前、之中、之后都存在很多的注意事项，例如，仪器的规范使用、相关的过程记录，以及结束后小组成员间的相互讨论和总结、提出问题和解决问题。

2. 加强记忆积累

首先，学习化学的时间要比学习语文、数学等学科更晚一些，所以对于化学的学习也有一个慢慢适应的过程。其次，学生在初中学习的化学知识相对于高中来说是较为简单和容易的，高中的化学知识相对就更加多而复杂，需要的不仅仅是死记硬背的能力，更重要的是对于知识点的深度理解；最后，高中阶段化学知识点多而杂的特点要求学生必须要掌握相应的记忆方法和技能，在理解的基础上再进行记忆。

3. 抓住典型与关键

到了高中阶段学习好化学，已经不仅仅在于学生是否要做很多的习题，老师要讲多样的知识，这样的学习会让学生感到无比疲惫。高中阶段的化学学习需要学生学会抓典型题目，教师抓关键知识点教授，学会不管是课堂还是课外进行相关知识的总结和归纳，在这样的过程中不断地学习和提高，养成学习领悟的能力，能够举一反三，不断地发散思维，最终达到更好地学习化学。

（三）案例分析

在探究学习过程中，化学实验发挥着不可替代的作用，学生对实验表现出了浓厚的兴趣，但实验效果却不尽如人意，在实验过程中往往是实验和思考相脱离，实验过程与结束后缺少必要的反思，教师可以在实验教学中引入学生反思，要求学生根据以下提示进行自我反思：这些问题我是怎么思考的？在以上的思考过程中我遇到了哪些困难？在以上的思考过程中我有何得与失？对以上的问题的思考与探究我有什么可以跟同学分享的？我是否还有未能探究明白的问题？

例如，在探究氯化铵溶液与金属镁反应的原理时，学生有疑问：为什么镁跟水的反应现象不明显而与氯化铵溶液反应有明显现象呢？教师引导学生反思：镁跟水反应的原理是什么？反应后生成的离子与原有离子之间是否有反应？氯化铵在水溶液中有什么反应？此反应生成的离子又与哪些物质反应？学生反思后得出了两种不同的观点：观点一认为氯化铵水解显酸性，溶液中的氢离子溶解掉镁与水反应生的少量的氢氧化镁后继续跟镁发生反应；观点二认为镁跟水反应产生出的氢氧根离子与铵离子结合从而促进反应的发生。教师再进一步引导学生反思：两种观点的区别在哪儿？怎样通过实验来证明？引导学生思考并设计实验：

实验 1：取氯化铵溶液，滴入酚酞，放入表面已擦干净的镁条。①

在氯化铵溶液中滴入酚酞后现象	放入镁条后溶液现象
不明显	有气体产生，溶液慢慢变红后仍有气体产生

反思：你怎样思考这个问题？

学生通过反思、讨论得出：氢离子溶解氢氧化镁再与镁反应生成氢气不属实，因为溶液呈酸性，酚酞不应变红，而实验却变红了，说明溶液显碱性，此时缺少氢离子的溶液却仍有气体产生。

反思：你怎样认识镁条在碱性或中性溶液中仍能跟水反应？怎样认识并非氢氧化镁溶解氢离子与镁反应使反应发生？

实验 2：取氯化钠溶液，滴入酚酞，放入表面已擦干净的镁条。

在氯化钠溶液中滴入酚酞后现象	放入镁条后溶液现象
不明显	有气体产生，溶液慢慢变红后仍有气体产生而且比实验1还要快

反思：对此实验结果你有什么看法？

学生通过反思、讨论得出：并非是溶液中的氢离子溶解了氢氧化镁。镁可能与其中的杂质形成原电池，即使在中性溶液中也能发生反应。反思：你能否设计一个对比实验来证明铵盐溶液跟镁条的反应原理？

实验 3：分别取相同物质的量浓度的氯化铵和醋酸铵溶液，放入表面已擦干净的镁条。

在氯化铵溶液中加入镁条后现象	在醋酸铵溶液中加入镁条后现象
产生气体	产生气体，速度与在氯化铵溶液中相似

反思：通过对比实验，你有什么新的看法？有什么新的猜想？

① 曾妹琦．高中化学反思性学习的实验研究［D］．湖南：湖南师范大学，2009.

学生通过反思、讨论得出：醋酸铵溶液呈中性，镁条也能与之反应，证明镁条与铵盐溶液反应，与溶液是否显酸性无关。通过反思和实验证明学生得出结论：观点二是正确的。反应后溶液呈碱性的原因是铵离子跟氢氧化镁反应形成一水合氨，一水合氨电离使溶液呈弱碱性。

评析在课堂中提出问题，并让学生通过做实验观察到镁跟氯化铵溶液反应在实验开始时慢慢放出氢气，然后逐渐加快，而且溶液逐渐由无色变为红色，同时仍有气体放出，引起思考：为什么镁条在酸性溶液和弱碱性溶液中都能反应呢？通过问题的提出，引起学生的认知冲突，创造契机促进学生反思以前所学知识，在此基础上设计探究实验，如设计镁条跟水反应、跟氯化铵溶液反应过渡到跟氯化钠溶液反应的实验，迫使学生不断反思其中的原理，修正原有观点，从而发展学生的思维深刻性。而且，这种反思对解决问题、加深理解、激发探索的热情都具有重要作用。再如，在学习时除课本外，还有大量的可利用学习资源，充分利用这些资源可以充实学习内容，将反思性学习延伸到课外。[①] 在学习环境保护和防治的内容时，利用假期外出旅游和上网的机会搜集、整理有关环境污染和防治的措施写成调查报告。利用身边的资源和网络资源进行学习，引导学生对可利用的学习资源进行反思，同时也学习从大量的资源中进行筛选的学习能力。

三、物理有效学习的课堂组织模式理念

（一）物理的学科特点

1. 基础性

物理学习对进一步学习和研究其他自然学科，对于掌握新技术都具有重要意义。

2. 思维的严密性、深刻性

与初中物理相比，高中物理对知识内容的要求大大提高，知识点多、难、不易理解；在思维方法上，要求学生从形象思维进入抽象思维，对物理现象、条件等做全面、细致、严谨的分析与处理。

3. 实验性

物理学和化学一样同样注重实验，概念的总结和规律的发现也是需要从实验中来获得。

① 熊川武．反思性教学［M］．上海：华东师范大学出版社，1999：48.

4. 以数学为工具

物理学是运用数学方法最充分、最成功的一门科学。一位好的物理学家必定是一位好的数学家。

（二）物理有效学习的课堂组织模式理念

1. 夯实基础，承前接后

物理知识的学习，需要抓住物理知识的基础，强调物理学科核心概念的明确建立，注重知识系统的完整构建。

2. 培养学生的观察能力，注重实验的演示

在学生学习物理学科时，教师要积极地引导学生观察、陈述实验产生的现象，思考实验中的问题，并做出解答。在这过程中，学生也能增强他们的实际操作能力。

3. 培养学生的“物理头脑”及唯物辩证的自然观①

在学习每一门学科中，都要有该学科的思维来发现问题和解决问题，物理更是如此，不仅仅在于需要做实验，更重要的是培养物理的头脑，对于物理学当中产生的一些问题，定是要有唯物辩证的自然观。

（三）案例分析②

根据物理学科的特点，本书以探究式学习的课堂组织模式为主线，以课堂实录的方式为读者呈现物理有效学习的课堂组织模式。

课堂实录及分析

教师：你想走出地球，走向宇宙吗？（播放录像片《宇宙飞船上的超重和失重现象》）

教师：超重和失重是怎么产生的呢？这就是我们这节课研究的内容。

分析：[教师创设情境，提出问题] 通过播放杨利伟在“神五”中的超重、失重感受视频，创设探究超重、失重问题的情境，激起学生兴趣，从而引出本节要研究的问题。

（一）超重现象

1. 教师设疑，引发探究

教师：（1）我们通常怎样使用弹簧秤测量物体的重力？

① 任长松．探究式学习——学生知识的自主建构［M］．北京：教育科学出版社，2005：214–215.

② 陈雪．高中物理课堂教学中探究式学习实施的个案研究［D］．吉林：东北师范大学，2008.

（2）如果物体随弹簧秤一起运动，弹簧秤读数会有什么样的变化？（播放幻灯片）

分析：教师引导，学生实验收集资料。在超重环节，教师设疑：用弹簧秤测物体重力时，若物体运动示数会有什么变化？学生带着疑问，很好奇地分组实验。期间，教师在 PPT 中提示要做的实验环节。可以说，教师为学生做了很好的引导，使学生不至于毫无方向；但从另一角度，教师无形中限制了学生设计实验、制订探究计划的机会，也遏制了学生探究超重现象除了物体运动的加速度之外还与哪些因素有关的想法。

2. 学生实验，感性认识

学生实验：在 PPT 提示下，学生 4 人一小组用弹簧秤拉着物体，使物体分别静止、匀速上升、加速上升。观察弹簧秤读数。

学生总结实验现象：物体静止和匀速上升时弹簧秤读数保持不变；物体加速上升时弹簧秤读数变大。初步认识超重现象。

分析：学生在亲身实验，“眼见为实”的基础上，自行总结出“超重现象”。

3. 先前知识，形成解释

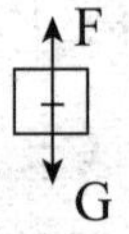

（教师引导提问，学生思考回答）

学生利用先前知识分析：当重锤静止或匀速上升，

此时 F=G，当重锤加速上升时，由牛顿第二定律：

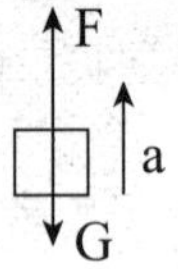

$F-G=ma$ 此时：$F>G$。

师生归纳总结超重现象：

（1）定义。

（2）产生条件：a 方向向上。

（3）运动性质：加速上升、减速下降。

分析：形成解释，做出结论。学生已经有受力分析及牛顿第二定律的知识基础，教师放手让学生自行分析超重现象的本质原因，给予了学生自主建构知识的机会，也有利于学生思维的发展。

4. 引向实际

结合生活举例：学生回忆乘电梯的感受，分析原因。

分析：引向实际，思维演绎。将所学与生活实际相联系，既亲切又给学生解决问题的机会。

（二）失重现象

1. 教师设疑，引发探究

教师：通过分析超重现象，大家猜想失重会是什么？（提示学生进一步实验探究）

分析：类比超重，学生自主探究失重。教师引发学生进入探究失重的情境。

2. 学生猜想，实验验证

学生：弹簧秤的示数比物体实际重力小。让重锤加速下降试试吧……

分析：猜想假设，设计实验。学生对失重现象的可能原因进行猜想，自行设计实验方案。

学生实验：用弹簧秤拉着物体，使物体加速下降，观察弹簧秤示数变化。总结当物体加速下降时，弹簧秤示数比物体实际重力小。

分析：实验，收集证据。学生根据方案，进行实验。由于物体运动较快，操作有些困难，教师多给学生一些时间，让学生逐步改进操作。得出实验结论。

3. 形成解释

学生利用先前知识分析：当物体加速下降时，由牛顿第二定律：

$G-F=ma$，

此时：$F<G$。

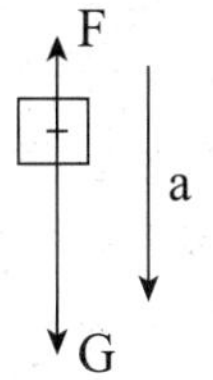

师生归纳总结失重现象：

（1）定义。

（2）产生条件：a 方向向下。

（3）运动性质：加速下降、减速上升。

4. 引向实际

结合生活实例：称体重加速下蹲、坐电梯。

分析：引向实际，思维演绎。利用失重原理，解决生活中的一些现象。

（三）完全失重

1. 教师设疑，引发思考

教师：失重现象中物体对支持物的压力（或对悬挂物的拉力）小于物体的重力，那么这个压力（或拉力）可不可能为零？如果可能，产生的条件是什么？

2. 学生演绎探究

学生活动：由失重的计算结果引出完全失重，总结条件：物体有向下的加速度且 $a=g$。

教师活动：演示实验——将旁边扎有洞装满水的矿泉水瓶，打开盖，释放。让其自由落体，发现水不流出。让学生分析其原因。

学生：因为水完全失重。

教师总结：

（1）定义。

（2）产生条件。

在完全失重的环境中，重力产生的一切现象将消失，重力只用来产生重力加速度。

（四）拓展视野

教师播放“神舟五号”的视频，展现太空中的完全失重现象。

分析：在失重环节，由于有前面探究超重的基础，教师大力放权，让学生自主探究。学生基本上经历了探究的整个过程。学生首先根据超重，猜想出失重现象的可能原因，进而制订实验方案，进行实验，收集证据，形成解释，解决问题。

完全失重环节，学生在教师设疑的引导下，根据失重条件，理论上分析出完全失重的条件。为了形象展示失重现象，教师做了演示实验，让学生来分析实验现象的原因，实质也是给学生创设了解决问题的情境。最后通过播放“神五”视频及自制幻灯片给学生拓展了思维的空间。整个过程中，虽然学生没有亲自动手实验，但实质上学生经历了演绎探究的过程：形成概念、分析要素、应用解释具体问题、拓展思维。

【案例辨析】

张老师是一位有10年教学经历的高中数学老师，最近他接手了高二年级的数学教学任务，教学内容安排在《普通高中课程标准实验教科书·数学必修5》（北师大版）第二章，正弦定理第一课时。张老师在这节课的教学设计组织上思考了很多。做出了如下设计：（1）创设一个现实问题情境作为提出问题的背景；（2）启发、引导学生提出自己关心的现实问题，逐步将现实问题转化、抽象成过渡性数学问题，解决过渡性问题时需要使用正弦定理，借此引发学生的认知冲突，揭示解斜三角形的必要性，并使学生产生进一步探索解决问题的动机。(3)引导学生抓住问题的数学实质，将过渡性问题引申成一般的数学问题：已知三角形的两条边和一边的对角，求另一边的对角及第三边。解决这两个问题需要先回答目标问题：在三角形中，两边与它们的对角之间有怎样的关系？

为了解决提出的目标问题，引导学生回到他们所熟悉的直角三角形中，得出目标问题在直角三角形中的解，从而形成猜想，然后引导学生对猜想进行验证。为此，张老师设定的教学目标为：(1)让学生从已有的几何知识出发，通过对任意三角形边角关系的探索，共同探究在任意三角形中，边与其对角的关系，引导学生通过观察，实验，猜想，验证，证明，由特殊到一般归纳出正弦定理，掌握正弦定理的内容及其证明方法，理解三角形面积公式，并学会运用正弦定理解决解斜三角形的两类基本问题。(2)通过对实际问题的探索，培养学生观察问题、提出问题、分析问题、解决问题的能力，增强学生的协作能力和交流能力，发展学生的创新意识，培养创造性思维的能力。(3)通过学生自主探索、合作交流，亲身体验数学规律的发现，培养学生勇于探索、善于发现、不畏艰辛的创新品质，增强学习的成功心理，激发学习数学的兴趣。(4)培养学生合情合理探索数学规律的数学思想方法，通过平面几何、三角函数、正弦定理、向量的数量积等知识间的联系来体现事物之间的普遍联系与辩证统一。作为资深的数学教师，张老师知道在内容讲解中需要搭建良好的梯度才能实现这些教学目标。张老师的教学流程组织包括设置情境、提出问题、解决问题等过程。

根据以上案例以及本章论述，辨析以下问题。

1. 请分析上述案例中张老师的教学组织形式设计的合理性。

2. 如果你是一名高中数学老师，你对《正弦定理》一课的教学目标确定是否与张老师一致？如果由你来讲授这节课，你将会采用什么样的课堂组织模式使学生达到更好的学习效果。

【思考与讨论】

1. 什么是有效学习的课堂组织模式？

2. 各种有效学习的课堂组织模式具有哪些特点？

3. 你认为还有什么更好的有效学习的课堂组织模式？

【资料链接】

［1］刘婧，李清．优质高效的初中数学探究课特征研究［J］．现代中小学教育，2012（2）．

［2］任长松．高中新课程与探究式学习［M］．天津：天津教育出版社，2005.

［3］邱华全．高中语文课堂“学、讲、练、悟”有效学习模式研究［D］．重庆师范大学，2013.

第五章

有效学习的课程资源

【内容提要】

有效学习的顺利进行离不开课程资源提供的基础性保障与支持。提供给学习者的诸如基本学习用书、学习用具、学习场所等课程资源是有效学习得以开展的保证。有效学习方式的运用以及有效学习课堂组织的开展都需要建立在有效学习的课程资源的基础上。

【思维导图】

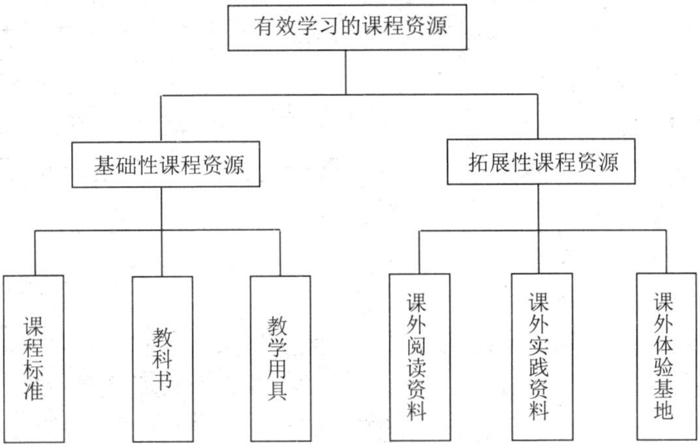

第一节　基础性课程资源

基础性课程资源是指在学校正规教育的范围内，为学习者的有效学习提供基础性学习材料支撑包括课程标准、教科书和教学用具在内的一系列课程资源的总和。对基础性课程资源的有效利用是有效学习稳步开展的首要环节。

基础性课程资源，为有效学习的开展提供知识和能力等方面的基础性铺垫。在学习活动的初期，对基础性课程资源的合理利用将使学习者的有效学习得到良好的基础性支撑，使学习者获得深入开展有效学习所需的知识、能力、方法、情感态度等。

一、课程标准

课程标准是有效学习可以利用的首要基础性课程资源。课程标准规定了学习者学习时的方向和需要习得的知识、能力等一系列总体目标，是学习者进行有效学习的指向标，在课程资源建设方面提出了基本要求。

（一）课程标准的概念及其发展

1. 课程标准的概念

根据顾明远先生在《教育大辞典》中对课程标准的界定，课程标准是指用来确定学校教育在一定阶段所需要具备的课程水准、课程结构及课程模式的纲领性文件。课程标准的结构构成包括课程标准的总纲和分科课程标准两部分。前者是对一定学校课程做出的总体设计，后者是以前者为依据对各科教学目标、教材纲要、教学重难点、教学时数分配、教学方法及教学设备等教学注意事项做出的规定。

2. 课程标准的发展

随着新一轮基础教育课程改革（简称“新课改”）于 2001 年秋季在我国的全面展开，我国沿用已久的“教学大纲”被“课程标准”所取代。《基础教育课程改革纲要（试行）》中指出，“国家课程标准是教材编写、教学、评估和考试命题的依据，是国家管理和评价课程的基础”。[①]“新课改”中各门课程的具体课程标准则体现在颁布的包括《全日制义务教育语文课程标准（实验稿）》和《全日制义务教育音乐课程标准（实验稿）》等在内的 18 种课程标准实验稿中。

十年来，随着“新课改”中对课程标准的实践探索和执行，2001 年印发的《义务教育各学科课程标准（实验稿）》中存在的学科容量偏多、难度偏大，相关学科、学段间的衔接有待加强等问题日渐凸显，各学科课程标准有待得到进一步的调整和完善。为贯彻落实《国家中长期教育改革和发展规划纲要（2010—2020 年）》，进一步深化基础教育课程改革，提高教育质量，国家组织专家对义务教育各学科课程标准进行了完善和修订。正式印发了《义务教育学科课程标准（2011 年版）》，并于 2012 年秋季开始执行，全国义务教育阶段各年级中小学教材陆续按照最新课程标准编写，并投入使用。

① 教育部. 关于印发《基础教育课程改革纲要（试行）》的通知［Z］. 教育部政报，2001（Z2）：347.

（二）课程标准的内容及框架

1. 课程标准的内容

课程标准体现着国家对处于不同学习阶段的学生在“新课改”的三维目标，即知识与技能、过程与方法、情感态度与价值观等方面的基本要求，并具体规定了各门课程的性质、课程目标、需要具有的课程内容框架等。在制定国家课程标准时，一般会依据各门课程独具的特点，结合各门课程的具体内容进一步制定适合各学科的课程标准。

新修订的《2011 年版义务教育学科课程标准》涵盖了从小学一年级至初中三年级开设的所有学科，包括语文、数学、外语、物理等主科和包括音乐、美术、体育、品德与社会等在内的副科。其中，外语科目的课程标准更是进一步细化到了英语、日语和俄语三科。目前有包括《义务教育语文课程标准（2011 版）》《义务教育物理课程标准（2011 版）》《品德与生活课程标准（2011 版）》《体育与健康课程标准（2011 版）》等在内的 19 种具体的义务教育各学科课程标准。

2. 课程标准的框架

（1）国家课程标准总体框架。我国国家课程标准在基本结构上包括前言、课程目标、内容标准、实施建议和附录几个部分（见表 5-1），在国家课程标准总体结构框架基本一致的前提下，各门课程根据各自的特定需求分别制定更加具体的课程标准。

表 5-1　国家课程标准总体结构框架[①]

国家课程标准总体结构框架	
前言	课程性质 课程基本理念 标准设计思路
课程目标	知识与技能 过程与方法 情感态度与价值观
内容标准	内容领域及行为目标

① 刘兼 . 国家课程标准的框架和特点分析［J］. 人民教育，2001（11）：23.

续表

国家课程标准总体结构框架	
实施建议	教学建议 评价建议 教材编写建议 课程资源开发与利用建议
附录	术语解释 案例

课程标准的前言部分主要结合具体课程的特点，集中阐述课程的性质、课程设计的思路和课程的价值与功能等。课程目标部分从“新课改”三维目标出发阐明具体课程的总目标和相应的学段目标（学段一般划分为 1 ~ 2 年级、3 ~ 4 年级、5 ~ 6 年级、7 ~ 9 年级）。内容标准部分是对具体课程中学生的学习结果运用清晰、易理解、可操作的行为动词从三维目标的角度进行描述，并提供辅助理解的案例说明。实施建议部分主要提供具体课程的教与学的建议、评价建议、教材编写建议以及课程资源开发与利用建议等，并在必要时提供典型案例来辅助理解。附录部分对课程标准中出现的重要术语进行解释说明并提供辅助理解的案例。

（2）义务教育各学科课程标准框架。在遵循国家课程标准总体框架的基础上，《义务教育学科课程标准（2011 年版）》中的 19 种具体的义务教育各学科课程标准也有其具体框架。此处以《义务教育数学课程标准(2011 年版)》中的课程标准框架为例（见表 5-2）。

表 5-2　义务教育各学科课程标准结构框架[①]

《义务教育数学课程标准（2011年版）》结构框架	
前言	课程性质 课程基本理念 课程设计思路
课程目标	总目标 学段目标

① 教育部 . 义务教育数学课程标准（2011 年版）[M] . 北京：北京师范大学出版社，2011：1.

续表

《义务教育数学课程标准（2011年版）》结构框架	
课程内容	第一学段（1~3年级） 第二学段（4~6年级） 第三学段（7~9年级）
实施建议	教学建议 评价建议 教材编写建议 课程资源开发与利用建议
附录	附录1 有关行为动词的分类 附录2 课程内容及实施建议中的实例

（三）课程标准与有效学习

1. 课程标准与有效学习的关系

课程标准是有效学习的课程资源的一种非生命载体。国家统一制定的课程标准从课程性质、课程基本理念、课程目标、课程内容等方面规定了课程在实施过程中应遵循的诸多因素。同时，这样的规定性又不同于以往更为详细的教学大纲所具有的限定性。规定性所规定的是有效学习应遵循的大方向，限定性所限定的是有效学习应遵循的更加具体的方面，灵活度较规定性差。

在依托课程标准开展有效学习的过程中，学习者和教育者在不违反课程标准中规定的大方向的前提下，可以对课程标准的具体实施加以灵活调整，理论联系实际、具体问题具体分析，走切合有效学习的实施路径，最终同样达到课程标准的规定。在有效学习的实施过程中，在依托于课程标准的前提下，可以根据实际学习情境，让学习方式、学习策略等在一定程度上游离于课程标准，在课程标准的实现过程中走一种殊途同归的路径。

总的来说，课程标准是有效学习得以展开的基础和必要依据，有效学习是课程标准得以实现的必要保证。有效学习在依据课程标准开展的同时具有一定的自由度，可以在不偏离总体目标的前提下，根据实际情况灵活调整具体的学习行为。二者处于一种有效学习围绕课程标准在一定范围内灵活波动的关系中。

二者的这种关系具体可以从以下几个方面理解。

首先，课程标准为有效学习提供了理论指引。课程标准中的前言部分对课程性质、课程基本理念和课程设计思路进行了介绍。以《义务教育数学课程标准（2011 年版）》为例，其在课程性质的论述部分点出了数学课程能够“培养学生的抽象思维和推理能力，培养学生的创新意识和实践能力，促进学生在情感、态度与价值观方面的发展”[①]的课程性质和意义；在课程基本理念部分指出数学课程意在使人人都获得良好的数学教育，且使不同的人在数学上得到不同发展的培养目标，以及选择课程内容、进行学习评价依据的课程理念；在课程设计思路中从学段划分、课程目标、课程内容三方面阐释了课程的设计思路。理论是实践的先导，理论是具体操作的指向标，没有课程标准中的理论指引，有效学习就容易偏离其应有的题中之义。

其次，课程标准为有效学习提供了基本素材。课程标准中规定的有关课程目标、课程内容的部分为有效学习的基本内容选择提供了指导。以《义务教育数学课程标准（2011 年版）》中对第三学段（7 ~ 9 年级）图形与几何知识的要求为例，其中对课程目标的论述包括总目标和学段目标。总目标中包括知识技能目标、数学思考目标、问题解决目标和情感态度目标，其中多是“掌握图形与几何的基础知识和基本技能”[②]这样大方向性的描述；而学段目标中则多为“探索并掌握相交线、平行线、三角形、四边形和圆的基本性质与判定”。[③]

这样更进一步地具体性描述，在课程内容中，对第三学段（7 ~ 9 年级）应掌握的知识则做出了掌握“证明定理：两角分别相等且其中一组等角的对边相等的两个三角形全等”“探索并掌握等腰三角形的判定定理：有两个角相等的三角形是等腰三角形”[④]这样的规定。这些层层细化的课程目标和课程内容的规定正是有效学习赖以进行的基础，为有效学习提供了基本学习内容。同时，这样的课程标准规定只是规定了有效学习需要掌握的知识点和课程内容等，对具体运用何种学习策略和学习方式去掌握这些知识点和课程内容则没有做具体的规定，如并未规定在学习中采用自主学习还是探究式学习的方式去掌握等腰三角形的判定定理。这就增加了有效学习中对课程标准这一课程资源利用的灵活程度，赋予学习者和教育者更多的主动性。

再次，课程标准为有效学习提供了实施方向。课程标准中提供了包括

① 教育部 . 义务教育数学课程标准（2011 年版）[M] . 北京：北京师范大学出版社，2011：1–2.
② 教育部 . 义务教育数学课程标准（2011 年版）[M] . 北京：北京师范大学出版社，2011：8.
③ 教育部 . 义务教育数学课程标准（2011 年版）[M] . 北京：北京师范大学出版社，2011：13.
④ 教育部 . 义务教育数学课程标准（2011 年版）[M] . 北京：北京师范大学出版社，2011：33.

教学建议、评价建议、教材编写建议、课程资源开发与利用建议在内的课程实施建议。这些建议在保留学习者自主选择有效学习方式、策略等权利的前提下指出了课程实施的可行道路，若学习者在学习过程中能够根据实际情况灵活运用这些课程实施建议，则对有效学习的顺利进行有很大助益。如在教学建议中关于关注学生情感态度的发展建议里，提到了在设计教学方案时，应当考虑“如何引导学生积极参与教学过程”“如何引导学生感受数学的价值”① 等。这就要求在有效学习中除了掌握应了解的知识技能外，要对学习者情感态度的发展给予适当关注。

以上是课程标准提供给有效学习的课程资源。有效学习的开展则需要围绕这些指向教育目的和课程目标的课程资源在实践中灵活开展。

2. 课程标准在有效学习中的运用

课程标准作为有效学习中的基础性课程资源，其促进学习者有效学习作用的发挥离不开学习者和教育者对课程标准的有效运用。只有在学习活动中被有效运用了的课程资源才能真正成为有效学习的课程资源。也就是说，课程资源只有经过使用者的进一步加工和处理，才能成为有效的课程资源。在学习活动中对课程标准这一课程资源进行加工处理，使其发挥促进学习者有效学习的作用时，课程标准就成为一种有效学习的课程资源。

课程标准中规定的是课程的基本走向和基本路径，其作用如同有效学习进程中的灯塔，给有效学习的进行以指引，但同时并不限定达到课程标准中课程目标时所采用的具体方式和手段。

在运用课程标准这一基础性、有效教学的课程资源时，要注意防止僵化、死板的倾向，防止机械地全盘按照课程标准组织有效学习，应当注意将课程标准与有效学习的实际情况相联系，在不违背课程标准基本原则的情况下，灵活、合理地调整对课程标准的执行方式，以使课程标准成为更有指导意义、有效学习的基础性课程资源。

二、教科书

教科书又称“课本”，是狭义的“教材”，是一门课程的核心教学材料。它是有效学习的一种课程资源，且是其最基本的课程资源。

① 教育部．义务教育数学课程标准（2011 年版）[M]．北京：北京师范大学出版社，2011：47.

（一）教科书的概念、性质及作用

1. 教科书的概念

教科书是根据学科课程标准编写的，是师生教学的主要材料，是学生课外扩大知识领域的重要基础。[①] 按照使用对象划分，可将教科书大致分为小学教科书、中学教科书、高等学校教科书三类。教科书在逐步地完善发展中由传统的“一纲一本”发展为现行的“一纲多本”，并发展出许多乡土教材、校本教材，共同支持着学生有效学习的进行。现行的教科书中，常见的有人教版、浙教版、苏教版、上海版、豫教版、岳麓版、北师大版等诸多版本。

2. 教科书的性质

教科书在作为有效学习课程资源一部分的同时，具有其自身的特殊性。教科书通常都要经过教育部门的审定，并经试用、修订等程序，最后推广使用。它在很大程度上反映的是国家意志，体现了国家对基础教育基本质量方面的要求，为基础教育课程标准的落实提供了一个参照性的示范与尺度，具有很强的政策性。

在符合国家编制的课程标准的前提下，教科书需要具有较强的科学性。教科书是对各门学科现有知识和已取得成果的高度综合归纳与系统阐释，其在材料的筛选、概念的解析、对学科知识的总结与分析论证以及对不同观点及学派的介绍方面应具有高度的全面性、系统性、准确性的特征。

3. 教科书的作用

对学生来说，教科书是学生在学校获得系统知识、组织有效学习的基本材料来源，不仅能够帮助学生掌握教师讲授的知识内容，更能起到指引学生在课前进行预习，课后及时复习并进行相应的知识及能力拓展的作用。

对教师来说，教科书是教师组织教学活动的主要依据，它为教师课前备课、上课、课后作业的布置以及对学生学习成绩的评定提供了基本的参照材料。同时，教师也能够根据教科书的知识系统组织情况恰当地安排各门学科的长期及短期教学目标、相应的教学内容和具体的教学任务等。

此外，教科书中提供的是一门学科的典型知识和案例，是从众多相关材料中筛选出的精品信息。教科书的性质决定了其中涵盖的知识与技能难度的有限性。而教科书所具有的这种难度上的制约，则正是发挥了其促进处在不同发展阶段和水平的学生的潜能作用。教师必须重视引导学生以教科书为基准，以学生个体差异为参考，带领学生进行适当高于教科书水平

① 顾明远 . 教育大辞典［M］. 上海：上海教育出版社，1998：698.

的难度突破，或进行适当低于教科书水平的难度适应工作，因材施教，促进学生基于教科书而开展的有效学习。

（二）教科书的编写要求及发展革新

1. 教科书编写的基本要求

教科书的编写应当依据课程标准的要求，精选给予学生终身发展能力的必备的基础知识与基本技能，同时也要考虑到学生的学习兴趣，以生动、多样、富有探索性的材料和方式呈现教育内容，且应给出学生在观察、操作、讨论、实验等方面的具体建议，以更好地辅助学生形成搜集和处理信息、分析及解决问题、总结与反思问题、交流与合作学习等基本的自主获取新知识的能力。

教科书在编排结构上要求层次分明，严格按照知识体系渐进地安排内容，以便于学生逐步、有效地接受和掌握知识。其内容阐述要层次分明、条理清晰，文字表达要精练、准确、流畅、生动，篇幅应详略得当。

为学生的学习和教师的教学提供帮助、具备良好的普适性与选择性、具有鲜明的时代性、具有内容的基础性、协调学科知识结构与学生心理结构之间的平衡等是其编写时应遵循的基本原则。

2. 教科书的发展与革新

随着 21 世纪信息时代的来临，教科书在性质、形式等方面发生了相应的变化。

在教科书的性质方面，其政策性将逐渐淡化，教科书所具有的强烈意识形态性将转向越发强烈的科学性。同时，教科书纯知识传播的性质将逐渐多元化为知识传播价值与非知识建设价值并重，并更多地偏重于非知识方面，如情感态度、价值观以及创造力等方面的培育与建设。这样的变化是大力促进学生有效学习的良好机遇，教科书中对学生情感态度、价值观的教育和唤起有助于加强学生与所学知识之间的联结，使学生产生持久的、促进学生产生相应变化与发展的有效学习。

在教科书的形式方面，除传统的纸质教科书外，在互联网的带动下，电子教科书也逐渐进入了有效学习的课堂，成为新兴的知识载体。在教科书自身所具有的意义方面，其传统的知识垄断地位逐步下降，教科书的权威性与标准性在互联网极大拓宽了知识传播渠道的背景下被大幅度地瓦解了。教科书与非教科书之间的界限变得模糊，教科书协同非教科书类课程资源共同促进学习者有效学习的功用极大地加强了。

（三）教科书与有效学习

开展有效学习的基本前提是为学生提供有结构的教科书，有效学习正是需要建立在对教科书充分运用、合理运用的基础之上。

教师要引导学生学会如何有效地使用教科书，以使之发挥最大作用。教师不仅自己要实现从“教教科书”到“用教科书教”的转变，更要帮助学生从做好教科书的解读入手，促进学生实现从“学教科书”到“用教科书学”的转变。教师和学生可以根据实际教学情况对教科书进行拓展性开发，即对教科书进行“再度开发”，对教科书中可利用的学习资源进行适当的筛选、调整与补充。

三、教学用具

教学用具是有效学习课程资源中的辅助性资源，教学用具的合理运用将提高有效学习的质量，但教学用具并非有效学习过程中必备的课程资源。

（一）教学用具的概念及类别

1. 教学用具的概念

教学用具简称“教具”，是以促进知识有效传播为目的的实物型辅助用品，能够使学生在有效学习过程中直观、形象地理解学习内容，能够帮助教师在教学过程中更加形象、清晰地传达教学内容。

课堂中常见的教学用具有某物品的实物、模型、实物型图标、幻灯片等。直观形象的教学用具可以帮助学生提高学习兴趣、增强感性认识，形成明确的概念，发展起学生的观察能力和思维能力。

2. 教学用具的类别

教学用具的种类繁多，且有着不同的分类标准。

从教学用具的操作主体划分，可以分为供教师演示用的教具和供学生操作用的教具。

从教学用具的真实程度划分，有实物类教具和模拟类教具。实物类的教具，如生物课上的叶片标本、蝴蝶标本、做搔扒反射实验用的青蛙、矿石标本等；模拟类的教具，如人体解剖模型、大脑模型、耳道模型、地球仪、航空模型、车船模型、工程设备模型等。

从教学用具承载内容的性质划分，可以分为描绘事物形象的教学用具和再现事物形象的教学用具。前者包括如图表、地图、设计图等在内的各类形象化图表，后者包括如幻灯片、投影仪、电影、电视、录音、录像等多媒体教学设备。

从教学用具的使用群体划分，可以分为普通教具、特殊教具、幼儿教具三大类。普通教具包括中小学基础教育阶段以及高等教育阶段所使用的常规教具，其中包含上文中提到的实物类教具、模拟类教具、描绘事物形象的教具以及再现事物形象的教具等，此外还包括授课过程中所使用到的如粉笔、板擦、黑板、白板等常规教具。特殊教具一般用于对特殊教育对象，即聋哑学生、盲童、弱智儿童等身体有缺陷的学生的教学，常见的特殊教具有助听器、盲人板、盲人笔、助视器等专用器具。幼儿教具指对学龄前儿童进行启蒙教育时所用到的智力开发用品及玩具等，一般具有直观、形象、具体的特征，能够锻炼儿童的感知觉能力、运动能力、激发起想象力和好奇心等，常见的如生动直观的色彩图片、可拆解的拼装玩具、车船模型、音乐发声玩具等。

（二）教学用具的特点

运用教学用具的直接目的在于辅助教学的开展，帮助教师呈现出直观、生动、形象、可感的教学内容，帮助学生形象、具体地理解教学内容。教学用具有以下主要特点。

第一，直观性。直观性是教学用具的首要特点。教学用具的本质在于把教科书上的抽象概念转换到现实世界中，成为可感、可触碰的具体而形象的存在，从而帮助学生感知、理解和记忆知识。教学用具的直观性可以促进学生具体感知能力和抽象思维能力的结合，降低理解抽象概念的难度，提高学生的学习兴趣，调动学生学习的主动性，促进学生有效学习的形成。

第二，操作性。实物类教学用具大多数具有可操作性，可由教师操作，用于课堂演示，也可由学生操作，亲身感受相关教学内容。教学用具所具有的操作性不仅能够培养学生的动手能力、问题解决能力，更能使学生在亲身参与过程中将教学内容充分内化，促成学生的有效学习。

第三，配合性。教学用具本身具有配合教学过程的特性，同时，教学用具在使用过程中也需要有相应的文字媒介、语言媒介、图示媒介等配合。例如，教具的使用说明书、教师在演示教具时进行的讲解说明、教师对学生操作教具进行的指导等。

（三）教学用具与有效学习

教学用具的使用与学生有效学习的效果有着密切关系。对教学用具的恰当使用与开发会促进有效学习的形成，而对教学用具不科学的运用则会对学生的有效学习产生阻碍作用。如何科学地使用教学用具是教学用具这一课程资源能否促进有效学习进程的关键所在。

以《义务教育数学课程标准》为例，其中有“在教学中，教师应当充分利用学生的生活经验，设计生动、有趣、直观、形象的数学教学活动。激发学生的学习兴趣，让学生在生动具体的情境中理解和认识数学知识”[①]的规定。因此，教师在课堂教学中必须以学生的生活经验和教学内容为依据，适当运用教学用具，使教学用具成为沟通学生已有经验和新的教学内容的桥梁，充分发挥其助力学生有效学习的作用。

具体来说，在教具的选用问题上应注意以下几点。

第一，以教科书教学内容为依据。在选用教学用具问题上，要避免求多、求奇的倾向，应当有度、有节地选用切合教学内容，适合学生特征的教学用具。

第二，联系生活实际选用教具。这一点在面对低年级学生时尤为重要，低年级学生的思维以形象思维为主，只有结合他们生活经验过的和已掌握的知识内容选择教具，才能真正发挥出教学用具激发学生兴趣、引导学生学习的功用。例如，在教授《认识立体图形》一课时，可以选择低年级学生熟悉的魔方（正方体）、铅笔盒（长方体）、足球（球体）等物品作为教具，引导学生认识不同立体图形的特征。

第三，积极创设教具使用情境。教学过程中，教师应设置学生熟识或喜爱的教学情境，引导学生主动参与到情境互动中，将教具的运用融合在所创设的生动情境里，为学生更有效地消化教学内容创造条件。例如，可以将教科书中提供的静态情境示意图，在条件允许的情况下转化为课堂中的现实情境，以配合教学用具的有效运用。

第二节　拓展性课程资源

拓展性课程资源是指在学校正规教育的范围外，为学习者的有效学习提供拓展性学习材料支撑的，包括课外阅读资料、课外实践资料和课外体验基地在内的一系列课程资源的总和。对拓展性课程资源的充分利用是推动有效学习更进一阶的关键环节。

---

① 教育部 . 义务教育数学课程标准（2011 年版）[M] . 北京：北京师范大学出版社，2011：6.

拓展性课程资源与基础性课程资源的最大差别在于，基础性课程资源的运用范围多划定在学校正规教育的场景之内，应用于课堂教学中。而拓展性课程资源的应用范围则从学校正规课堂场景扩展至学生的课外生活之中，是学生在教师的指导下，于课外生活中自主、自觉巩固及扩展课堂所学知识的重要支撑性课程资源。

拓展性课程资源的着眼点在于，为巩固或增强有效学习的效果提供可利用的资料、场地、设备、设施、物资等。在有效学习中，对拓展性课程资源的合理开发利用能够最大限度地激发学生的学习热情与兴趣、开阔学生的视野、增加学生的知识储备、提升学生学习的积极性、主动性，发展学生的观察能力、实践能力、创新能力等。

一、课外阅读资料

课外阅读资料是最常见的一种拓展性课程资源。在拓展性课程资源中，它对基础性课程资源的补充作用最为明显。

（一）课外阅读资料的概念及类别

课外阅读资料是除教科书外的，与教学内容关联密切或关联不甚密切的，供学生在学校正规课堂之外做进一步拓展学习的阅读性学习材料。课外阅读资料在有效学习中常起到开阔学生视野、增加学生知识储备、唤起学生学习动机与学习热情的作用，是有效学习不可或缺的课程资源。

从课外阅读资料的载体及存在状态划分，有纸质课外阅读资料（实体课外阅读资料）和电子课外阅读资料（虚拟课外阅读资料）两种。常见的纸质课外阅读资料的载体有书籍、报纸、杂志、文献、招贴画等；常见的电子课外阅读资料的载体则常为电子阅读器、电子计算机、互联网等。获取纸质课外阅读资料的场所包括学校及社区的图书馆、阅览室、宣传栏等；获取电子课外阅读资料的途径则主要是互联网，包括网络上的博客、论坛、新闻网站、微博、专业网站等。

（二）课外阅读资料的定位及意义

《义务教育语文课程标准（2011 年版）》中明确指出“培养学生广泛的阅读兴趣，扩大阅读面，增加阅读量，提倡少做题，多读书，读好书，读整本的书”[①] 的课外阅读要求。同时，新课标也分别对小学低、中、高各年

① 教育部．义务教育数学课程标准（2011 年版）[M]．北京：北京师范大学出版社，2011：23.

段提出了不少于5万字、40万字、100万字不等的课外阅读总量要求，规定了义务教育阶段学生总的阅读量要达到400万字。新课标在课外阅读方面的明确要求奠定了课外阅读资料在有效学习中的重要地位。指明了课外阅读资料相对于教科书等课内阅读资料的不可替代性和必要性，具有主体教学内容无法替代的助理有效学习的功能与价值。

课外阅读资料的合理运用在有效学习中有着重要意义。

首先，对课外阅读资料的学习能够陶冶学生的情操，养成其健康的心理和健全的人格。法国科学家笛卡儿说："读一本好书，就是与许多品德高尚之人的谈话。"英国的威·沃克说："只要读书用心，人的举止自然会渐渐优雅起来。"高品质的课外阅读资料能够帮助学生体会心灵的幸福、道德的真谛，使学生具有宽广的胸襟和崇高的情怀，养成其完整、健全的人格与精神。

其次，对课外阅读资料的学习能够增加学生的知识储备、开阔学生的视野。通过对课外阅读资料的阅读储备下来的知识往往都是学生感兴趣的、自身有所思索的知识，容易被学生主体充分内化，成为学生主体可以融会贯通的有效知识储备。而这种有效知识储备则是学生日后不断进行有效学习的坚实知识基础。此外，知识储备的不断积累最终将导致学生主体形成自身的文化积淀，形成自身完善的知识体系和学科背景。

最后，对课外阅读资料的学习能够促进学生智力与思维的发展。对课外资料的大量阅读使学生潜移默化中夯实了日后学习所必备的智力基础、情感基础、审美基础，发展了学生的独立思考能力、归纳分析能力、综合总结能力等。苏霍姆林斯基在《给教师的一百条建议》中总结到，当学生的学习越困难时，其脑力活动面对的困难也越多，学生便越加需要阅读，与感光力弱的胶卷需要更长的感光时间同样的原理，成绩落后的学生，其智力也需要得到更长时间、更明亮的科学知识之光的照耀。而这种科学知识之光则是"阅读、阅读、再阅读"。

（三）课外阅读资料与有效学习

课外阅读资料对有效学习的支撑和促进必须通过教师的行为来发挥作用。

教师首先要转变自身对课外阅读资料等拓展性课程资源的偏见。改变诸如认为"'阅读材料'不属于考试内容，怎么上都不会影响教学质量，因此他们认为只要学生课后看看就可以了，根本没有必要引导学生研究、探讨和交流”[①]的认识，改变因“教科书或一些复习资料中有相关习题，在一些考试或竞赛中也会考查这些知识”[②]才“重视”课外阅读资料的现状。

此外，教师还要在根据教学实际恰当选用课外阅读资料的基础上，加强对学生的引导。如在教《冬阳·童年·骆驼队》一文时，教师可在课前指引学生研读作者生平、逸事及相关作品，了解作者林海音的个人背景、经历，对其《城南旧事》一书做课外阅读学习，并在课后组织学生交流讨论《城南旧事》中的相关内容等。

教师不仅要引导学生选择适宜的课外阅读资料，更要指导学生逐步建立起“学会阅读学习”的能力。其中包括以发展基础阅读能力，如识字、掌握词汇及阅读技巧等为目的的发展性阅读，以及以获取信息为基本目的的功能性阅读。其中以学会检索、学会提问、学会讨论、学会验证四大板块为核心的功能性阅读是在现如今的阅读时代中需要着重发展的阅读能力。

二、课外实践资料

课外实践资料是在动态环境下，学生在以动态的思维方式与行为方式去发现、组合、创造动态信息，从而理解知识、发现规律的动态学习过程中常用到的拓展性课程资源。

（一）课外实践资料的概念

课外实践资料是指能够为学生提供在学校正规教育之外的学习活动中可利用的素材、资料、设备、设施、场地等的一系列物资。运用于有效学习中的课外实践资料一般具有课外性、自主性、灵活性、可操作性和可互动性等特征。

（二）课外实践资料的类别

按照课外实践资料的存在场所，可将课外实践资料划分为校内课外实践资料和校外课外实践资料。其中，校外课外实践资料又分为自然课外实践资料、社区课外实践资料和人文课外实践资料三大类。

校内课外实践资料主要包括学校中的实验室、专用教室、为学生提供的如科技角、英语角等各类场地，以及学校在课外组织开展的各项文体、科技、创新活动，如演讲会、辩论会、研讨会、影剧表演等。

校外课外实践资料中的自然课外实践资料则包括自然景观、地势地貌、

① 孔凡哲，马云鹏．论数学课程实施中的课程资源［J］．数学教育学报，2004，13（2）：27-29.

② 徐永忠．“阅读材料”教学现状分析与建议［J］．数学通报，2004，（4）：13-14.

植物资源、动物资源、气候资源等。自然环境中的山川河流、飞鸟游鱼、四季更替等都是天然的可运用于有效学习中的拓展性课程资源。

校外课外实践资料中的社区课外实践资料种类繁多，内容丰富，具有极高的开发利用价值。主要包括社区中的各种资源和设施，有社区中的博物馆、科技馆、展览馆、纪念馆等社区文化设施；有气象站、水文站、地震站、科研院所等社区服务设施；有工厂、农村、部队等社区小环境；有道路、雕塑、音乐等社区硬件设施及软件环境；社区的组成单位，家庭，也是学生有效学习中不可忽视的对学生产生重大影响的课外实践资料；此外，社区中的一系列包括政治军事、科技、外交等在内的人类交往活动也是可善加利用的课外实践资料；社区中居民的生活价值观、居民的信仰、伦理、风俗习惯等都是可以深入学习研究的课外实践资料。社区课外实践资料集整个社会中各种可用于有效学习的物资和条件于一身，自带有效学习所需的宏观系统条件和微观资源条件，是优质的拓展性课程资源。

校外课外实践资料中的人文课外实践资料则主要包括各地的风土人情、风俗习惯、历史渊源、民族传统、民间传说等。如各地的婚丧嫁娶风俗和仪式、各具特色的节日活动、祭祀活动、宗教信仰、饮食文化习惯等。

（三）课外实践资料与有效学习

课外实践资料对有效学习作用的发挥必须依赖于课外实践学习活动的开展。课外实践学习活动可以是学生自觉发起的，也可以是借由教师指导、指引的。课外实践活动的开展与课外实践资料的运用是对“从做中学”“生活即教育”“自然教育论”“教学做合一”等教育理论的践行与实现。

不同的课外实践资料可以根据学生发展的需要、学生所具有的特点等进行灵活组合加以合理利用。中小学生具有好奇心强、活泼好动、喜欢探索等特点，则适合为他们选用可操作性强、形象性强、具有新奇性质的课外实践资料。

同时，巧妙利用课外实践资料，使其与相关课程产生关联，是更好地发挥课外功效的关键所在。如在学习生物相关知识时，可带领学生了解身边的动植物资源、微生物资源、探索周边的生物链、生物圈等；在学习地理知识时，可带领学生了解学校周围或社区中的地形、地势地貌，在季节更替、气候变迁、天气变化时指导学生学习其背后的原理等。

除此之外，在利用课外实践资料组织学习的过程中要注意考虑不同地区学生间的差异性。如城乡之间就具有不同的文化生态，生活在城市的学生对于商业、工业、快节奏的生活、激烈的社会竞争、喧嚣的生活环境更为熟悉，而生活在乡村的学生则对春种秋收、广袤农田、农业生产、家禽家畜、蔬菜植被、慢节奏的生活、宁静的乡村更为熟悉。在选用课外实践资料时一定要配合具有不同文化背景的学生的不同特质，这样才能在有效学习中取得事半功倍的效果。

在德育课程的教学之余，带领学生进入当地的养老院、医院开展爱老敬老活动和爱心助残活动；在开设安全教育课程和进行普法教育时带领学生去当地的派出所、法院等地亲身感受法律、法规的运作；在讲解选举权与被选举权时，组织学生观摩、感受村民选举；在进行环境保护教育的同时，走进当地工厂与农场进行实地观察、体验等都是合理选用课外实践资料来辅助学生有效学习的范例。

三、课外体验基地

课外体验基地是拓展性课程资源中最富有系统性和组织性的一种，对学生有效学习的顺利开展有着极大的助力作用。

（一）课外体验基地的概念、理论基础及作用

课外体验基地，又称为“课外活动基地”或“课外实践基地”，指在学校正规教育的范围外，为青少年在一定时段内有计划、有组织地，以亲身参与、亲身感受的方式开展模拟性的体验类活动提供固定的场地、设备、设施、器材等所需物资的固定场所。以课外体验基地为依托开展的有效学习往往具有情境性、参与性、互动性、趣味性等特征。

课外体验基地的理论基础在于人的全面发展学说和体验教育理论。人的全面发展学说旨在达到让每一个个体依据自身的潜力和愿望不断发展，最终达成自我实现的目标，这就要求为学生提供存在于学校正规教育之外的课外体验基地，以发展学生的课外实践能力、参与合作能力、探索创新能力等。体验教育理论则认为，学生的有效学习必然要经历学习做人做事的基本道理，并转化为行为习惯的过程，强调个体的亲身经历以及自我认识，重视人与人之间的理解与相互合作，鼓励学生在亲自参与活动的过程中进行体验和感悟，亲自发现问题、解决问题、分享经验，最后达到态度与行为、情感与道德的升华。正如卢梭教导爱弥儿从游戏、种植劳动、木工等活动中学习必备的生存技能，斐斯帕齐强调“生活会造就人”，杜威说“与学校课程相关的真正中心，不是科学、不是历史、不是文学，而是儿童本身的

社会活动”一样，课外体验基地在有效学习中的存在与推广有其相应的理论基础和其必然性。

课外体验基地在有效学习中通常能够起到补充课堂教学知识的不足、提供多样化可选择的课程资源、培养学生的探究能力与创新能力、提高学生的综合能力、团队协作能力、发展学生的观察能力、想象能力、独立思考能力、动手能力、解决问题能力、养成学生优良的综合素养的作用。此外，还有利于培养学生热爱劳动、吃苦耐劳、艰苦朴素的优良品质，为学生日后的可持续发展奠定坚实的基础。

（二）课外体验基地的类别

课外体验基地中可供学生进行体验学习的课外体验项目多种多样。

常见的有定向越野、野外露营、野外生存类课外体验基地，包括为学生提供体验亲自搭建帐篷、生火做饭、急救处理、接触野外物种、亲自观察学习自然知识、体能类拓展训练等机会。

职业模拟体验基地，通常为学生提供各式各样的职业角色体验机会，设立诸如政法军警、金融贸易、文化传媒、公共管理等多种职业体验角色，较典型的如哈尔滨的一家名为“泰姆凯迪少儿职业体验馆”的课外体验基地，其模拟职业体验场馆建筑规模近 1 万平方米，供 4 ~ 15 岁的少年儿童进行社会生活体验学习活动。

休闲农业体验基地，主要是利用自然生态景观、乡土人文景观、农业景观和休闲农庄提供农业体验机会，让学生在自主实践活动中体验农业生产，了解农作流程，感受农民生活，体味乡土情趣，同时渗透一定的亲子教育内容、素质教育内容、环保教育内容、感恩教育内容等。例如，可以设置如“体验农耕文化与乡土民俗”“体验自然生态与乡村风貌”等不同的课外体验主题，以充分发掘课外体验基地对有效学习的助力作用。

除以上类型的实践基地外，还有阅读实践基地、国防教育实践基地、环保实践基地等专业化的课外体验基地，通过营造人与自然对话、人与人情感沟通的氛围，为学生的有效学习创设生动、可触摸的情境。

（三）课外体验基地与有效学习

虽然课外体验基地在实际应用过程中仍存在诸多需要完善之处，但课外体验基地在促进有效学习方面的作用不容忽视，教师应引导学生转变对课外体验基地价值认识不足的现状，组织并鼓励学生在学习生活中充分利用相应的课外体验基地，巩固有效学习的成果，推动学生有效学习的达成。

以地理课外体验基地为例，简要说明课外体验基地在有效学习中的运用问题。《地理新课程标准》中专门提出，要“倡导自主学习、合作学习和探究学习，开展地理观测、地理考察、地理实验、地理调查和地理专题研究等实践活动”①，这一重要理念要求师生利用地理课外体验基地开展一系列的地理课外实践活动。

要在有效学习的过程中充分利用不同类型的校内及校外的地理体验基地，如校内的地理气象站、地理园、地理专用教室等；校外的自然地理体验基地、人文地理体验基地、地质、水文、生物、商业、人口、农业等专项体验基地、综合体验基地等。

结合有效学习的进展程度充分利用能够进行流水实验、风力实验、热力环流实验、水土流失实验的地理实验基地；能够进行气象观测、月相观测、星座观测、水文观测等的地理观测基地；能够进行野外地理考察的，如缙云山自然地理考察基地、云南喀斯特考察基地等地理考察基地；以及相关联的地理调查基地、地理专题研究基地等。

总的来说，地理体验基地是学生体验知识、感悟地理、开阔眼界、培养意志、提高能力、沟通理论教学与客观实际，以推动有效学习的重要课程资源，在当今的时代背景和教育发展要求下具有非常重要的价值和意义。

【案例辨析】

2015 年 6 月 28 ～ 29 日，全国小学拓展性课程建设研讨会在北京召开，“校长沙龙”是本次研讨会的一大亮点，参与沙龙对话的三位校长就拓展性课程的价值、拓展性课程与基础性课程的关系、拓展性课程的开发进行了深入剖析。

江苏省教育科学研究院研究员，教育部中小学教材审查委员会委员成尚荣指出，拓展性课程有许多内容，也有许多途径。中国教育科学研究院院长田慧生指出，拓展性课程必须做好顶层设计，同时要落实立德树人的根本任务；拓展性课程不能只做加法，只有实现整合之后，才能使课程发挥积极作用。

北京师范大学教授郭华的报告深刻易懂。她认为基础性课程具有共同性、普遍性、生发性、起始性等特征，而拓展性课程则集中了所有课程的共同特征。“越是基础性课程越具有拓展性”这个观点很重要。关于课程

---

① 教育部 . 义务教育地理课程标准（2011 年版）［M］. 北京：人民教育出版社，2011：21.

的满与留白，郭华说，要从留白的课程中发现新的价值，拓展性课程绝不是装饰，不要为了美丽而忘记本质。

3位校长对此怎么看?

刘飞：今天的几个报告给了我很大启发，也促使我一直在思考“为什么要做拓展性课程”这个问题。我想主要有以下几个原因。第一，自主。我们的孩子缺少真正的自主，甚至连自主举手的权利都没有，教师决定了让不让学生举手，或者举了之后让不让这个学生发言。所以我们要呼唤一种没有牵制的自主，无论是基础性课程还是拓展性课程，都应该努力做到这一点。第二，选择。我们的孩子没有自主选择的权利。现在，各学校都开发了许多拓展性课程，但是这些拓展性课程到底有没有给予孩子一种高品质的选择，到底值不值得孩子选择?第三，着眼于给孩子完整的生活。北京中考刚刚结束，其中有一道题给大家的启发非常大。题目要求学生结合生活实际判断一下，一个鸡蛋重500克，普通的卧室门高3米，教室的灯管长2米，国歌时长50秒，以上说法哪个正确?结果我身边有相当数量的孩子都把这道题答错了，然而回家以后，没有接受过相关教育的老人却能脱口而出正确答案。所以，无论是基础性课程，还是拓展性课程，一定要给孩子一个完整的生活。

满小螺：我想谈一谈自己对郭华教授提到的“给课程留白”的理解。10年前，各学校都在大力推进特色文化建设，我看到许多学校搞得墙上地上都是各种各样的展示，当时我就想到一句话，“金刚怒目，不如菩萨低眉”。所以，我很赞同郭华教授所说的，留白就是给学生、教师创造自主发展的空间。因此，我在做校本课程建设的时候，就特别注重这一点。举个例子，在校本课程的开发上，许多学校常常以多取胜，有些学校的校本课程数量甚至高达上百门，这有点不靠谱。我们学校是抓住每个学科最重要的一两项特色，然后对其进行拓展和研发。我的一个观点是，开发校本课程也可以“以少取胜”，抓住学科中最关键的部分进行课程建设。比如，语文就抓阅读和演讲，数学就做理财等。拓展性课程首先要体现国家意志，因为拓展性课程也是课程，应该服从国家课程的基本原则和方向。其独特的价值就是充分发挥教师优势，尽可能地符合教师的特点和学生的特点。

李明新：在现实层面，学校课程就是学校智慧的体现。不管课程理念是什么，也不管学校设定了怎样的办学目标，我们最终都要回归学校。因此，在课程建设时必须从学校的办学条件、师资配备、学生实际，甚至学校经费等方面出发。刚才谈到的一些问题也许不能很快得到解决，但是要通过学校的智慧，用一种独特的思维方式对这些问题进行巧妙处理，然后在现有的情况下，生发学校课程。从这一点来讲，学校必须想清楚我们的课程建设是为了什么，具体应该怎么做。最后是我们的学校怎样才能把课程建设做得更好。

成尚荣：这 3 位校长所在的学校在拓展性课程方面都做了很好的实践，下面请 3 位校长介绍一下自己学校最得意的一门拓展性课程。

刘飞：介绍一门最得意的拓展性课程对我来说有点难度，因为我认为校本课程并不是开得越多越好，而一定是要向学校的课程体系发展。从学校的整体建构来说，芳草地作为国际学校，国际化必然是学校的神圣使命，所以就拓展性课程来说，我们构建了这样一个课程体系，其中包括“我爱芳草地”“可爱的故乡”“美丽的中国”“多彩的世界”“我想去那里”和“唯一的地球”6 个课程主题。我认为，学校把原来的一些零散的校本课程纳入这 6 个主题之后，不仅推进了学校整体的主题式教学，也实现了学科之间的穿越，为孩子提供了一个完整全面的学校生活。

满小螺：我们学校叫行知小学，行知的主要概念一个是爱，一个是行动。所以从办学之初，我们就提出了“每日三问”，第一问：学生在学校是不是第一位的；第二问：是不是所有学生都享受到了我们的教育资源；第三问：现在的办学对于孩子未来的成长，以及未来生活的创造是不是正相关。我们学校一共有 12 门拓展性课程，其中一门是将数学中的理财部分拿出来进行放大。理财能力是一个人在经济社会中的必备能力，现在的国家课程没有涉及相关能力的培养，那么我们就将其放大和延伸，以弥补这一课程空白。于是，我们就开发了这样一门以理财能力培养为目标的课程，根据每个学期每个年级的实际情况，设计一个课程基本框架。除了每个学期举办理财节，学校还开设了理财基地。每天下午 4 点～5 点，学校开辟一个小市场，让学生各自摆摊，开展售卖活动，并成立理财基金会，把这些收入集中起来，帮助有困难的同学和教师，让理财找到方向，实现个人价值。

李明新：我来介绍一下北京小学的四季课程。在该课程的具体操作方面，我总共说三句话。第一句，不改学制，改学程。我们没有权力更改学制，但是可以改变学生学习的进程。按照生命的节奏划分，四季课程包括两个月的学科学习和一周的综合实践活动，即“2–1–2–1”课程模式。第二句，不改总量，改课时。学校不能突破国家的课时总量，不能增加学生的负担，但是可以调整单个课时。因此，我们在控制课时总量的同时，灵活地调整课时，把 40 分钟一课时变成 35 分钟或 30 分钟一课时，从而实现整体上的全盘考虑。第三句，不做加法，做整合。不做加法就是不增加课时，不简单增设课程类别；做整合首先是课程之间的整合，然后是不同学科教师的整合。四季课程是将国家安排的一节综合实践活动课进行整合，因为这门课只有纲要没有成型的教材，师资方面也存在一定缺陷。所以，我们就按照春、夏、秋、冬进行划分，把这些课时与校本课程整合起来，按秋、冬、春、夏分别设立“科技创意周”“传统文化周”“律动健身周”和“读书实践周”；不同年级也有不同的主题，比如，科技创意课程并不仅仅只是搞科技，它是以科技为核心，同时涉及语言、手工等多个领域的学习。同一年级组的 20 多个教师根据所在学科，组成课程研发团队，在课程纲要和相关专家的指导下，共同研发课程。

（资料来源：中国教育新闻报－中国教师报 www.jyb.cn 2015年7月8日）

请结合以上案例和本章内容辨析以下问题。

1. 上述案例中校长对拓展性课程资源的观点对你有什么启示？你将如何指导学生合理选择促进有效学习的拓展性课程资源？

2. 你将如何处理有效学习中基础性课程资源与拓展性课程资源的配比问题？

【思考与讨论】

1. 如何引导学生合理地选择有效学习的课程资源？

2. 如何处理有效学习中基础性课程资源与拓展性课程资源的配比问题？

【资料链接】

［1］高慎英，刘良华．有效教学论［M］．广州：广东教育出版社，2004.

［2］余文森，吴刚平，刘良华．关注资源、学科与课堂的统整［M］．上海：华东师范大学出版社，2005.

［3］王世伟．论教师使用教科书的原则：基于教学关系的思考［J］．课程·教材·教法，2008，28（5）．

［4］刘良驹．课外阅读的必要性及其重要意义［EB/OL］．http：//www.jxteacher.com/360826000003210010/column72454/195b4a76-aebb-4692-94e6-bfc73ee046aa.html/2014-4-21.

［5］泉州晚报．泉州市未成年人课外阅读实践基地正式揭牌［EB/OL］．http：//news.hexun.com/2015-09-28/179525363.html/2015-09-28.

第六章

有效学习的组织策略

【内容提要】

有效学习的组织策略包括课前的预设性策略、课中的建构性策略以及课后的拓展性策略。其中各科都有具体的课前预习、课中建构和课后拓展策略。有效学习的各阶段组织策略环环相扣，课前、课中、课后实施的策略是进行有效学习的关键。

【思维导图】

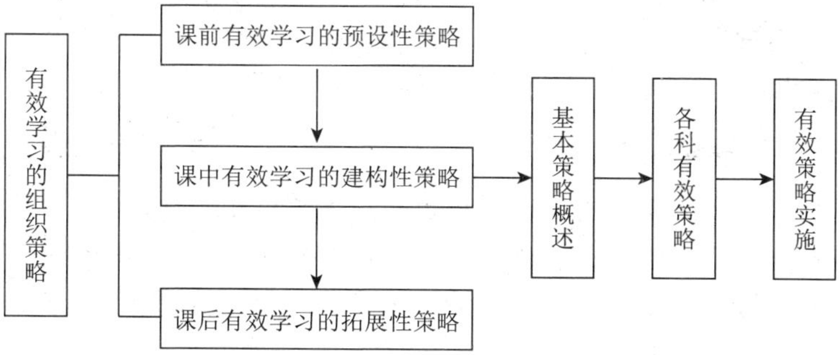

第一节　课前有效学习的预设性策略

一、基本策略概述

课堂教学预设是教师为将要进行的课堂教学行为、教学过程的总体设想和具体的实施方案，它是一个系统性活动，周密的课堂教学预设可以取得一个好的教学效果。①

以下介绍四种课前预习方法：②

（一）阅读教材法

阅读教材法指的是通过阅读教材，了解、理解和掌握新知识。

可按照以下五步进行阅读：

1. 通读教材

阅读教材，可适当做笔记，边读边找出重难点和疑点。

① 王德军，等 . 有效教学 和谐课堂——初中数学［M］. 北京：光明日报出版社，2008：72.

② 龙赞，王建华 . 有效学习的 16 个策略［M］. 长沙：湖南教育出版社，2003：106-108.

2. 清除疑惑

辅助参考书清除困惑问题。

3. 分析问题

分析不懂的问题，对遗忘的旧知识要及时补救，记录好经思考分析后仍未明白的问题，到上课时认真听老师讲解。

4. 思考问题

阅读完后，围绕预习任务思考问题，如教材的主要内容是什么，哪些是重点知识，与新知识相关的旧知识有哪些，还有哪些问题未明白等。

5. 检查效果

如果时间允许试做相关练习题，检查预习效果。

（二）问题导向法

问题导向方法的运用要求将习题和阅读教材相结合，预习要求从新课练习开始，在教材中寻找直接的或者内隐的问题答案。如我们在预习数学七年级上册第一章有理数 1.1 正数和负数时，就可以从练习开始：

读下列各数，并指出其中哪些是正数，哪些是负数：

-1，2.5，$+\frac{4}{3}$，0，-3.14，120，-1.732，$-\frac{2}{7}$

我们看到这个练习时，会问自己：什么是“正数”？什么是“负数”？带着这两个问题阅读课本，明确正、负数的定义，“大于 0 的数叫作正数”，“在正数前加上符号‘-’（负）的数叫作负数”。通过阅读教材，知道了正、负数的定义，再做练习。这种方法就是问题导向法。

（三）课题剖析法

课题剖析法指的是首先通过剖析课题名称的含义，明晰认识课题名称，然后阅读课文，找出与课题名称相关的知识内容，认真阅读，找出重难点和不懂的地方，最后按课文内容顺序罗列预习提纲。上课时与老师的上课板书对比并不断改进预习方法。

例如，我们在预习课文《在烈日和暴雨下》时，从课题入手，首先分析课题“在烈日和暴雨下”这个短语，“烈日”和“暴雨”是两个典型的环境，是谁在这个环境下干什么事呢？通过阅读课文得知是祥子在烈日和暴雨下拉车，课题是点明祥子拉车的两种恶劣环境。然后依据课题，再阅读课文，列出阅读提纲。即课文分为两部分，一部分是写祥子在酷热的天气中拉车所受的煎熬；第二部分是写祥子在狂风暴雨中拉车所受的痛苦折磨。从而把握了课文的主要内容及中心，课文通过描写祥子在烈日和暴雨下“拼命”拉车饱受折磨的情境，反映了旧社会人力车夫的悲惨命运。课文突出了自然环境及恶劣社会环境，表明了旧中国城市贫民生活的痛苦不堪的状况。

（四）探究尝试法

探究尝试法适合基础扎实、思维灵活、学有余力的学生。主要是根据自身已有的知识经验和思维方式，推导和研究新知的结论和问题，形成新知识的结论或是独到的见解。

二、各学科课前有效预习策略

预习不应仅仅定位在学生的课前自学新知识，而应是学生在新课学习前独立进行准备的学习，是学生的一种自主学习形式。预习可激发学生学习的欲望，有效的预习有助于学生归纳和整理知识，使学生带着问题在课堂上进行交流与讨论，课前预习既可以为我们的学习赢得时间也可以为我们在听课过程中形成一个良好的听课思路，此外，预习有益于巩固所学的知识。预习时不能千篇一律，不同的学科要采取不同的预习方法，抓住不同的要点。比如，语文预习重点放在排除生字、生词、中心思想和写作风格上；预习数学时要把重点放在数学的定理、定律、公式、概念和原理上等。

以下将对不同学科相应的有效预习策略进行详细的呈现：

（一）语文学科课前有效预习策略

我们在语文学习的过程中要进行深刻的挖掘，相应地，在课前预习时也要按照相应的要求尽量做到全方位而且有深度，以下是语文预习的一般步骤：①

一看：就是看课文前的预习提示或自读提示，看课文，看注释，看课后的“思考与练习”“单元知识和训练”。在此之后，我们对课文和单元知识可以有一个全面的了解。

二查：就是查工具书。要求弄清字音字形，弄清词或句子的含义，扫清文字障碍。这“看”和“查”是课前自学最基本的要求。

三思：就是思考。这一步要求我们依据一些提示、课文内容、相关练习题等内容进行思考。例如，提示的内容是否明白了，课文的主旨、段落的划分、段意的归纳、句子的理解等能否解决，课后的相关练习能否顺利完成。

① 龙赞，王建华．有效学习的16个策略［M］．长沙：湖南教育出版社，2003：147-148.

对基础知识扎实、自学习惯好、自学能力强、有钻研精神的学生，在“思考”方面可适当提高要求。

四批：就是在不懂的地方标上符号。如，不懂之处用“？”，重点之处用“▲”等符号。

五记：就是记笔记，在看、查、思、批的四个环节中做好笔记。如预习《社戏》一文，看预习提示时，可把与作者相关的内容按作家姓名、出生时间、出生地点、对作家的评价、选自哪部作品归纳如下：

名：鲁迅；时：1881—1936；地：浙江绍兴；评：文学家、思想家、革命家；作：《鲁迅全集》。

课堂上，把自己的练习笔记与老师的讲解对照着学，就会取得最佳的学习效果。

（二）数学学科课前有效预习策略

数学学科的预习，不仅应该从让学生知道“学什么”“怎样学”入手，更要引导学生追问教材的相关内容，并带着这些“似是而非”的问题参与到课堂中。问题总是教学过程或学习的出发点。有问题，学习才得以真正进行。在学生预习的过程中，新旧知识要发生认知上的冲突，或多或少要遇到问题，而困惑疑问正是促使学生主动学习的内驱力。[①]

教师可以从以下三个方面对学生的课前预习做出指导：[②]

1. 重视预习方法的指导

教师教给学生一些预习方法以达到预习的目的。对于概念性的数学知识，可让学生通读所学内容，与此同时，圈出知识要点，了解主要内容。对于探索性的数学知识，要求学生侧重动手实践，可通过实践，感知知识间的相关性，可设计一些有针对性的预习题布置给学生进行预习。

2. 重视预习效果的检查

当前的预习检查，往往站在预习的“零起点”，老师“引”着学生把学案涉及的内容再逐一进行“拉网式”的检查，等于在课堂上“热学生预习的剩饭”学生感兴趣的是新奇事物，类似这样单调的重复，不仅学生“学”之无味，而且耗时低效，“预习成就高效课堂”也变成了一句大白话。预习检查应是对预习知识点的巩固，而不是预习的重复。检查内容应是源于学案而又高其一个层级的训练，应是将预习所获取的知识创造性地进行

---

① 曾小妍，等．新课堂有效学习策略研究［M］．上海：上海社会科学院出版社，2013：115.

② 葛亚银．初中数学课前预习策略［J］．学术研究，2011（9）.

理解、运用、实践的过程，也是形成学生能力的过程。

3. 重视培养预习的习惯

无论是教师的角度还是学生的角度，良好预习习惯的养成是最高层次的基本要求。预习过程中，教师应注意预习难度和学生的学习实际相符合，要有适度的难易，先扶后放、循序渐进地培养措施应建议被采用，使学生预习的能力逐步提高，学生预习的欲望被激发；学生自身也要善于向老师提出自己的困惑，在不断修改中做到更优秀，从而养成预习的好习惯。

（三）英语学科课前有效预习策略

英语是文科中较为典型的一门学科，课前预习能使学生在课堂的学习中更轻松地接受新知识，回顾旧知识，从而提高老师的教学质量和学生的学习效率。英语课前预习主要可以从以下几个方面进行。①

1. 巧设预习的任务，调动学生预习的兴趣

在教学实践中，教师要有意识、有目的、有计划地布置一些英语课前预习任务，并保证任务的设计既能调动学生的学习积极性，又具有一定的学习价值。

2. 引导学生用好字典

英语作为一门语言学习的学科，词汇的学习是其关键。因此，在高中英语学习中，想要逐渐提高学生的英语语言运用能力，首先需帮助其积累足够的英语词汇。因此，在学生进行课前预习的同时，教师可适当要求学生对文本中不熟悉的词汇进行标注。

3. 引导学生做预习笔记

进行预习，学生会遇到旧知识和不明白的新知识。因此，对于新知识，学生同样记录下来，便于在课堂中提出，带着目的去学习；对于旧知识，教师可引导学生将其系统记录下来，便于后期复习。

实践证明，高中生通过强化预习行为可提高其自学能力。通过预习方法的指导，可重新认识预习的定义，不再是简单的看书与做题，而是能在预习中主动搜集已有的知识经验来分析新知识，从而提高主动学习、提出问题和分析问题的能力，提高课堂效率，进而提高学习效率。

---

① 邹玉梅，罗亮．高效英语课堂课前预习优化策略［J］．成才之路，2014（10）．

三、预设性策略的实施

有效的课堂教学预设直接影响着课堂教学的效果。首先，多维度的备课就是有效的课堂教学预设的一个重要的环节。以下是教师多维备课思维示意图（见图 6–1）。①

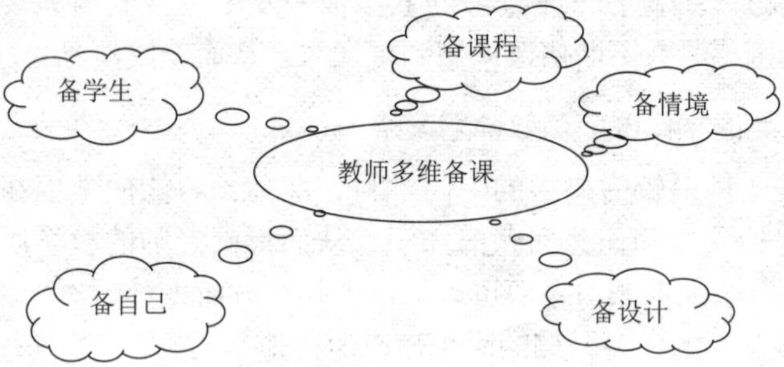

图 6-1　教师多维备课思维示意图

（一）备学生

新课程课堂中的主体是学生，以学生的实际状态为有效教学的出发点。每一位学生都有其特殊的年龄特征和复杂的心理需要。只有很好地备学生，才能更有效地引导和组织学生进行课堂活动；教师只有充分了解学生，全面掌握学生的需求，才能做出符合学生发展的教学设计。

（二）备课程

备课程，就是整合课程资源。一般通过三个步骤来实现课程资源的有效整合：筛选与选择有效课程资源；开发课程资源与研究课程资源；优化课程资源和设计课程资源。具体地通过以下几个方面进行课程的准备。

1. 备教学目标

课程资源的优化，首先，教学目标的整体优化，做到知识、能力、情感与思想的和谐统一；其次，教学内容的整体优化，使知识更加系统化、简洁化；最后，教学意义整体优化，使课程的真实意义得到升华，便于学生进行完整意义建构。通过课程资源开发，教材及教学任务已经被确定下来，接下来就是制定目标，制定教学目标是课堂教学设计的关键一步，是顺利

① 韩立福 . 新课程有效课堂教学行动策略［M］. 北京：首都师范大学出版社，2006：32.

完成教学任务所要达到的要求和标准，是教学活动的出发点。

2. 备教学的内容

教师要依据教学目标和学生的实际情况处理教材，通过浓缩、调整、选择教材内容，降低教材难度，从而有效地整合学科内容，使得教学内容趋于合理，凸显教材的教育功能性。精心设计教学内容是教师教好学科内容的前提和基础，也是教师大展手脚、张扬个性的好机会。

3. 备教具

从不同的角度分析教育归属于不同的范畴，单纯地从课程资源开发的角度来讲，教具属于课程开发范畴。使用教具可辅助课堂教学，使教学内容更生动形象地呈现给学生，既有助于学生理解基础知识，又有助于带动学生参与课堂学习，最终提高课堂学习效率。

4. 备教材分析

教材分析是教师备课过程中必不可少的一个环节。在全面了解课程内容的要求下，教师要深度分析教学特征、知识构架、技能要求等各个方面；综合教学目标、教学内容、课程意义等各项指标的分析结果，进行再次的挖掘与发现；对文本内容的教学提出科学性分析，针对学生的学习需要，具体提出指导性意见。

（三）备情境

新课程强调改变课程过于注重知识传授的倾向，强调形成积极主动的学习态度，关注学生的学习兴趣和经验，实施开放式教学，让学生主动参与学习活动，并引导学生在课堂教学上感悟知识的生成、发展和变化。营造教学情境是实施新课程有效课堂教学的有效方式，如何营造一个宽松、和谐、民主、自由的教学情境，提高教学效率，对于我们长期从事应试教育的教师来说，是一次严峻的挑战。在课堂教学中创设什么样的教学情境，教师在教学设计中要事先做好规划和设计。

在教学设计中，教师要根据不同的课程内容、教学对象来选择和创设不同的教学情境，通过创设不同的教学情境，激发学生学习的兴趣，使“苦学”变成“乐学”，从而调动学生的学习主动性和积极性，提高教学效益。

（四）备自己

新课程强调教师的自我反思，要充分认识自己。反思是教师以自己的基本素质、职业活动为思考对象，对自己教学工作中的行为以及由此产生的结果进行审视和分析的过程。教师反思，指的是教学前的教学设计中教师如何反思和设计自己。教师通过自我反思和认识过程，使自己的潜能得到最大限度的发挥，优势得到充分体现，使自己的弱点和错误减少到最低点，以最佳的心态和形象投入教学中，从而全面提高教学效益和质量。

（五）备设计

新课程理念下的教学设计有怎样的步骤呢？首先，要清醒地认识到我国教学体制、课程结构、课程设置、评价制度等，在新课程理念指导下进行教学设计；其次，全面体现新课程教学理念和指导思想；再次，针对传统教学设计中存在的种种问题，进行有针对性的改进；最后，明确教学设计的目的，“一切为了促进学生的全面发展”，最终实现优化新课程教学过程、提高新课程有效教学效益、培养新课程目标所期望的全面发展的创新性人才的目的。

为体现新课程教学设计的结构，主要从以下三个方面进行教学设计：一是在教学对象上进行“教”与“学”的设计；二是在教学过程中包含课前准备、课中呈现、课后拓展等环节的设计；三是在设计内容上进行关键要素设计。

第二节　课中有效学习的建构性策略

一、基本策略概述

新课程有效课堂教学实施过程是围绕着学生的主动学习而展开的，教学活动在于创设问题情境，随着问题的呈现，教师和学生进入一种多元化对话系统，在教师的不断刺激、适时指导和正确评价中，使预设问题不断得到解决，继而使在新的问题情境下生成的问题也不断得到解决，从而把课堂教学推向高潮。如果问题还没有得到解决，可以使教师和学生带着问题走出教室，在课后拓展延伸中去进一步解决。由此，建构符合新课程理念的有效教学课堂的基本要素包括问题呈现、对话交流、情境刺激、科学指导、全面评价等。①

① 韩立福.新课程有效课堂教学行动策略［M］.北京：首都师范大学出版社，2006：104.

二、各学科课中有效建构策略

（一）语文学科课中有效建构性策略

语文学科课堂有效学习策略可具体从以下几个方面进行。[①]

1. 导入课文策略

语文阅读教学的导语，教师应根据课文特点和学生的认知水平，设计适合的方法，引领学生“登文入境”。具体地说便是创设良好的学习氛围，促使学生以浓厚的兴趣、强烈的欲望进入课文的学习之中，这样才能有效。具体地说，一为时间长短恰当。新课的导入的时间应该是“短平快”。二为内容选择合适。语文阅读教学“导入”的切入口，可谓“仁者见仁，智者见智”，我们要寻求最接近学生的发展区的，最易于被学生接受，最快激发学生学习热情的导入口。

根据不同的课文我们要有不同的导入。对于内容比较久远的课文，可选择主人公或课文事件、元素，用聊天的方式导入；情节比较惊险的课文，可创设与课文内容有内在联系而又紧张、有趣的导语；课文描写的是乐曲或美术等内容的，可利用音乐、美术等内容，设计有特色的导入；对故事性强的课文，可从事件的基本要素入手，整体感知课文，以引入课文；利用课文中的元素——文中描写的主要景或物，精心选择词语，让学生介绍某一事物而导入课文；低年级课文可以设计有趣的小故事或谜语、游戏等学生喜爱的形式导入；利用多媒体创设情境导入不失为一种好方法；课堂中的生成性资源也是课文导入的极好资源。

2. 创设情境策略

阅读教材中每篇文章所描写的特定情境都是一个不可分割的整体。作者所要抒发的感情、思想等都是由具体的字词句篇构成，并以一定的形式展现在读者面前。而情境教学正是从这个具体的整体出发，把知识、能力、智力、情感综合起来进行教学。

情境教学，并不是为情境而情境，所创设的情境始终围绕教学目的，并紧密结合教学内容，以生动鲜明的形象促进学生对课文语言和思想内容的理解，并利用情境创设语言实践的机会，让学生在具体可感知的语境中联系语言表达，结合语言训练逐步提高学生的观察能力、思维能力以及创造能力。良好的情境教学能使学生们感受到语文课堂的易、趣、活，从而提

① 曾小妍 . 新课堂有效学习策略研究［M］. 北京：上海社会科学院出版社，2013：153–172.

高语文教学的效率。

不同的情境具有不同的效果。现实有趣的问题情境——教学中问题情境的设计应尽可能激发学生的参与兴趣和学习动机。在设计问题情境时，可以通过贴近学生真实的生活世界，保留适度挑战，设置趣味性等策略来调动学生投入的热情。创设思维开放的问题情境——在小学语文教学中，要充分重视学生的情感参与。有效的问题情境的创设，不仅要抓住学生的“心”，还要设计学生的行为参与，更重要的是思维的参与，抓住学生的“脑”，调动学生的积极思维。创设跃而可获的问题情境——在设置问题情境时，应考虑内容、方式上有利于培养学生的探究能力，符合学生的认知规律、知识水平和能力水平，从而让学生尝到成功的喜悦，进一步提高学习的兴趣。教师应该把学生现有的知识经验作为新知识的生长点，在课堂导入中利用学生已有的生活体验与课文内容进行比较，水到渠成地把学生的注意力和思路引入课文中，激发他们探究未知领域的兴趣。

3. 理解词语策略

作为教师，如何帮助、引导学生“内化”所学词语呢？我们认为：教师必须下功夫“看”教材——千方百计地“钻”到教材中去，一句话一句话地去读，一个词语一个词语去看……看出词语的形象，听出词语的声音，并想方设法与学生一道把词语的形象、声音以有效的方法表达出来，使得文本中表达丰富的词语“及时”进入学生的语言仓库，让学生把所学的词语扎根在心里，这样学生便会从词语的“穷人”，变成词语的“富翁”。

4. 问题设计策略

美国著名学者布鲁巴克的观点是：“最精湛教学艺术遵循最高准则让学生提问题。”因而，在实际教学中教师应该设计有思考性，贴近学生生活的问题。问题设计从以下两个方面展开：一要选准问点。问题的数量不等于教学的质量，课堂上的表面热闹气氛并不代表学生真正理解了教学内容。如果认识不到这一点，教师在课堂上就容易打“问题战”，就可能在课文内容上纠结。学生被诸多问题牵着鼻子走，往往在一个接着一个的问题“轰炸”下不假思索地忙着回答和应付，表面上课堂是开放的，是师生互动的，但实际上时间就在这一问一答中浪费了。二要巧设问式。课堂问题设计除了要明确问什么，还要考虑提问的方式。提问的方式很多，有直问与曲问，有顺问与逆问等，不同的提问方式在教学中穿插应用，更易于激起学生思维的火花。

5. 解决问题策略

在新课程有效课堂教学中，教师要根据学生讨论与研究问题的发展态势给予因势利导。引导策略可分为启发式引导、规范性引导、科学性引导、点拨性引导、发展性引导。教师的引导是课堂深度学习的核心。教师必须充分发挥在课堂教学中的引导作用。只有引导得当，学生学习起来才会觉得快乐，才能产生浓厚的兴趣，进一步升华探讨问题的欲望。当问题卡壳时，教师应给予启发式引导；当问题偏向时，教师应给予规范性引导；当问题混乱时，教师应给予点拨性引导；当问题深入时，教师应给予发展性引导。

6. 诱导交流策略

课堂是一种人际交往，也是一种信息互动，课堂交流是学生学习潜在智能得以表现的基本形式，离开交流，学生的潜能就失去了得以凸显的基础。教师可从以下几个方面来促进学生的发展。

一是引导学生发现自我。我们每一个人都生存于某种特定的社会环境和社会关系中，学生，除家庭之外，学校是其接触的第一个社会机构，是其学会和陌生人相处的场所。学生只有在和别人交往中，才会把自己的观点与别人的观点相互比较，从而认识自己的观点与别人观点有别，对他人的观点提出疑问或修改意见。课堂交往为学生搭建了师生、生生对话、发现自我的良好平台。二是促成学生学会合作。课堂中的交流，对于增进人与人之间的相互了解，温情与信任，让学生学会处理与人合作学习的技能、技巧与策略，学会有效地表达自我，有着十分重要的作用。三是实现相互经验共享。课堂交流的主要形式是师生、生生的相互交谈。学生取得与教师平等交往的自由后，必定沐浴着教师的阳光雨露。当然，教师同样能从学生身上汲取到鲜活的事物，分享他们的童真童趣。

7. 激励评价策略

评价是导向。纵观如今小学语文的学生评价，感觉大家过多评价的是学生对语文技能的掌握，也就是我们常说的显性功能，即听说、识字写字、阅读、写作，而忽视了对养成这些功能的隐性特质——语文学习的情感态度、过程和方法、知识和能力的足够重视。我们积极探索提高学生良好的语文素养——写一手端正漂亮的字；会一口流畅的表达；能流利动听地朗读；懂得名家名篇的欣赏的评价。将评价由教师评价、学生自我评价、学生互评相结合，使评价的多个主体都能从评价中受益。

（二）数学学科课中有效建构性策略

数学课中有效学习建构性策略可以从以下几个方面进行。①

1. 创设问题情境，促进自主学习

数学教育的核心就是培养学生解决数学问题的能力，数学只有运用于各种情况下才是有用的。在数学课堂上，根据教学内容创设出问题情境，提出问题后解决问题，或者根据问题情境让学生自己提出问题并解决问题，再把学到的知识运用到新知识和不熟悉的情境中去，碰到新的问题再解决，这样就使学生能在问题情境中不断获取和构造数学，而不是单纯去背诵和记忆书本上现成的知识，可以使学生充分发挥自己的才智，运用已有的知识去创造性地解决新问题，并通过此过程学到数学的思想和方法。

2. 开展问题探究，经历学习过程

在数学问题的探究学习过程中，教师为学生搭好探究学习的"脚手架"，引导全体学生参与到探究之中，学生则借助教师的引导或课程要求来开展一系列的学习活动，在经历整个学习活动的过程中提升探究能力。

3. 激发学生参与，关注个性差异

学生的学习在客观上存在个体差异。我们教学只有针对学生的个别差异以最大限度的个别化方式来进行时，才能取得最大的功效，促使学生得到最大限度的发展。

4. 及时有效指导，获得成功体验

学生的想法在表达、交流的过程中如果老师能及时关注和进行有效的指导，会增强学生的存在感。鼓励和表扬能使学生的学习起到正强化作用，会使学生获得更多成功的学习体验。

5. 实施有效评价，加强互动交流

评价一直是最重要的环节，有了及时到位的评价能够使学生发现自己的优点，找到自己的不足，并且在老师和同学的帮助下及时调整自己，这样的互评能够加强师生、生生间的互动交流。

（三）英语学科课中有效建构性策略

英语课堂，是语言交流的阵地，交流始终是语言学习的最终目的。在设计与实施教学的过程中，引导学生积极表达与活化语言的语用功能是语言教学的根本。在课堂教学中可采用如下三大教学策略。②

① 曾小妍，等．新课堂有效学习策略研究［M］．北京：上海社会科学院出版社，2013：207–215.

② 曾小妍，等．新课堂有效学习策略研究［M］．北京：上海社会科学院出版社，2013：240–246.

1. 丰富语言材料，渗透情感体验

语言教学离不开语言材料，在新课程理念下，课本不再是教学的全部，语言材料作为教师和学生进行语言活动的载体，除了要符合学生的知识、技能、思维水平外，必须是能足够引起学生兴趣的语言材料，语言主题或生动丰富，或贴近生活，或能带给学生足够的想象空间，或能引导学生探究的具有语言实践意义的教学材料。

2. 设计有效提问，引进语言表达

教学的艺术全在于如何恰当地提出问题和灵巧地引导学生作答。有效的问题及提问方式，能够激发学生的学习热情，巧妙的疑问，扣人心弦的悬念设置，能激起学生强烈的求知欲，促进学生积极思维，主动参与课堂活动。注重以孩子解决问题为核心的活动，能够使他们积极参与并探索语言的意义和答案。讨论交流的过程，是学生语言操练的过程，是学生解决问题的过程，也是学生语言习得的过程。学起于思，源于疑。语言学习中巧设疑问，能激发求知。巧妙的提问，会引导学生积极思考，而有学生主动参与的课堂，更能体现“学”的有效性。

3. 组织有序活动，活化语用交流

课堂教学中，教师要善于通过有效的语言活动，帮助学生掌握所学的语言知识和技能，使学生对新的语言知识感知鲜明、完整、深刻，从而在学习活动中使语言应用能力得到提高。在活动的设计过程中，教师要明确的是，一堂课应该是一个具有内在联系的活动序列，而不是一堆有趣活动的无序集合。这些活动，相互强化和巩固，从而使语言学习充分发挥其语用功能。无论我们采用何种教学形式，都要将教学内容融入教学活动中，使每个活动都有明确的目的性，能为实现多维教学目标服务，这样才能有助于语言知识的学习、语言技能的掌握和语言运用能力的提高，才能使学习与活动实现有机结合，使教学任务在活动中得以完成，使语言学习的语用功能充分发挥。

在组织各个语言活动的过程中，教师还需注意根据学生的个体差异，对不同层面的学生有符合其语言能力的不同要求。设计的活动除了符合学生年龄及心理特点以外，要注意不同规模，形式多样，节奏多变，活动的指向明确，受众面广泛。如果忽视这种客观存在的差异，就会使学生的参与流于形式，最终影响学生参与学习的实效性。

三、建设性策略的实施

主体建构是以师生互动为媒介的建构过程。建构性策略的实施主要从以下两个方面进行。[①]

（一）主动评价策略

目前“学习型组织”的概念逐渐深入人心。学习型组织是高效率的和谐组织，其真谛就在于：组织成员间的坦诚交流、相互学习与合作。融合师生双方长期共同作用的班级，应该建设成为活泼的学习型的组织。而主动评价策略就是强调教学现场参与者之间的评价与交流。

1. 针对性

评价是讲究实际效果的积极手段，而不是制约、批评手段。如果课堂上教师不能吸引学生进行思考，学生不能主动参与双边活动，即使评价活动再多，达标项目再多，也没有什么意义。同时，如果评价的双方不能很好地掌握评价尺度与标准，难以应付评价所要求的各种各样的条条框框，就难免使主体对评价失去兴趣，流于形式。可见，评价脱离教学又使评价主体失去兴趣，则评价是毫无意义的。因此，评价应该是易于被活动参与者所掌握，且是其所积极主动寻求的手段与方法。师生交往中存在各种各样的评价活动，双方都在主动寻求适宜的评价手段与结果。这种不断形成结论的评价过程，也是师生间积极主动的建构过程。因此，教学中的主动评价策略，其本身也是一种积极的交流方式。主动评价是一种积极坦诚、讲究相互回应的交流策略。

2. 一般组织

首要的基础是两种重要的观察活动，即师生双方对自身在互动过程中与对方在互动过程中的参与情况进行观察。这种观察可以说主要是针对师生双方教学参与的状况。

一般来说，观察可以从师生两个主体的外部特征进行把握。观察是进行评价的基础。在整个教学过程中，教师与学生都应该对自己的教学参与状况进行一定紧张程度的自我觉察和体验。这是形成自我评价、依据对方的反应进行动态调整的必备基础。

主动评价策略的应用中，遇到的问题最主要的是如何使学生产生评价的兴趣。学生的主体参与性是核心动力。现代心理学认为，主体参与性是

① 张兰英 . 外语教学中师生互动的主体建构性策略研究［D］. 辽宁师范大学，2002.

促进学生学习的原始性机制。只有让学生成为课堂教学活动的主体，才能使学生在教学活动中分享应有的权利，承担相应的义务。而学生成为主体的前提是必须调动学生的主观能动性，使学生有意识、有兴趣、有责任地去参与教学活动。

（二）小组交际策略

主体建构的教育思想十分重视交际过程中学生认知能力的发展。采取小组交际的师生互动策略，可以有效地增进教学效果，改善师生互动。

小组交际策略的运用，能使学习者个体在课堂上有更多的时间和机会来练习使用目的语。小组交际常以通过完成某种任务的形式来进行，在完成的任务过程中，活动参与者之间应处于一种互动的状态，小组互动更能使活动参与者产生大量有利于语言习得的修正，同时小组信息轮换使大部分参与者，包括平时沉默寡言、害羞的同学都积极活跃地参与，从而在一定程度上改善了老师与学生、学生与学生之间的互动。

与主动评价有所不同的是，小组交际有着更强的计划性、规定性，教师对于策略运用的控制更多地依赖于计划安排的科学性、合理性。

（1）小组任务。小组交际的运用需要事先确定小组活动的任务。小组交际是一种以完成任务即目标为导向的活动。小组交际活动能使学习者个体在课堂上有更多的机会进行相互学习。小组交际常以通过完成某种任务的形式来进行，在完成任务的过程中，活动参与者之间的交际处于一种互动的状态，通过意义共建增加语言习得。

（2）分组方法。分组的方法一般依据的是小组交际任务，一般来说，并不进行特殊规定，一则主要保证人人有机会，二则保证能够减少腼腆学生的拘谨感，尽可能合理搭配。

（3）组织形式。小组交际在形式上可以选择小组讨论、辩论、游戏等。

小组交际中教师更多的时候是作为小组活动的直接参与者而存在的。小组交际的选用和任务的设计对教师提出了更高的要求，教师在课前必须花大量的时间认真考虑任务的类型、主体等。在小组交际策略下指导的师生互动，使学生主动参与合作与交流的机会大幅度增加，有利于克服自我封闭意识，克服内向腼腆与怕犯错误的心理障碍，自信心和参与感都会得到明显提高。教师在小组交际过程中的指导作用是必不可少的，教师要巡视学生活动进展情况，督促学生，做到实时监控。

第三节　课后有效学习的拓展性策略

一、基本策略概述

新课程对课后拓展提出了新的要求，通过课后拓展，进一步提高学生收集与处理信息的能力、获取新知识的能力、自主、合作、探究学习的能力。由此看出，在新课程背景下，我们有必要对课后拓展重新进行认识和解读。

在新课程理念下，课后拓展是课堂教学内容的延伸，是学生学习活动的延续，是学生学习方式的转换，是学习环境的拓展。教师应把学生学习活动的舞台搭建在更加广阔的平台上，把课堂教学的舞台从时间、空间、环境、人力、资源等方面进行全面拓展。目的是把课堂教学内容引向深入，把教学性问题引向实际，使问题得到进一步解答，在教师指导和引领下，实现学生自主、合作、探究学习，提高思考问题、分析问题和解决问题的能力。①

二、各学科课后有效学习拓展策略

有效学习的课堂教学内容延伸的很重要的一部分是课后拓展，课后拓展是学生学习活动的延续。教学质量的高低直接受课后拓展的效果影响。由此，把握课后拓展的有效性是教学过程中的关键。

（一）语文学科课后有效“练习”设计策略

练习的过程是学生对课堂信息做深度加工，并相应地重构知识，然后通过解决相关问题，灵活地运用知识和技能，形成和提高能力的基本过程。在教学实践中，“练习”一直存在学生做得辛苦，老师批得辛苦，但效果不佳的现象。如何设计练习，使练习适度，且生动有趣，学生乐意做，需要科学地把握。

1. 练习设计要有针对性、基础性，巩固学习目标

练习重在有针对性、专项性。教师根据教学内容，围绕教学目标，将其与学生的实际紧密联系，每一次练习的内容及形式都精心设计，既要整体考虑练习的具体目的和内容，把握尺度，又要考虑练习的具体形式，从而提高学生的学习兴趣和效率。练习要让学生学有所得，就要针对学生学

① 韩立福 . 新课程有效课堂教学行动策略［M］. 北京：首都师范大学出版社，2006：154.

习的重、难点及学生最近发展区来设计，做到从课前预习到课中练习，再到课后巩固都要紧紧围绕重点展开，也就是每一课有一个贯穿学生学习过程的整体设计。

2. 练习应增加开放性、可变式，增强学生学习兴趣

新课程课后练习内容是由封闭向开放的转化。练习是课堂教学内容的延伸，是学生学习活动的延续，是学生学习方式的转换，是学习环境的拓展。因此，可以适当增加一些开放性、可变式的拓展练习，供学生可以自主选择的练习，使学生在课后依然保持浓厚的学习兴趣，来推动进一步的学习。真正有效的练习是能激起学生学习愿望、满足学生学习需求的练习。教师更多地了解学生的需求，才能设计出更有效的练习，以达到“轻负担、高质量”的目的。

（二）数学学科提高课后作业有效性的策略

数学作业是数学课堂教学的延伸和发展，是学生学习活动的一个必不可少的组成部分。它是掌握知识、形成技能技巧、培养学生学习兴趣、发展学生解决问题能力和开发智力的重要手段，也是培养学生创新能力的途径。

数学作业的设计不应仅停留在知识层面，而应蕴含丰富的教育因素，应具有实践性、开放性等特点，兼顾知识巩固与能力发展的双重目标，赋予作业新的生命力，培养学生学习兴趣，发展学生能力，力求让不同的学生通过数学作业得到不同的发展。

1. 作业设计可融入情境

在作业设计时，力求把丰富知识、发展思维寓于趣味之中，让生动有趣的作业取代单调乏味的作业，以激发学生的作业兴趣。但也要把握好尺度，不能过于追求形式上的新奇，不可让华丽的外表掩盖了内容的本质。

2. 作业设计需注意其应用性

在作业设计时，我们应注重从实际生活中提炼出数学问题，让学生在亲身实践中去体验所学的知识，解决实际问题。

3. 作业设计的多样性供学生选择

为了避免出现部分学生“吃不饱”，另一部分又“吃不了”的现象，教师在布置作业时，就要根据每个层面学生的需求设计作业，让不同水平的学生自主选择，给学生作业“弹性权”，实现“人人能练习，人人能发展”。

4. 作业设计需注意其开放性

在数学教学中，教师应设计一些开放性作业，训练学生的发散性思维，引导学生会思考、善思考、巧思考，激发学生的创新精神，促进学生的可持续发展。

5. 作业设计可采用合作式

在数学课后作业中，可以尝试设计一些适合小组合作完成的项目式作业，教师通过提供思考和讨论的机会以增进学生间的相互理解，激发学生相互协作、相互尊重的精神。

（三）英语学科课后拓展作业有效性策略

英语是一门工具性学科，学习的最终目的是能在生活中运用它来沟通交流和表达思想。这就要求英语作业必须考虑书本世界与实际生活世界的联系，考虑英语学科与其他学科知识的渗透，重视学生综合运用能力的培养和学习兴趣的激发与保护。因此，英语作业应将书本知识延伸拓展到生活情境中，让其他学科知识渗透到英语学习中，让学生充分运用英语进行思维，灵活运用英语进行交流。

1. 练习设计要有趣味性

教师布置拓展性作业时要充分考虑学生的兴趣爱好，从他们的年龄特征和生活经验出发，设计具有童趣性和亲近性的作业，以生动有趣的作业形式取代重复呆板的作业形式，让学生在“心动”中完成作业。

2. 练习设计要有实践性

英语是一门实践性极强的学科，只要我们能充分利用好学生已有的知识和资源，灵活、创造性地给学生提供形式多样的语言实践机会，学生就能在乐中学、乐中做，从而达到有效地培养学生的英语综合能力的目的。为此，设计拓展性作业时，教师要根据教学内容以及学生已有的学习经验，从不同角度设计一些以学生主动探索操作、思考与合作为主的探究性作业。

3. 练习设计要有层次性

多元智能理论告诉我们，人的智能是有差异的，而学生在智力、兴趣、爱好等方面表现出的差异是显而易见的。“差异”同样是一种教育资源。因此，在设计英语作业时，我们要正视和尊重学生的个体差异，考虑各个层面学生的学习需求，针对学生的最近“发展区”，实行分层布置作业，让不同层次的学生选做不同层次的作业任务，让更多的学生有发展空间，使每个学生在完成不同难度和不同数量的作业的过程中有所收获，并能享受到成功的喜悦。

4. 练习设计要体现自主性

学习的主体是学生，教师是教学的主导者。教师要指导学生学习，但不能代替学生去体验。要鼓励学生主动地参加语言实践训练，在此过程中习得语言，提高能力，甚至显示创造力。

5. 练习要体现个性化、具有探究性

落实教学目标其中很主要的一条有效途径就是练习。但是我们不能将练习错误地理解成题海，“以学生发展为根本”的目标表明教学要适合学生并且满足学生需求，这样才能真正促进学生的发展。新课程课后练习更体现因人而异，因此，课后作业的设计更要凸显个性化的特点。

三、拓展性策略的实施

课后拓展行动的有效策略可以从以下几个方面展开。①

（一）问题思考拓展行动策略

教师不仅要在课堂教学中给学生安排一定的思考时间和空间，而且也要在课后给学生安排一定的思考时间和空间，积极培养学生的思考意识，提高学生思考问题与解决问题的能力。思考的问题包括文本问题、生活问题、作业问题等。具体可采取以下几种策略。

1. 撰写反思日记

教师要帮助和指导学生撰写课堂教学反思日记，把撰写反思日记的过程变成文本问题与生活问题相结合的开放性问题思考活动。通过系统反思，进一步加深学生对课堂教学问题的理解，并制定解决问题的策略与方案。

2. 小组问题讨论会

小组问题讨论会是指教师指导学生成立学习小组，采取“头脑风暴法”讨论学生共同存在的问题。具体行动方案由学习小组共同制订，最后形成问题对话备忘录。

（二）问题作业拓展行动策略

该行动是指教师通过多样化作业来进一步探索课堂教学尚未解决的问题，使课后作业成为重建与提升课程意义及人生意义的重要内容。新课程作业不再是强加给学生的负担，而是学生成长的一种自觉的需要。每一次作业都应成为学生成长的生长点，使学生在不断生成问题、不断解决问

① 韩立福 . 新课程课后拓展行动的有效策略［J］. 中小学管理，2005（12）.

题的探索中成长。

1. 选择问题作业模式

问题作业模式包括主题性问题作业模式、探究性问题作业模式、整合性问题作业模式、个性化问题作业模式、层次性问题作业模式和实践性问题作业模式等。究竟如何选择，需要教师结合教学要求、文本内容、学生个性需要，进行综合分析后做出。教师在选择问题作业模式时，一是要尊重学生主体的发展需要；二是作业内容要贴近学生的生活，由封闭走向开放；三是作业形式要由单一僵化的机械重复训练模式走向主体探究创造的自我建构模式，鼓励学生自主设计、自主实践和自主评价。

2. 采用多样化的问题作业形式

新课程下的作业应当体现多样性和新颖性，应该是富有个性、充满情趣的多元复合体，而不能仅仅局限于简单的文字抄写和解题训练。一项研究任务、一次专题采访、一个调查报告、一次用品制作、一次社会公益活动、一次汇报演出、一个主题绘画、一个摄影作品等都是作业的形式。它可以是文字式，也可以是表演式、实物式或口头式；它可以是教师提供的，也可以是学生自己设计的；它可以由个人独立完成，也可以由学习小组合作完成，甚至可以由学生与教师、家长共同来完成。

3. 问题作业评价要体现人文性与发展性

一要构建多元化的评价主体，二要提高作业评价手段的信息化水平，三要充分发挥新课程作业评价的发展性功能，四要注重过程性评价，五要关注作业的创新性，六要重视质性评价方法。

（三）问题展示拓展行动策略

教师要鼓励学生参与展示活动，指导学生制订展示计划；要创设展示的时间与空间，让学生体验成功的喜悦；要对那些有创新性、有价值的问题成果进行指导和评价。可以在学校、班级、社区展示学生的作品，也可以在家长会上展示学生的研究成果。

（四）问题探究拓展行动策略

1. 个性化探究活动

个性化探究的主体主要是学生个体，探究的问题是由学生本人根据自己的研究兴趣，结合文本内容提出来的。教师要协助学生选择探究的问题，帮助学生制订探究计划和方案，与学生协商确定研究结果的评价标准，指导学生撰写研究报告，组织和支持学生召开成果展示会进行交流与展示。

2. 小组合作探究活动

小组合作探究的问题是由几个学生（一般为 3 ～ 9 人）讨论后共同提出、有探究价值的课题。教师要帮助学生制订探究计划和方案，教给学生合作探究的方法，指导学生撰写研究报告，组织和支持学生召开成果展示会。

【案例辨析】

李老师担任高中物理教师有 10 多年了，随着新课程改革的逐步深化，如何提高高中物理教学的有效性，进而实现学生的有效学习，实现学生的发展是李老师一直比较关注的问题。

案例一：以李老师所教的新课标物理教材（人教版）必修 2 第五章第四节的“实验：研究平抛运动”为例，李老师在课前进行教学设计的时候，首先设计了一个大的方向：你能用哪些方法来通过实验验证平抛运动的规律？根据你的试验方法，你能找出关于平抛运动的几个物理量？在课前进行教学设计时候，已经考虑了教材上的几个参考案例，也准备了平抛运用演示仪、饮料瓶（演示平抛运动的轨迹）、甚至从家中带来了数码相机（利用数码相机的摄像功能），就在学生热烈讨论后准备得到平抛运动规律的时候，一位学生站起来说：“老师，我觉得不做出平抛运动的轨迹，也可以得到平抛运动的规律”。此言一出，课堂上顿时议论纷纷，李老师也有点意外，但还是鼓励学生继续说下去，学生说：“我看到课后练习上也有一个关于平抛运动的规律而不必做出平抛运动的轨迹。”然后，李老师就和学生一起对课后练习所涉及的这种实验方法进行探究，结果很好地解决了这个问题，同时学生对平抛运动也有了更为深刻的认识。

案例二：以新课标物理教材（人教版）必修 2 第五章第八节“生活中的圆周运动”为例，在设计“拱形桥”这一部分内容时，以问题的形式设计了一个大的方向：当汽车在桥顶的时候，什么情况下汽车对桥顶有压力，什么情况下汽车对桥顶没有压力？地球能否看作一个大的拱形桥？如果可以，什么情况下汽车可以对地球无压力？在讨论当把地球变成一个大的拱形桥时，学生在激烈的讨论中，不仅得到了汽车对地球无压力时汽车的速度要达到 7.9km/s，而且得到了一个十分“意外”的结果；到汽车 7.9km/s 的速度行驶时，汽车已经不在地球上了，而是变成了围绕地球做圆周运动！正是在这种动态生成的课堂上，学生不仅对汽车过拱桥有了更深的认识，而且还为后面的“万有引力与航天”一节中的“人造卫星”的学习做了更好的铺垫!

请结合以上案例和本章内容辨析以下问题。

1. 你觉得上述案例中李老师课前预设有效吗？有哪些值得借鉴学习的地方？

2. 你认为课前预习策略、课中建构策略以及课后拓展策略有什么内在的联系？你在教学过程中是如何使用的？

【思考讨论】

1. 你是如何理解有效学习组织策略的？

2. 你认为课前预习策略、课中建构策略以及课后拓展策略之间的内在联系是什么？

3. 选择一个课例，分析其有效学习策略的实际效果。

【资料链接】

[1]李秀.中学化学概念的有效学习策略[D].东北师范大学,2004(4).

[2]姜雪平.职高生数学有效学习的教学研究[D].山东师范大学,2005(4).

[3]王苏丽，等.对高中生化学学习中组织策略运用的调查研究[J].化学教育，2013(10).

[4]宋秋前，郑彩儿.论有效学习的指导策略[J].浙江海洋学院学报，2007(3).

[5]牛立军.大学生英语阅读中的组织策略及其影响因素[D].河海大学，2008(5).

[6]吕玉青.初中英语教师课堂教学组织策略的探究[D].山东师范大学，2013(12).

[7]冯艳.高中化学学习困难学生有效学习策略研究[D].华东师范大学，2003(9).

[8]李倩.职校生英语学习组织策略研究[J].考试周刊，2008(12).

第七章

有效学习的综合评价

【内容提要】

所谓有效学习评价，就是在学习与教学过程中判断学生课堂学习是否遵循学习规律，优化了学习行为、学习目标、学习能力、学习态度等学习因素，保证了学习内容、学习活动组织、学习方法等的合理性；是否有效果，促进了学生的学习，特别是促进了学生达到进步和发展；是否有效益，学生的进步和发展符合社会和学生个人的教育需求。是否有效率，相对于学生的学习投入，学生的进步和发展是尽可能大的、理想的。一般而言，有效学习的评价依据是课堂学习行为的可靠性，评价主体多元化，承载学习信息的通道与介质的有效性，信息的闭合回路以及信息收集与鉴别、评价的有效性。

【思维导图】

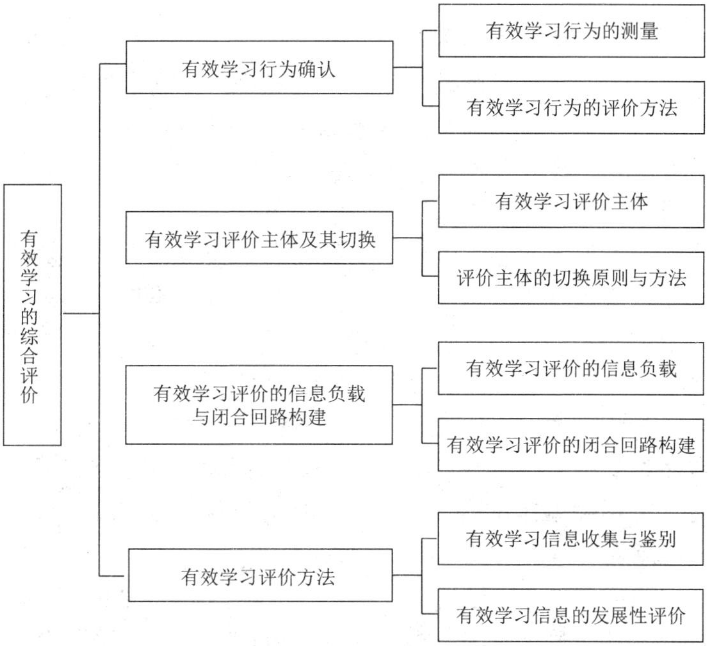

第一节　有效学习行为确认

有效学习行为确认就是指在有效学习的评价中必须依据可靠的行为，要对学生的学习行为进行有效的收集和筛选。学习行为的确认是有效学习综合评价的第一步，包括有效学习行为的测量、有效学习行为的评价方法。

一、有效学习行为的测量

有效学习实施的过程中产生了很多学习行为，这些学习行为的测量是有效学习评价的重要依据。学习行为的测量是对学生的学习行为用数学方法进行描述，着眼于学生达到教学目标的程度加以量化。学习行为的测量一般采用测验进行，根据编造者分类，测验包括标准化测验和教师自编测验；根据测验的参考标准分类，测验包括常模参照测验和校本标准测验。

（一）标准化测验和教师自编测验

学生学习的过程是教师教和学生学的过程，在这个过程中表现出大量的学习行为，专家和教师通过测验来测量这些学习行为是否有效，这种测验分类是根据测量学生的学习行为的主体来进行的。

1. 标准化测验

标准化测验是由专家编制的，在教师和学校行政人员的帮助下，以评估某个学生的学习水平相对于年龄相仿、同班级、同年级的其他人的水平为目的，根据一定的理论基础和经验分布情况编制试题，这些试题都是预测的。该种测验在信度和效度上都有数量指标作为依据，测验实施的误差控制和评分标准严格化。标准化测验常采用选择题、填空题、是非题、简答题、论述题等多种题型，其编制步骤为：确定目标和对象、制定试题、预试和分析试题、选择和编排试题、标准化、鉴定测验特征、编写测验细则。这种测验的优点集中体现在以下几个方面。

标准化测验的评分具有客观性，该种测验分为客观题型和主观题型，每种题型都有非常明确的评分标准，排除评分的主观性和臆断性，提高评分的信度。

标准化测验唯一的自变量是学生个体能力和特性，其他的无关因子可通过在制定具体的测量目标、筛选试题、集合测验到实施测验以及评分的详细规定加以严格控制[①]。

试题的选取范围广、测量的数量多，增加测验的信效度，试题的选取同时兼顾质量指标和数量指标。

具有常模，常模即为根据标准化样组求出的平均数，作为测验分数参照点。

2. 教师自编测验

教师自编测验属于非标准测验。标准测验的编制比较耗时、投入大量的人力和物力，且测验的内容不一定符合教材内容或者教学进度，因此，目前以教师自编测验为主对学生的学习行为进行测量。教师自编测验是教师根据具体的教学目标和内容以及测验目的而编制的，测验题型包括客观题和主观题，其有效特征是信效度和难度以及区分度。教师自编测验编制的步骤简述如下。[②]

确定教学目标。每个学科都有其具体的教学目标，应把它分解为行为和内容两个方面。

（1）选择适当的测验材料。教师应把学生常错的知识点或容易混淆的地方记录下来，这些资源可以成为命题的材料。教师根据行为目标和教材内容制定一个细目表，该细目表呈现出一定比例的学习结果和课程内容，保证了试题的代表性。

（2）选定试题的格式。教师在评主观题时易受学生的文字或书写的影响而产生主观臆断效应，使得评分的客观性大打折扣，因此，应尽量采用标准测验所采用的试题格式。

（3）草拟试题。教师要根据细目表和测验材料草拟试题。在草拟试题时应多拟几份，以供选择。

（4）确定试题的题量。试题的题量要考虑教材的分量、考试时间的长短、试题格式的选用和学生所在的年级等。

（5）修改并选用试题。从草拟试题中删除不合适的，教师根据自身的教学经验对试题进行质的分析，用难度和区分度进行量的分析。

（6）排列试题。试题由易到难的顺序进行排列，目的是提高学生的作答信心。

（7）说明规定做法。如果采用新题型，一定要说清楚，最好附上一两

---

① 戴忠恒 . 教育统计、测量与评价［M］. 北京：中国科学技术出版社，1990：159.

② 戴忠恒 . 教育统计、测量与评价［M］. 北京：中国科学技术出版社，1990：280–281.

个例子加以说明，以便学生清楚做法。

（8）准备标准答案和评分细则。

（9）为了更好地区分标准化测验和教师自编测验，表 7–1 从几个重要维度对标准化测验和教师自编测验进行比较。

表 7-1　标准化测验与教师自编测验的比较①

维度	标准化测验	教师自编测验
学习结果和内容测量	测量适合于多数学校的一般学习结果和内容。这些对一般技能和理解的测验不打算反映特别的或独一无二的地方课程所突出的东西	同地方课程的特殊和独一无二的学习结果以及内容相贴近；适合于各种大小的工作单元，但倾向于忽视复杂的学习结果
测验题的质量	一般而言，题目的质量高，由专家编制，进行了预备性测验，以大量的题目分析的结果为基础而进行选择	题目的质量如何常不得而知。由于教师可获得的时间局限，质量总是低于标准化测验
信度	信度高，通常在0.80～0.95，经常高于0.90（可能的最高值为1.0）	信度通常也不为人知晓，但如果题目精心设计，可能会高
实施和评分	标准化步骤；提供了特别的指南	标准的步骤也有可能，但通常是多变或未公布的
分数诠释	分数常与常态群体对比。有测验手册和其他指南帮助诠释和使用	分数的对比局限诠释于本班和学校情况。如果有任何解释和使用指南，那也极少

（二）常模参照测验和校本标准测验

某位学生代数测验得零分，并不意味着该学生所学的数学知识为零，所以学生通过测验所得到的分数没有绝对的零分，因此需要用参照标准对它进行解释，以使测验分数的意义明确。这种测验分类是依据测验的参照标准来划分的。

1. 常模参照测验

常模参照测验是指以学生群体测验的平均成绩作为参照标准，将某一学生的学习结果与常模参照标准进行比较，目的是为了测量该学生所在群

① ［美］加里 •D 鲍里奇．易东平译．有效教学方法［M］．南京：江苏教育出版社，2002：377.

体的相对水平，主要是用于选拔人才或者编班、分组，试题的难度要适中，对所有学生都有良好的鉴别力和区分度，该种测验通常包括中考和高考。常模参照测验使学生的测验成绩的意义明确，同时使得各科之间的成绩可以相互比较。

2. 校本参照测验

校本参照测验是根据教学目标编制出的一系列与教学目标中各类别相对应的试题，目的是测量出学生的某种学习水平或某类知识掌握程度，有助于教师判断每一位学生的学习成效，是否需要给予更多的指导。校本参照测验的优点在于教师可以明确学生是否达到教学目标的相应水平，以学生对各类教学目标完成的情况（以数量或百分比形式）来测量他们的学习水平，不用考虑常模。在教师自编测验中，倘若加以校本参照的标准进行试题编制，将有助于提高学生的学习针对性，并能使教学效果和学习结果及时得到反馈。

二、有效学习行为的评价方法

学习行为的评价方法多种多样，传统的评价方法主要是纸笔测验，其聚焦于学生所获得的知识与技能，但内容比较单一，不能全面地考查学生的学习情况和有效发挥评价的功能和作用。下面主要介绍新课程理念下有效学习行为的评价方法。①

（一）课堂观察评价方法

课堂观察评价是指教师在课堂教学过程中对学生的学习行为表现进行观察的一种评价方法。通过课堂观察，教师可以了解学生的学习行为过程，对学习行为进行评价，并对其进行及时反馈，有利于学生有针对性地调整自己的学习行为。教师可根据各学科的新课程标准制定相应的课堂观察检测表，便于对学习行为进行评价。以数学学科为例，整个课堂观察评价体系见表 7–2。

① 陈明华，王富英．新课程怎样进行中学数学学习评价与测试［M］．成都：四川大学出版社，2005：57.

表 7-2　课堂观察检测表 [①]

学生姓名：　　　　　　　　年级：　　　　　　　观察时间：年　月　日

<table>
<tr><th>项目</th><th>因素</th><th>a</th><th>b</th><th>c</th><th>说明</th></tr>
<tr><td>情感与态度</td><td>1. 举手发言</td><td></td><td></td><td></td><td rowspan="2">a=积极；b=一般；c=不积极</td></tr>
<tr><td></td><td>2. 参与活动</td><td></td><td></td><td></td></tr>
<tr><td></td><td>3.认真情况（做作业、讨论、思考）</td><td></td><td></td><td></td><td>a=认真；b=一般；c=不认真</td></tr>
<tr><td></td><td>4. 大胆质疑并提出与别人不同的问题</td><td></td><td></td><td></td><td>a=经常；b=一般；c=很少</td></tr>
<tr><td></td><td>5. 大胆尝试并表达想法</td><td></td><td></td><td></td><td>a=能；b=很少；c=不能</td></tr>
<tr><td></td><td>6. 对数学与人类生活联系的认识、感悟</td><td></td><td></td><td></td><td>a=较深；b=一般；c=没有</td></tr>
<tr><td rowspan="3">知识与技能</td><td>7.描述知识特征，说明由来，阐述此象与有关对象的区别与联系</td><td></td><td></td><td></td><td rowspan="3">a=能；b=基本；c=不能</td></tr>
<tr><td>8. 在理解的基础上，应用在其他情景</td><td></td><td></td><td></td></tr>
<tr><td>9. 综合应用知识，灵活、合理地选择方法解决有关问题</td><td></td><td></td><td></td></tr>
<tr><td rowspan="3">思维与方法</td><td>10. 思维的创造性（独立思考，从不同的角度提出问题，用不同的方法解决问题）</td><td></td><td></td><td></td><td rowspan="2">a=能；b=一般；c=不能</td></tr>
<tr><td>11. 思维的条理性（表述清楚，做事有计划）</td><td></td><td></td><td></td></tr>
<tr><td>12. 解决问题的策略、方法</td><td></td><td></td><td></td><td>a=较好；b=一般；c=不好</td></tr>
<tr><td rowspan="3">交流与合作</td><td>13. 认真听取别人意见并询问</td><td></td><td></td><td></td><td rowspan="3">a=能；b=一般；c=不能</td></tr>
<tr><td>14. 积极表达自己的意见</td><td></td><td></td><td></td></tr>
<tr><td>15. 完成小组分配的任务</td><td></td><td></td><td></td></tr>
<tr><td>总评（课后）</td><td></td><td></td><td></td><td></td><td></td></tr>
</table>

① 陈明华，王富英．新课程怎样进行中学数学学习评价与测试［M］．成都：四川大学出版社，2005：58.

注：

（1）课堂上，教师要注意观察各个学生的行为特质的程度，选择学生最突出的一两个方面在课堂观察检测表中 a、b、c 三种不同的水平记录下来。记录对在相关的栏目画个“√”，若无，则不做任何记号。

（2）此评价表可以卡片的形式使用，每节课记录 2 ~ 3 名学生的情况，学生进行 3 ~ 4 次评价记录，最后根据几次的检测情况，综合得出学生在一学期里课堂的学习评价。

（3）课堂检测评价并不只是进行检测记录，而应在检测记录的过程中鼓励，发挥评价的激励功能。

（4）在使用检测表时，要结合具体的学习内容，对各个评价要素进行具体的使用说明，以便于具体操作。

（二）学习评价册评价方法

学习评价册是把教师通过课堂观察评价的内容制定成评价手册并发放给学生，以学习评价册为评价工具，让学生在学习过程中和同学、家长以及教师共同进行评价，并以学生自评为主，他评为辅，这样有利于学生全面了解自己的学习行为情况，及时并有针对性地修正低效的学习行为，进一步促进有效学习。这种评价是将自评、互评与他评有机结合而进行的一种自我评价方法。

（三）日记记录评价方法

日记既用于评价学生对自身所学知识的理解，还可以用于评价学生思维的方式。因为通过日记的方式，学生总结自身所学的内容，可以像和自己谈心一样地写出他们自己的情感态度、困难之处或感兴趣之处。学生通过日记反思自己的学习行为和方法，有助于培养反省认知的能力。

日记可以分为个人日记与班级日记两种。个人日记是学生一人一个日记本，由自己保管、记录，属于自我评价；班级日记是全班一个日记本，大家轮流记录、传阅，属于相互评价。个人学习日记的缺点是不便于交流。若要求每天记录，学生觉得没有那么多的内容可记，时间一长往往会流于形式，难以长期坚持。班级学习日记是轮流记录，相互传阅，相互评价、交流，这更易激发学生的兴趣，便于学生长期坚持，真正发挥评价的激励与促进功能。

日记要真正发挥其对学生的激励与调控作用，应注意以下三点。

（1）要让学生在有真实感受时才记录，不必要求每天必须记，否则，便会流于形式，使日记成为记流水账，发挥不了日记真正的作用。

（2）对日记要进行及时的评价、交流，且形式要多样；如果形式单调，学生缺乏兴趣，则不能长期坚持。

（3）对学生日记的评价可采用等级制或以评语的形式进行，不宜以原话的形式进行。

（四）调查和实验评价方法

调查和实验评价方法是一种采用动手实践活动进行表现性评价的形式。调查和实验可以是社会科学的，但在其中需要使用知识和技能，如对数学规律或模式的探索等。

调查与实验结果的表现形式是调查报告或实验报告。调查（实验）报告是在先进行调查实验的基础上进行的。在进行调查与实验之前，要先进行调查与实验方案的设计、实施调查试验的过程、记录调查试验的内容、分析调查试验的结果，最后才形成调查（实验）报告。因此，调查与实验的过程是学生学习的过程、知识运用的过程、综合实践活动的过程、独立思考与自主探究的过程、展示学生各种才华的过程。在分析记录、形成报告的过程中，要对记录进行分析、思考、归纳、概括等研究性活动，这可充分展示出学生的科学探究素养和研究能力。

（五）作业分析评价方法

作业分析是评价学习效果的重要方式之一。作业分析分为两类：一是分析学生现成的作业，按照作业完成和改正的质量来评价；二是现场提供作业，从学生完成该项作业的能力水平来评价。现场作业又可分为短周期和长周期作业。短周期作业当堂完成，现场观察其速度、质量与效果（如课堂练习）；长周期作业从设计、实施到完成，可经历几天到几个星期的时间。在这期间，教师要参与全程指导，最终根据学生的表现做出相关评价（如社会实践、小论文等）。

第二节　有效学习评价主体及其切换

毫无疑问，有效学习评价“评”的是“价值”，而价值是相对于主体而存在的。离开了主体，学习自身可以具有属性与功能，但不会有价值。需要注意的是，这里的主体是价值主体，也就是利用学习所具有的属性与功能满足自己需要的人。

有效学习评价作为评判学习有无价值或价值大小的活动，实质是要评判学习的属性或功能满足价值主体需要的情形，或者说是评判价值主体的需要通过学习而得到满足的状况。这样，价值主体的需要就成为评价标准的源泉，学习评价标准诞生于学习中价值主体的需要。

一、有效学习评价主体

有效学习的课堂学习行为是丰富复杂的系统。要厘清课堂学习行为，并且能够根据学生的学习活动开展情况对学习给予有效评价，首先要考虑评价主体的确定。学习观念的开放、学习目标的多层、学习方法的多样优化组合、学习内容的多元等，使得传统的学习评价主体单一模式向着评价主体多元化的模式转变。

（一）学生

学生是学习活动的主体，理所当然应成为有效学习评价的主体，评价自身的学习活动。通过参与评价，增强学生学习的主观能动性，培养学生的自主意识和独立性，并为整个评价提供有价值的资料和信息。

（二）教师

教师是有效学习评价的主要参与者，也是有效学习评价的主体。教师作为评价主体不仅能够对学生的学习过程进行及时的评价、反馈，并调整教学活动，使学生能够及时了解自己当前的学习情况，还能够收集学生学习的信息对于学生的学习效果进行评价。教师作为评价主体，把评价作为一种教学工具，目的在于改进学生的学习，以达到学习目标，同时促进教学与评价一体化。

（三）第三方

第三方学习评价人员包括专业评价者、家长及社区人员、学校、政府等。

（1）专业评价者。专业评价者是指课程或教学的专业设计者，或者是专业评价机构的专业评价人员，他们在评价工作队伍中发挥着较大的作用，是教学设计和实施工作的必要支持者。他们往往从第三方的角度收集相关的资料和信息，进行评价时也尽可能少地带有自己的评价观，因此，做出的判断主观性少，更为真实和客观。

（2）家长及社区人员。教育问题涉及千家万户，随着社会的进步和教育的发展，人们对教育也投入了更多的关注。从某种意义上讲，课程与教学的影响几乎成为教育产生影响的核心要素。因此，凡是受教育影响的人都应该参与部分的课程与教学的评价工作，也都应该参与部分的教育决策。学生家长、社区人员、校外的顾问等提出的意见或建议，也都应该加以重视。

（3）教育行政部门。教育行政部门作为有效学习的评价主体评价学习活动的社会价值、教师的教育工作价值、学生的发展水平等，主要完成学习评价的社会需求价值评估。教育行政部门作为代表社会价值需求的第三方是评价主体的重要构成部分，是有效学习得以顺利进行的有效保障。

综上所述，有效学习评价主体的多元化也丰富了学习评价的作用和价值。

二、评价主体的切换原则与方法

评价主体的多元化要求其切换需要遵循一些的原则和方法，使得评价能够有序进行。

（一）评价主体的切换原则

三个方面的评价主体在有效学习评价中需要进行切换，在其切换的过程中需要遵循以下原则。

（1）明确性原则。明确性原则的基本含义要求评价主体的切换目的要明确，切换要求要明确，明确的目的要在评价前让评价主体了解与掌握，只有这样才能促进评价有序进行。

（2）多元性原则。根据评价内容，采取多种评价主体相结合的评价方法全方位了解学生的学习情况。改变单一的评价主体结构，自评和他评相结合，倡导多元化切换评价主体。重视评价主体在评价过程中的转变，从不同的评价主体中反馈得到的信息中进一步改善评价体系，使得评价能够有效进行。

（3）主体性原则。所谓主体性原则，是指学生、教师和第三方作为评价主体在其评价的过程中必须清楚作为评价主体，要明确评价内容、评价方法和评价目的的原则，它要求在切换过程中，要给评价主体以主动选择的空间，以使他们的主体性得到充分发挥。

（4）可行性原则。根据学生学习的实际情况，制订具体的切换实施方案，具体实施方法力求简单，便于操作，避免烦琐和形式化。

（二）评价主体的切换方法

有效学习评价要求评价主体多元化，多元的评价主体在有效学习评价过程中需要进行恰当的切换，换言之，多个评价主体应该明确其进入学习评价的时机。因此，对于评价主体的切换问题产生了以下几种方法。

1. 教师全程参与有效学习主体评价的方法

从分析学习准备的有效性，到评价学习的组织设计，再到评价学习的实施水平，教师是有效学习评价的参与者，其设计与实施的首要目的是促进学生学习，应该把握两种基本方法。

（1）过程性评价和终结性评价相结合。这里的过程性评价有两层含义：一是对平时在课堂教学活动、访谈调研等活动中获得的学生行为表现等方面的信息进行分类评价；二是指阶段性把学生平时分项评价结果再次进行综合，使评价结果体现过程。只有这样，过程性评价才能关注到学生个体、小组、特征群体和班级四个层次的评价。

这里的终结性评价是对于学生在学习活动中的学习结果的评价。

在评价时，只有把过程性评价和终结性评价相结合，才能同时涵盖学生发展的优势与不足领域，为学生发展建立全面、客观的信息档案，清晰描绘学生成长、发展的曲线。

（2）定性评价和定量评价相结合。对于学生评价采用的方式，是根据学生接受平价的内容来确定的。在指导思想上，坚持“五性”，即客观性、主体性、灵活性、激励性、发展性。在具体做法上，根据教师采集到的学生学习信息，定性或定量地分析学生发展的成就、潜能及不足，明确学生发展的改进要点，评价学习的有效性，以量化的数据和描述的语言呈现评价结果。

2. 学生参与有效学习中学习主体性评价的方法

学生是有效学习中学习主体性评价的参与者，涉及学习活动的评价时，学生都应该参与，学生的评价信息成为有效学习的验证性评价，用来验证学生自身学习活动评价的有效性。因此，学生以个体、小组或者群体的评价主体身份参与有效学习评价，以完成学生对学习活动的个体评价、同伴评价、小组评价和群体评价四个层次。

（1）自我评价与同伴评价相结合。自我评价是学习者对自身的学习活动进行评价，同伴评价是两个学生之间对对方在学习活动中的表现进行评价。

自我评价和同伴评价的方法可以是量化的，也可以是定性的。教师作为评价的组织者，在实际的评价操作中，一般会使用自我评价与同伴评价相结合的评价方法，其目的通过自我评价和同伴评价结果得到关于学生个体学习过程的真实评价信息，被评价者（学生）对评价结果做进一步反思、分析，发现自身不足，从而调节自己的学习行为和策略，促进自身发展。

（2）小组评价与群体评价相结合。小组评价是指学生个体对学习小组整体学习情况的评价，群体评价是指学生个体对班级学习活动的整体评价。小组评价与群体评价相结合的评价方法能够帮助学生对自身所在小组和班级的整体学习情况有清晰的认识和了解，目的在于促进学生自发地改进和完善自己的学习方式。由于学生是小组和群体的组成部分，他们能够收集到一些教师忽略的课堂学习信息，特别是关于小组成员行为和语言的信息。这些信息能够更全面地反映集体的学习情况，教师可根据这些信息适当改变其教学计划，最终的目的是促进学生的有效学习。

（3）学生作为评价主体切入有效学习评价的时机和方法，包括延迟方法和及时方法。学生对学习的主体性评价应在学习活动结束之后，而不是在学习活动之前或之中，但是评价主体切入又要相对及时。学生主体进行学习评价时，教师应该作为评价活动的组织者以及信息的收集者、整理者参与学习主体性评价。

学生的延迟评价方法是要在学习活动结束后给学生留出足够的时间回顾、反思学习活动过程，展开学习主体性评价。学生的及时评价策略主要是指不能在课堂教学结束很长时间之后，例如，一周以后，再让学生评价课堂自身学习情况，长时间后学生可能对很多信息已经忘记了，评价的真实性就受到了质疑，不利于学生自身反思，不能及时调整学习行为。

3. 第三方渗透性参与有效学习评价方法

第三方作为评价主体包括了专业评价人员、家长及社区人员、教育行政部门等。这些评价主体的切换方法是“渗透切入，及时抽离”。

第三方进入学习评价往往是渗透性的，例如，教育行政部门的评价就如同“指挥棒”一样调控着教师的教学和学生的学习，它通过评价主体语言出现在有效学习的过程中；家长及社区人员往往是在学校以外的空间接触到教师和学生，从而对学习效果的社区性价值进行评价，这种评价主体不直接进入课堂；专业评价人员进入课堂教学现场收集评价信息评价学习，但是进入的方式一般也采用渗透式，坐在学生当中，与学生一起共同遵守课堂纪律。第三方作为评价主体参与有效学习评价，同时作为课堂的“旁观者”，一方面，通过评价结果能够真实地反馈到教师的教学上，便于教师针对学生的学习情况（是否达到学习目标、学习是否跟上教学节奏等）来调整教学计划，从而提高学生的学习效率；另一方面，将评价结果直接反馈到学习者身上，以专业的角度给予学习者建议，促使学生不断进行自我回顾和反思，使他们懂得自我检测，促进自身发展。

第三方往往在评价结束后及时抽离。这主要表现在专门评价人员听完课后会及时离开教室，家长及社区人员不会时刻监视学生课堂学习过程，教育行政部门对于课堂学习的检查评估具有阶段性。

第三方不是课堂学习的主体，但他是有效学习评价的主体，这决定了他需要以渗透性的方式切换为评价主体，完成评价任务后又及时抽离，以免影响学习的有效性。

第三节　有效学习评价的信息负载与闭合回路构建

有效学习的组织者（教师），对学习信息进行确认，明确评价主体的多元化，这只是有效学习评价的准备。在学习信息和评价主体确认的基础上，教师指导学生如何开展有效学习评价，这是本章的重点。学生明确信息负载情况、构建信息闭合回路是有效学习主体评价的重要步骤。

学习信息是指学生学的信息，以学生为主体，在教师教学过程中和学生学习活动中呈现的课堂学习行为信息。学习信息一般包括学习类型信息、学习活动状态信息、学习活动效果信息。

（1）学习类型信息。这类信息的信息源是教师组织下的学习活动形式。一般课堂学习活动有集体学习、小组学习和自主学习三种形式。学习类型信息是判断学生学习形式有效性的重要依据。

（2）学习活动状态信息。这类信息的信息源是学生。它是一种与学习内容相关联的学习活动状况信息，其中包括学生在学习活动中所表现出来的心理状态、情感体验、知识获得情况等。这类信息伴随着学生的学习活动的展开必然发生，对学生本身的知识传递的有效性产生影响。

（3）学习活动效果信息。这类信息的信息源是学生学习活动过程及结果，包括短期效果信息和长期效果信息。短期效果信息一般通过课堂中学生的学习行为和学习反馈信息，长期学习效果信息一般在学生日常学习活动中呈现，不容易观察和评价，短期效果信息一般呈现在学习课堂上，比较容易观察和评价。

一、有效学习评价的信息负载

信息负载即承载信息的通道与介质。这里所指的信息负载是承载有效学习行为信息的通道与介质。信息负载的分析是明确评价主体和学习信息之间的评价状态。明确承载课堂学习行为信息的通道与介质，对学习信息的鉴定与评价有着极大的关系。一般来说，学习信息负载包括了师生对话、课堂观察、学习效应和作业。

（一）师生对话

师生对话是一种主动检测的信息通道。这个信息通道沟通了评价主体——教师和学生。师生对话是指教师与学生在相互尊重、信任、平等的基础上以语言等符号为文本而进行的精神上的双向交流、沟通与理解，是两个以上主体的语言交流活动，并不是任何的语言交流都是对话。一种语言交流是否是对话，依靠的是交流双方的主观意识，特别是主导交流一方的对话意识。在课堂语言交流中，如果作为主导的教师有对话意识，那么会使得学生在交流过程中能够更好地发言，做到真正的对话。

课堂学习交往中师生对话的内涵是丰富的，它并不局限于师生之间溢于言表的交谈，还应该包括师生双方心灵深处的相互吸引和接纳，是双方的交互性和精神的承领。师生对话体现的是师生坦诚相见，双方共同在场、互相关照、互相包容、共同成长的关系。

师生对话是一种课堂行为，同时也是一种师生之间的信息通道。在课堂师生对话中，教师通过语言交流更好地捕捉学生的学习信息，学生也通过语言能够反思自己的学习行为是否有效。师生对话如同一个开放的平台，使得教的信息和学的信息双交流（如图 7–1 所示）。作为教师，应该主动创设师生对话信息通道并使之畅通，作为学生，应该全力配合教师。

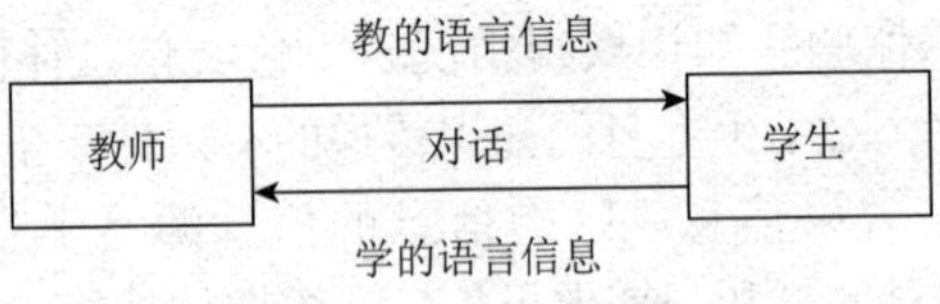

图 7-1　师生对话的信息负载通道

（二）课堂观察

这里的课堂观察是指教师对学生课堂学习的各种行为表现进行及时观察，应重视时间取样、事件取样、对象取样，它是课堂学习的一种伴随状态。课堂观察是一种单向信息通道，教师通过及时的观察活动，收集关于学的行为信息（如图 7–2 所示）。

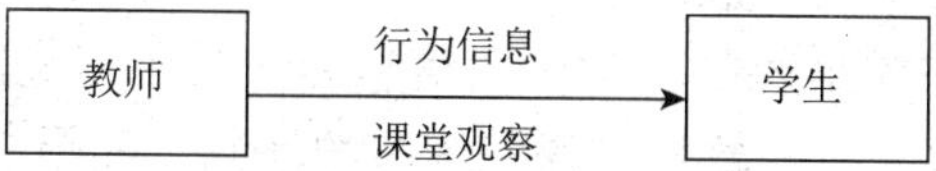

图 7-2　课堂观察的信息负载通道

课堂观察作为一种信息通道，评价主体是教师，信息是学生学的行为，课堂学习行为信息通过教师形成单向通道。教师应该在学生学习过程中养成伴随性观察的习惯。

伴随性的课堂观察需要注意几个问题。

（1）观察的及时性。由于教师是课堂学习的组织者，因为他们清楚地知道在学生学习过程中有哪些节点值得观察。对于值得观察的节点，教师应该及时观察，否则就会遗失有价值的学生行为信息。例如，组织小组讨论，要观察各个小组是怎么讨论的，持续了多长时间，是否有开小差的学生。又如，提出一个问题后，要观察学生的表情是怎样的，需要多长时间才能反应、回答等。

（2）观察的持续性。学习是一个持续的过程，因此，作为伴随状态的教师课堂观察也应该是持续的，并且应该注意观察的时间取样，保持信息通道畅通。教师要在学生学习过程中适时地切入观察，一般设定等距的时间长度取样，如每隔 10 分钟观察一次或每隔 5 分钟观察一次。

（3）观察的事件性。这是指在课堂学习中，设定一些需要观察的事件，当这个事件在课堂中出现的时候就实施观察。例如，提问事件观察——学生出现提问现象的时候实施观察，观察学生在哪个内容节点提出了问题，这个问题学生是如何描述的，最后是以何种方式解决的；练习事件观察——学生有练习行为就实施观察，观察学生是主动练习还是被动练习，对于练习，学生的行为速度持久性如何等。

（4）观察的对象性。这是指在课堂学习中对某一特定的对象进行观察，与这个对象相关的行为信息都要详细记录，给出评价。这种观察的对象取样可以根据教师一段时间聚焦思考的问题设定，也可以根据某一对象在一段时间的学习情况设定。例如，这段时间教师发现男生在课堂上不活跃，因此教师在一个月内对男生的课堂行为进行观察，以做出诊断性评价。

（三）练习效应

练习效应即对学生的课堂练习做出评判，获取相关信息。练习效应是一种及时反馈信息通道，及时呈现与学习活动相关联的有效信息。练习效应中涉及的评价主体是教师和学生，信息介质是练习文本，信息量包括学生反复多次的课堂练习、教师对课堂练习的评判（如图 7–3 所示）。练习效应作为一种信息负载形式不仅仅是一种信息通道，也包含了信息介质。

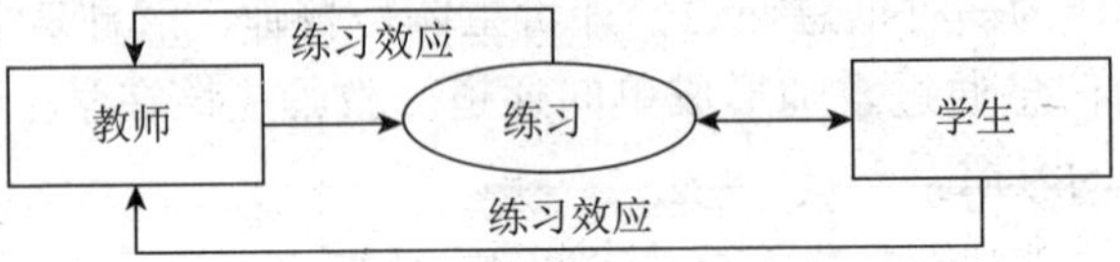

图 7-3　练习效应的信息负载通道

要认识练习效应这种信息负载，需要注意以下两点。

（1）练习作为信息介质需要有效设计和组织。课堂中的练习能够承载课堂中的关于学生学的有效信息，作为一种信息介质，要经过精良设计以使得它能够保证练习效应通道畅通。课堂练习一般是课堂所传授知识的熟练性练习和技术性练习，对于认知水平高的学生，可以设置水平层级多样、梯度大的拓展性练习。练习的选择切忌大量重复同一认知水平的题目。练习都是教师在教学活动设计阶段做好充分准备的。

（2）练习效应要能够发挥作用，有赖于教师的及时评价。练习效应会让学生清晰课堂教学内容的重、难点，会呈现学生自身对知识掌握的情况，突出学生学习的有效性。要发挥练习效应的作用，就需要教师对学生在练习行为中呈现出来的行为信息进行及时的评判，对出现的问题及时修正，对好的学习效果及时表扬。学生也可通过练习对自身学习作及时反思，并及时调整学习行为和策略。

（四）作业

作业多为拓展性、应用性任务，往往在课后进行，能够系统地反映学生的知识、思维、能力变化，是十分重要的信息介质通道。

课外作业的类型包括：①口头作业，如朗读、阅读、复述、背诵、问答、口头解释与分析等；②书面作业，如书面回答、演算习题、作文、绘制图表和实验报告等；③实践活动作业，如观察、实验、测量、制作、收集资料、参观调查和各种技能训练等；④阅读教科书、参考书和课外读物。

搭建以课外作业为信息介质的信息负载形式需要注意以下几点。

（1）作业内容必须符合课程标准和教科书的要求，使得信息介质拥有高素质。作业作为信息介质必须拥有良好的品质，例如，作业针对学生的实际水平，有助于学生巩固加深知识，形成技能技巧，促进学生智力与非智力水平的发展，促进学生的学习有效性。

（2）所布置的作业要有目的性和针对性，保证能够构架有效信息通道。作业布置的目的性和针对性决定了评价信息的有效性，因此在作业布置中，习题类型要有典型性，习题内容要有启发性。

（3）作业要精心挑选，作业的数量、次数要适当，难易适度，以保证信息通道的流畅与多层。作业过易过少，达不到复习巩固的目的，不易评判学习行为是否有效；过难过多，又会加重学生负担。作业量控制着所负载信息的丰富程度，一般要根据学科上课与自习时间的比例和完成作业的时间来确定。

（4）布置作业要提出明确要求，对作业中的难点、疑点要给以必要的提示和指导，保证信息通道负载有效信息。

作业作为信息负载形式，一直受到教师的极大关注。布置作业是课堂学习必不可少的环节。然而，在有效学习观念下，我们应该重新认识作业，把作业看作有效学习评价信息的介质和通道，通过作业变革，调整课后作业任务类型，以刺激学生的学习和发展，获取更多的学生变化信息，以实施有效学习的评价。

二、有效学习评价的闭合回路构建

及时有效地获取与处理学习信息是有效学习评价的前提，与此同时，需要搭建可靠的信息通道系统。教师运用信息手段将信息负载的四种形式（师生对话、课堂观察、练习效应、作业）构建成为有效学习评价信息通道系统即闭合回路。学习评价的闭合回路的构建能够协助教师做好有效学习评价工作。

（一）构建评价闭合回路的意义

1. 明确学习信息流动方向，有利于开展有效的学习评价

传统的学习评价中，明确了课堂学习信息的复杂性，评价主体的多元，

但是学习信息的存在状态，评价主体与评价信息之间的关系都不明确，使得教师在具体的学习评价中操作困难。构建评价闭合回路，可以帮助教师明确课堂学习信息的流向，清楚掌握评价主体与评价之间的存在状态，学生能够了解自己的学习效果如何，这样作为学习主体的学生才知道应该如何有效学习，作为评价主体的教师知道应该如何开展有效学习评价。

2. 形成闭合的信息通道系统，有利于有效学习的整体反馈与调节

闭合的课堂评价信息通道系统的构建，直接目标是促进有效学习评价的效率，根本目标是促进学习有效性的达成。只有学习评价是及时的、学生的学习行为调整是及时的，学生的学习活动组织才是有效的。闭合的信息通道系统使得教师能够及时地掌握各种评价主体的评价信息，并且能够通过信息通道快速地反馈到学习主体那里，真正促进学生的有效学习。

（二）评价闭合回路的构建

有效学习的终极目标是促进学生的有效发展，因此有效学习评价的目标是搜集关于学生学习变化的信息，判断学生的发展情况。及时获得关于学生学习变化的信息是构建有效学习评价信息闭合回路的根本出发点。

1. 有效学习评价信息闭合回路

有效评价信息构成一个闭合的信息回路，教师、学生和第三方是评价主体，评价主体和各种评价信息之间构成了信息负载，信息负载包括师生对话、课堂观察、学习效应、作业四种，各种课堂学习行为信息通过信息负载在评价主体之间全息贯通（见图 7–4）。

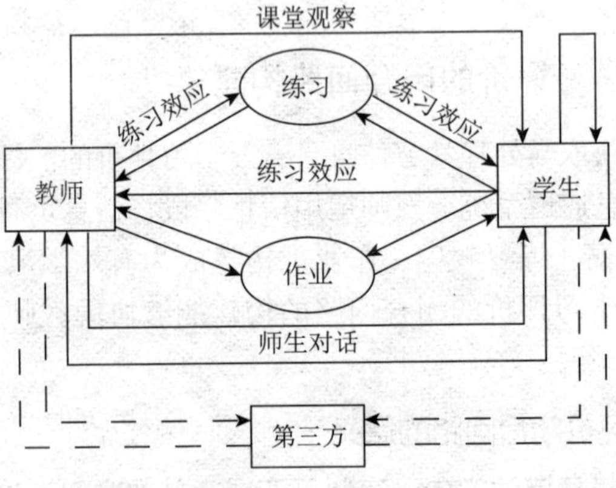

图 7-4　课堂学习有效评价信息闭合回路

课堂学习信息的传播方向是双向灵敏的。教师通过信息负载接收各种学习评价信息，经过个人评价后，通过各种信息通道向学生反馈，为了调控学生的学习活动，教师执行学习评价中的主体评价，构建了一条课堂学习信息评价的闭合回路。师生闭合回路所提供的信息是教师控制学生学习过程的主要信息，它系统地反映了学生活动开展的情况。教师通过闭合信息回路上的流通信息检查学生的学习状况（如学生接收信息的程度、学习活动质量等），进而据此调整教学进程和教学方法，加速学生的有效学习进程。学生根据闭合信息回路上的流通信息调整自己的学习方式，最终提高自己的学习效率。如根据师生的对话信息、练习效应，教师应及时调整教学节奏和教学语言，学生调整自己的学习方式便于跟上教学节奏，根据作业的完成情况，学生掌握自己的学习情况，及时调整学习方式，寻找最佳的学习方法，根据教师课堂观察的行为信息调整学习组织形式等。

此外，还有两条信息闭合回路，一条是学生的自我反馈回路，另一条是第三方与教师、学生的信息闭合回路。学生自身也是一个信息通道系统。对学生接收知识信息和教师的反馈信息和其他信息进行加工处理，以学习信息和控制信息的形式输出。在这个信息变换过程中，学生自身也在进行自我评判。学生通过自我评价自主检查自己的知识是否把握、推理是否严密、方法是否合适等，从而修正自己的学习方法，提高学习效率。另外，第三方渗透性地进入学习评价，与教师和学生都建立起了一个信息通道的闭合回路。第三方通过渗透性方式进入课堂获取学生的评价信息，通过语言和书面报告等形式反馈给教师和学生，进而促使教师调整教学，以促进学生的有效学习，学生根据反馈结果适当地调整自己的学习方式，促进学习效率的提高。

信息通道系统中的三类信息闭合回路，构成了有效学习评价中的反馈控制机制，它们相互配合，实现对有效学习的评价，学生能动、自觉地调整自身学习的活动，最终目的是促进有效学习。

2. 有效学习评价信息闭合回路的特性

（1）全息通路。有效学习评价信息闭合回路的首要特性是全息通路。所谓全息通路，是指在课堂上所有学习信息都在信息闭合回路中通过合适的信息通道和介质相互贯通。由于信息通道系统是“闭合”的，因此信息的贯通是必然的。

信息闭合回路的全息贯通使得教师和学生能够迅速地对信息通道中传输的课堂学习信息做出反馈，也能使教师更好地把握课堂学习信息的动向，与此同时，学生能够及时掌控自己的学习动态，为学习评价信息的反馈寻找最合适的信息负载形式。

（2）双向灵敏。双向灵敏是有效学习评价信息闭合回路的重要特征。要做到学习评价“有效”就需要学习评价信息通道系统反馈灵敏，而信息系统反应的灵敏程度与信息通道的长短有关，因此建立“双向贯通”的学习评价系统闭合回路是达到“灵敏”的有效方法。当前丰富的信息负载方式，使得“双向”信息闭合回路的构建成为可能。

双向灵敏的目的是学习评价的迅速、可靠，也是为了保证流通过程中减少信息丢失。因为如果是一个单向闭合的信息回路，任何一个评价主体需要接收自身发出的信息，都需要经过很多信息介质和信息通道，使得信息的间接性更加增加，直接性减少，这样就无法做到学习评价的有效。

3. 有效学习评价信息闭合回路的功能

有效学习评价信息闭合回路应该是学生有效学习的重要组成部分，教师和学生都需要充分认识这个信息闭合回路的功能。

（1）动力功能。根据信息闭合回路中收集到的课堂学习信息，教师向学生提供正面（负面或具有启发性）评价信息，学生从评价中提高或降低自尊心和自信心，激起新的要获得成功（或放弃努力）的意念，引起下一次学习行为的积极变化，学习信息闭合回路成为促进学生有效学习的良好评价系统。

（2）检测功能。教师根据学生信息（作业、试卷、行为、表情、语言等），分析并判定学生的学习成效，同时针对不同的学生给以不同的学习评价，学生根据学习评价中反馈的信息分析自己的学习效率，判断自己的学习行为与学习目标的差异。信息闭合回路是一个学习评价信息系统，必然具备这样的检测功能。

（3）调控功能。学生根据教师的反馈信息判定自己的学习行为成效，调整并控制自己下一步的学习行为活动，以此可促进学生的有效学习。

（4）策略功能。学生根据自身经验和教师提出的要求，在调整自己特定的学习活动的同时，不断地调整自己的学习行为策略，如端正学习态度、修订学习目标、制订学习计划和步骤、改变学习习惯等，以针对不同学科的学习特点和不同教师的教学特点采取与之相适应的灵活有效的策略，从而提高学习的有效性。

有效学习的闭合回路的策略功能是有效学习评价功能在高一级水平上的体现。调控功能是针对正在发生或即将发生的行为进行直接调整，而策略功能则是针对整个将要进行的或可能进行的活动去发挥作用。

4. 有效学习评价信息闭合回路优化策略

在学习实践活动中，要使学习评价信息闭合回路有利于调控学生的学习行为，就必须整体优化信息闭合回路反馈和控制的策略，从而有效地发挥学习评价信息闭合回路的功能，有效地提高学习效率。

（1）多渠道获取课堂学习信息并采用多种信息通道传递手段。教师将获得的学习信息反馈给学生，使得学生反思自身的学习，进一步调整自己的学习方式，提高学习效率。教师要获得学生学习的信息，其渠道是很多的，但主要有以下几方面。①课堂教学中可通过观察和分析学生的课堂行为来获取信息。另外还可以通过提问、练习、讨论以及整个班级的学习气氛获得学生在学习、态度等方面的信息。②学生往往会在课余对教师的教学和自己的学习情况进行讨论，教师可通过课间访问，倾听学生评价，了解学生对知识的掌握情况，并将其作为调节教学进度的依据。③通过批改课外作业，了解学生在思维、能力、态度、意志、性格等多方面的情况。④通过各种纸笔测验，了解学生对知识的掌握和运用情况，尤其是思维能力的发展程度。另外，还可以通过实验课、课外活动等使教师获得各类学生学习的信息。

教师在向学生传授知识和对学生的学习进行评价时，可通过多种信息通道，以提高评价效果。除了言语外，还可以运用面部表情、眼神、肢体动作、音调变化、符号、图表等非语言信息，使得各信息通道所传输的信息相互补充。例如，教师在对某一成绩差的学生的一次回答感到满意时，应在言语上给予肯定的回答，辅之以赞许的目光、欣喜的微笑，这时这个学生从教师那里所得到的言语和非言语信息都说明教师重视他的回答，他会因此而获得一种愉快的体验。

（2）及时对信息做出评价并进行有针对性的指导。教育心理学实验证明，评价信息的反馈对学习的提高有显著的效果，并且证明每日的反馈较之每周的反馈效率更高。这就要求教师及时地对学生的学习情况做出评价，并及时反馈给学生，使学生适当调整自己的学习活动。如当学生回答正确、有创新的想法时，教师应通过语言或表情暗示给予表扬，学生会从中受到鼓励，增强学习的积极性，从而提高学习效率；当学生对某些学习内容缺乏兴趣或对问题的回答、解题的方法和思路出现错误时，教师要及时准确地予以提醒、指正，帮助学生激发学习动力，改进学习方法。

但是，教师对学生不能单纯地做出是或否的简单评定，也不能急于告诉学生现成的答案，要使学生真正明白为什么正确、为什么错误。有效学习评价的形式、反馈信息的质与量要因人而异。

学生理解的深度和广度差异以及信息传递中的外界干扰，都要求教师对学生的学习加以适当控制。根据学生的不同情况加以较细致、有针对性的指导。例如，上课时针对某一问题的提问，对于一个比较粗心但是成绩好且自信的学生，即使回答对了，也可以暂缓肯定，以疑问的形式反问，促使他反复思考，自我检查，改善其粗心的不良习惯；但对于一个成绩不好的学生来讲，首先要激起其学习的积极性，然后再加以引导，仔细分析，以强化其成功建立起来的知识联系。

（3）培养学生的自我评价能力。在有效学习活动中，学生应该通过自我评价学会自我监控，因此教师要给学生提供更大参与评价的空间，让他们通过自我反省和自我批判，从而不断改善自己的学习方法。

第四节　有效学习评价方法

有效学习的信息负载揭示了学习信息与主体间的存在状态，学习评价信息闭合回路构建了全息贯通、双向灵敏的信息通道系统。在此基础上，教师作为有效学习的主要评价者要对信息通道系统中传输的课堂学习行为信息进行鉴别，以完成对有效学习的评价。

一、有效学习信息收集与鉴别

学习信息多样化，应该对学习信息进行梳理，需要对其加以收集和甄别，这是进行有效学习评价的前提。

（一）有效学习信息收集

学习信息收集是指学生对学习活动中呈现的课堂学习信息进行整理，收集方法一般有两种视角：第一，教师收集学习信息，对学生课堂学习进行即时评价与反馈，这是有效学习过程的一个重要部分；第二，教育研究者以第三方的身份（教师同伴、教研员、科研人员）进入课堂收集信息。具体收集方法如下。

1. 教师收集学习信息的方法

教师通过常用的三种方法对学习信息进行收集：纸—笔法、观察法和口头提问法。教师充分利用每一种方法来获取学生的学习评价信息。

（1）纸—笔法。纸—笔法是指学生写下问题答案的一种评估方法，通过此方法可向教师提供可供参考的卷面信息。纸—笔法大体上可以分为两类：选择题和开放性试题。多项选择正误判断和连线题都属于选择题，顾名思义，就是学生从提供的几个选项中选择一个，作为正确的答案来回答每一个问题。而开放式试题则需要学生自己写出答案来，答案长度的变化范围也很大，例如，论述题就需要学生写出很长的、细节的回答，而简答题或填空题的答案则一个单词或短语就够了；复杂一点的开放式试题，如读书报告、日记、档案袋、科学实验和班级大作业，通常称为表现评估。需要注意的是选择题给出题者提供了最大限度的控制权，因为它们明确陈述所有问题和所有选项，而开放式试题只有对试题的掌控权，提供答案的职责在学生身上。[①]

（2）观察法。观察法是教师用来收集学习信息的第二种主要方法。观察包括看或者听学生学习过程，并且评判学生的学习结果。通过观察，教师可以注意到学生读书走神、上课说话、表情迷茫、课上举手发言等诸多学生行为。当学生交上科学竞赛大作业报告、画静物画、摆好实验设备、在营销班里完成一个方案时，教师就会观察、评判他们的成果。[②]

（3）口头提问法。口头提问是教师用来收集评估数据的第三种主要方法。教师在课中或课堂结束时用来评估学生的问题通常用口头提问的方法呈现，为教师判断学生在该节课的学习行为效果提供依据。例如，“为什么作者会那样结束她的故事？”“用自己的话解释什么是不恰当的假分数。”“你给同学起外号了吗？”“如果你知道为什么这个答案不正确，请举手？”“谁能够总结一下我们昨天关于水循环的讨论？”“你今天为什么没有带家庭作业？”……因为口头提问形式简单，可以用来复习前面所学习的内容，引出新课题。用这种方式教师能收集到他们想要的信息，初步判断学生对本节课的学习情况，不需要笔试。口头提问是所有课堂常见的特征，也是讲

---

① ［美］彼得•W 艾瑞逊，课堂评估：一种简明的方法［M］.夏玉芳，译.长沙：湖南教育出版社，2009：9.

② ［美］彼得•W 艾瑞逊，课堂评估：一种简明的方法［M］.夏玉芳，译.长沙：湖南教育出版社.2009：10.

座后常采用的活动。在某些学科，如外语、演讲和声乐中，口试经常用到。[①]

在课堂里，选择法、问答法、观察法和提问法是相互补充的。教师需要观察学生的一些行为活动和反应，才能对学生学习评价进行即时评价和反馈。除了以上所描述的评价方法，还可以从学生从前的课任教师、辅导员和家长那里获得有用的辅助性信息。为了证实和强化现在的观察及结果，教师通常会咨询前任教师，家长也经常主动提供一些信息或解答疑问。这些辅助性信息都有自己的局限性，教师做评价时，务必慎重对待这些信息。

2. 第三方学习信息收集方法

第三方人员一般通过观察与调查、记录、视频分析等方法去收集学生的学习信息，这些学习信息收集的方法是为了对学生的学习行为给以全面评价，以促进学习有效性。

（1）观察法。观察法分为定量观察、定性观察、定性与定量相结合观察。

①定量观察。定量的课堂观察是运用事先准备的一套定量的、结构化的记录方式进行的观察。其记录方式的特点是：预先设置行为的类目，然后对在特定的时间段内出现的类目中的行为做记录。[②] 观察法有两种主要的样式。

第一种样式是记号体系或核查清单。记号体系或核查清单是指预先列出一些需要观察并且有可能发生的行为，观察者在每一种要观察的事件或行为发生时做个记号，其作用就是核查所要观察的行为有无发生。

第二种样式是等级量表。作为分类体系的一种，等级量表也是预先设置的分类，不同的是它要求观察者做出更详的权衡和判断。观察者在一段时间内对目标进行观察，当观察时间结束时，在量表上对该期间内发生的目标行为评以相应的等级。

②定性观察。课堂观察中的定性观察是第三方依据粗线条的观察纲要，在课堂教学现场对观察对象做详尽的多方面的记录，并在观察后根据回忆加以必要的追溯性的补充与完善，观察结果的呈现形式是非量化的，同时对结果采取质化的分析手段，且这一分析过程在进行观察的周期中就可进行。

定性观察主要有 3 种主要的记录方式：描述体系、叙述体系、工艺学记录。其中描述体系和叙述体系实质上都是以实地笔记也称田野笔记的文

---

① ［美］彼得•W 艾瑞逊，课堂评估：一种简明的方法[M]. 夏玉芳，译. 长沙：湖南教育出版社，2009：11-12.

② 杨晓萍. 教育科学研究方法［M］. 重庆：西南师范大学出版社，2006：103-104.

字形式做记录，而因式记录和工艺学记录严格地说，既可用于记录量化的资料，也可用于记录质化资料，在此，为了描述方便，我们统一将其以非量化形式的特点置于定性观察的记录方式之下。

方式一：描述体系。描述体系其实是一种中间过渡类型，它继承了分类体系而进行分类的，但是又属于开放定性的体系：它是在一定分类框架下对观察目标进行的除数字之外的各种形式的描述，往往抽取较大的事件片段，并对行为的多方面进行记录。

方式二：叙述体系。叙述体系也属于开放的体系，它没有预先设置的分类。事先抽取一个较大的事件的片段，观察的同时对相关事件和行为做详细真实的文字记录，同时还可以加入观察者的一些主观评价。威特罗克（Wittorck）认为叙述体系具体有下面4种记录方式，第一，日记/流水账；第二，逸事记录/重要事件记录；第三，样本描述；第四，实地笔记，也可直译为田野笔记。这些记录方式呈现信息的形式基本一致，主要是文字的形式，但它们在抽样、叙述内容的侧重点等一些具体的方面有所不同。

方式三：工艺学记录。工艺学记录是使用录音带、录像带、照片等电子形式对所需研究的行为事件做现场的永久性记录。①

③定性和定量相结合观察。这种观察法主要是使用录音带、录像带、照片等电子形式对需要评价的课堂学习信息做现场的永久性定性观察记录，然后再通过视频分析软件结合定量分析方法进行课堂学习信息收集。

例如，本研究观察课堂录像所使用的软件为澳大利亚国际课堂教学研究中心开发的 Studiocode 视频分析软件. Studio-code 是用于教育和研究的一种视频编码和分析工具，该工具主要包含编码输入窗口、时间线窗口以及视频录像窗口，允许使用者根据自己的研究需要自行设计编码，通过操作编码记录某个特定事件发生的次数和时间，可以独立观看每次记录下的事件，如发现记录不够准确，则可重新记录或对已记录的事件进行调整。同时，使用者还可以随时对记录下的每段小视频加以标注和解释。在完成整段视频观察和记录后，可以通过简单的操作让软件输出频率制成统计表、编码矩阵等 Excel 文件，这些文件提供给研究者各类特定事件发生的总次数、总时间、平均时间等数据，为后续研究工作提供了极大的方便（如图 7-5 所示）。②

① 郑金洲，等．学校教育研究方法［M］．北京：教育科学出版社，2003：116.

② 曹一鸣，贺晨．初中数学课堂师生互动行为主体类型研究［J］．数学教育学报，2009（5）：38-39.

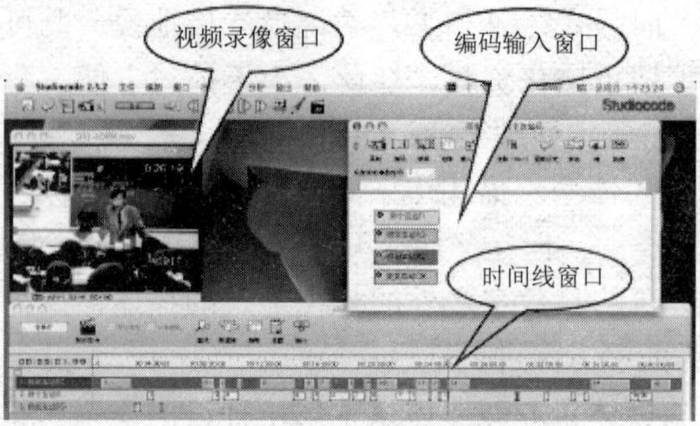

图 7-5 Studiocode 视频分析软件操作界面

Studiocode 视频分析软件具有这一功能，可以方便地记录每次事件的开始与结束，在时间线上显示出代表每次事件的时间格。当对整节课观察并记录完毕后，便形成了该课的时间线，每段录像都可以重复观看，每个时间格都可以任意地修改或删除。当时间线修改满意后，研究者可以进行保存，并点击相关按钮完成所需数据频数、时间等方面的统计。类似的时间线记录在过去的研究中就已出现，有代表性的是 20 世纪 70 年代盛行的弗兰德斯互动分析系统（FIAS），与 FIAS 系统的时间线记录相比，Studiocode 视频分析软件更加便捷和智能。第三方可以对各类在课堂中互动次数、所用时间以及哪些互动形式使用较多等方面做定量分析，在此基础上，反复观看录像，结合定量分析结果再深入细致地对各类互动给出定性分析，通过这样定量分析与定性相结合的方式可以得到更为可信的课堂学习评价结论。

（2）调查法。调查的具体方法很多，主要有访问和发问卷。

①访问。访问又称谈话或面谈。它与开调查会一样，也是搜集口述的材料。所不同的是，被访问者一般人数很少，多数是一对一进行，所以构不成“会”。访问一般也是安排在课堂教学结束之后，由于访问的是课堂学习行为信息，因此访问时间安排上必须及时，以保证主动信息的有效性。访问内容大致有：澄清事实（课堂观察中看到的现象背后的原因）、行为动机、心理状态等。

访问有二种形式，一是正式访问，二是非正式访问。正式访问是依一定的组织手续，按照预定的计划进行。因此，访问需要预先约好谈话的时间、地点。正式访问由于对象清楚，目的明确，因此，可以在短时间内获得所得的材料。非正式访问通常是在自然和谐的气氛中进行，不用预约。有时，偶尔碰面聊即可，随手捡来所需的材料，获得意想不到的效果。

如果被访问者不愿在公开场合发表自己的意见和看法，那么，访问就成了不可缺少的调查手段。比如，要了解某个学生的学习行为，通过访问是可以达到预期目的的。但是，访问也有其局限性，最大的毛病是被访问者往往存在“戒备心理”，尤其是在正式访问的场合。对访问者的提问或漫不着边或不敢直言，或言过其实或“留有一手”，使得收集的材料真假难辨，难于下结论。为此，应当注意以下几点。

一是认真选择访问对象，被访者应是“知情者”，防止出现“一问三不知”的尴尬局面。

二是应尽可能事先了解被访者的经历、个性特征等，以便采用适当的谈访方式，使访问顺利进行。

三是进行谈问时态度一定要谦虚有礼貌，尽量取得被访者的信任与支持。谈话时气氛要融洽，要向被访者讲明访问的目的与要求，适当加以“引发”与“点拨”，尽可能用最短的时间结束谈话。

②发问卷。发问卷是调查者把调查的项目以问题的形式制成问卷发给被调查者填写，然后收回整理、统计并分析。它与访问不同的地方在于，它所收集的材料是被调查者的笔述材料。问题的类型一般有是非题、选择题、填空题、判断题与简答题，问题一般控制在 22 个以内，回答时间不超过 10 分钟，要求答案简单明了，便于分类统计。问卷通常采用无记名的形式答题，能够短时间收集所有学生的情况。

（二）有效学习信息甄别

学习信息甄别是指对学习信息评价闭合回路系统中的课堂学习信息进行辨别、归类和分析。教师应该熟悉学习信息的呈现方式，清楚信息的指导意义，然后才能对信息进行归类分析。教师对课堂学习信息的鉴别包括了以下几个步骤：第一，信息的呈现；第二，明确信息的指代意义；第三，进行信息归纳。

1. 信息的呈现

关于学习信息的类型在本章第三节已经介绍了，那么学习信息是如何呈现在学习评价信息闭合回路中的，这确实是在进行有效学习评价之前必须要弄清楚的问题。这里所说的“信息的呈现”是指能捕捉和提取的学习信息。在学习评价信息闭合回路中，学习信息在闭合回路中往往是以提问、练习、作业等信息负载形式呈现的。

师生对话中呈现的学习信息包括学生的口头语言（陈述、提问、回应等）、学生的表情、学生的身体语言、学生的情绪、学生的认知变化等。课堂观察中呈现的学习信息包括学生的学习行为、学生的情感变化等。练习效应中呈现的学习信息包括学生练习文本、学生的学习效果等。作业中呈现的学习信息包括学生行为、学生语言、学生的认知水平发展等。

2. 信息的指代意义

信息的呈现使得教师必须要理解其指代意义。信息的指代意义即学习信息指代的行为与变化，这种行为与变化的主要主体是学生，教师根据这些行为与变化适当对教学做出相应调整。换言之，教师需要明确，呈现的学习信息代表的是哪些行为，这些行为指代什么变化，变化是积极的还是消极，等等。

例如，有一位教师整理了他在“因式分解”课上收集到的部分信息，并给出了指代意义解释，如表 7–3 所示。

表 7-3 “因式分解”信息的指代意义分析

信息负载	学习信息	指代意义
师生对话	全班同学喜欢集体回答教师提出的问题	学生融入课堂学习
	个别学生回答问题时举手示意	学生敢于自我表现
课堂观察	学生在小组活动中玩铅笔盒，没有参与小组讨论	学生没有融入小组活动
	学生听课时身体挺直	学生对课堂学习有信心和兴趣
练习效应	讲解例题后学生尝试完成一道和例题难度相同并需要同样的解题技巧的题目	学生练习解题技巧的熟练程度
	经过教师简单讲解练习后全班95%的学生可以解决一道难一些的题目	学生能够快速掌握方法并灵活运用，对于因式分解的方法掌握良好
作业	学生围绕今天所学习的内容并自己找了5道不同难度的题目去解。并写出这5道题目的原因和它们的难点	学生通过教师搭建的这个可以发展的空间，检测自己的学习效果，并认真反思自己的学习行为

以上只是一个学习信息指代意义分析的案例，仅供参考。学习信息的指代意义分析要求教师找出学习评价信息闭合回路中的各个信息通道里传

输的学习信息以及它们指代的意义，这些信息指代意义的分析能够让教师筛选出有效评价的信息。

3. 信息归纳

信息归纳是指教师收集到信息之后，将其按照一定的评价标准进行归类分析。也就是说，信息归纳及归类的标准。

信息归纳的目的有两点：第一，将有效的信息纳入学习评价信息闭合回路中，促进有效学习自身反馈性评价的发展，反映学生的能力水平和发展潜能；第二，对学生趋向教学目标的反应信息进行归类分析（如情感与态度、过程与方法、知识与技能），反映学生的动态变化与发展走向。

由此，信息归纳的标准有两类，一类就是以是否纳入学习评价信息闭合回路为标准，另一类就是以教学目标分类为标准。当前，我国的教学目标一般是“三维”目标：知识与技能，过程与方法，情感态度与价值观。这个目标体系反映社会对学生发展的要求，因此，以“三维”目标为标准的信息归纳符合我国当前的教育实际。

二、有效学习信息的发展性评价

教师对信息的收集和鉴别是信息评价的前提，信息评价是有效学习评价在操作层面上的重要步骤。新课程改革倡导“立足过程，促进发展”的评价理念，这不仅仅是评价体系的变革，更重要的是评价理念、评价方法与手段以及评价实施过程的转变。因此，教师对学习信息评价应该是发展性评价。

（一）发展性评价的内涵

发展性评价的思想来源于20世纪80年代后期英美等发达国家。发展性评价是指依据一定的教育目标和教育价值观，教师与学生建立相互信任的关系，共同制定双方认可的发展目标，运用适当的评价方法，对学生的发展进行价值判断，使学生不断认识自我、发展自我、完善自我，不断实现预定发展目标的过程。它的核心思想是通过评价促进全体学生的发展，一切为了学生的发展，评价标准、内容、过程、方法和手段都要有利于学生的发展。[①]

发展性评价的最主要的功效是能够收集到在学习发展活动推进过程中各个学习环节的详细信息，并依据发展信息进行学生学习行为指导和教师教学行为的反思调整。具体地，发展性评价具有以下几个方面的功能。

（1）反馈调节。发展性评价为学生和教师提供反馈信息，从而使教师有

① 徐硕. 发展性教育评价读本［M］. 沈阳：辽宁教育出版社，2005：81.

针对性地改进教学工作，学生有针对性地改变学习方式，以便提高学习效果。

（2）展示激励。教师把评价过程作为学生自我展示的平台，鼓励学生敢于表现自我，让学生通过他人的赞赏（教师或其他学生）增强自信心以激活学生自我学习的内在动力，因而具有激励功能。

（3）记录成长。发展性评价综合多元化评价内容与方法，可以全面地记录学生学习成长中的点滴，这对于客观评价学生的发展具有重要意义。

（4）积极导向。新课程中将学生评价与教学过程相结合，并将随着评价的具体实施渗透到新的课程改革的教学方式、学习方式中，有助于促进教师与学生的发展。

（二）发展性评价的方法介绍

发展性评价的具体方法是多种多样的。一般来说，发展性评价方法包括纸笔测验、访谈评价、问卷评价、学生成长记录袋评价等，在这里将介绍运用最多的“学生成长记录袋”评价方法。

学生成长记录袋评价法，在国外教育实践中的运用已有十几年的历史，近几年来也受到我国教育理论和实践工作者的重视、研究和实验。成长记录应收集能够反映学生学习过程和结果的资料。包括学生的自我评价、最佳作品（成绩记录及各种作品）、社会实践和社会公益活动记录、体育与文艺活动记录，教师、同学的观察和评价，来自家长的信息，考试和测验的信息等。①

学生成长记录袋评价主要目的是为评定学生发展水平提供多方面的材料，一种能够全面反映学生学习情况的非常好的评价方法。成长记录袋提供给学生展示成就、发表意见和对作品进行反省的机会，其主要成分是学生的学习作品，是构成成长记录袋内容的主体。这些学生学习作品主要是学生在学习过程中生成的，如各个学科的代表作，语文的优秀作文，数学的出色解题方法，物理的创造发明作品，还可以收集各阶段的获奖证书等。

学生成长记录袋评价是一种多方面、多角度、真实的发展性评价方法，其优势具有以下几个方面。第一，教师可以把成长记录袋评价贯穿和融入到整个教育教学活动中，有利于促进教学与评价的有机结合。第二，重视学生发展的全过程，能记录学生的成长历程和提供学生学习和发展的证据。第三，能够让学生参与评价，有利于提高学生的自我评价、自我反思、自我责任的能力和态度。第四，可以为学生提供展示的机会，激发学习动机。第五，容易配合个性化的教学目标，做到因材施教。但是，学生成长

① 徐硕 . 发展性教育评价读本［M］. 沈阳：辽宁教育出版社，2005 : 101–108.

记录袋评价的灵活性、客观性等特点却使其在具体实施过程中存在一定局限性。首先，成长记录袋灵活性较大，标准化程度较低。在做终结性评价时，信度相对较低。其次，评价的效度难以保证，很难达到客观、真实。最后，学生成长记录袋评价是一个从始至终的过程，工作量大，教师负担重。

一般来说，教师在制作和使用成长记录袋评价过程中，需要注意如下几个基本问题。

（1）明确成长记录袋的使用目的。教师在使用成长记录袋评价时，首先需要考虑的事情就是成长记录袋的使用目的。一是描述学生的进步；二是展示学生的最佳成果，并对其质量进行反思；三是明确学生是否达到预期表现水平。

（2）掌握成长记录袋评价的基本方法和理念。成长记录袋评价是一种实践性操作较强的评价方法，与传统的纸质测试不同，成长记录袋评价是基于"学生负责自己的学习工作，并在其中探索，教师指导他们成功"。成长记录袋评价方法多样化，可以采用与他人互传评阅评价方式；也可采用公开展览的方式给予他人评价，如班级公开展览或者学校公开展览，等等。

（3）确定成长记录袋评价的目标维度。确定成长记录袋评价的目标维度，一要考虑认知和情感等不同领域；二要根据其评价特点，顾及过程、结果和反思。评价维度既可以由教师确定，还可以由师生和家长确定。

（4）制作具体的成长记录项目。记录学生成长的反思、心得以及材料目录等，应成为成长记录袋的完整组成元素。特别地，学生的反思可以促进自身的成长和自身评价，也可以促进自身教育和自身发展，教师应该重视加强指导，才能凸显出成长记录袋的教育功能与特色。

（5）设计成长记录袋评价标准和评价单。为了提高发展性评价的信度和效度，教师可事先制定成长记录袋评价标准。比如，成长记录袋记录学生的学习成果、努力程度以及进步空间，多被用于升学参考的指标或总结性评价。根据各评价因子，明确评价的等级（优异、优秀、良好、可接受、欠缺），且用文字评判某个成绩等级的具体要求。

（6）收集作品样本。成长记录袋中所收集的内容能为教师提供有价值的参考信息，以便于了解学生对于教师所传授知识与技能的掌握程度，为了节省时间和效果成本，建议搜集具有参考价值的少数几样作品样本。

（7）选择适当科目和专题尝试运用。成长记录袋是一种质性评价方法，此方法运用得当，会成为有价值的教学辅助手段。各科根据评价的目的、教师的安排和学生的接受程度，考虑是否适用成长记录袋的方法。如小学阶段以学生的综合发展为主，因此，减少课程数目，开设综合课程，这便于教师在学科中使用成长记录袋的方法。

总而言之，成长记录袋作为一种新型的发展性学生评价方式，教师如果能在实践中科学合理地使用，可以有效地促进学生的发展和教师的成长。

【案例辨析】

下面呈现的评价表是某中学赵老师尝试设计的高中英语过程性评价表。

高中英语过程性评价表（一）：综合评价

班级＿＿＿＿＿＿＿＿　　被评价者姓名＿＿＿＿＿＿＿＿

第＿＿＿周　星期＿＿＿　　日期：＿＿＿年＿＿＿月＿＿＿日

评价项目	评价项目	评价等级					评价方式
学习态度与方法	具有较强的学习动机；积极主动优化自己的学习方法；乐于与人协作；具有自主学习能力；对自己承担的学习任务负责						自评
							小组评
课堂参与	积极参与课堂教学活动；在活动中积极与同学合作并扮演一定的角色；认真完成课堂布置的任务						自评
							小组评
学习计划与监控	根据个人实际情况制订有效的学习计划；根据学习达成度不断调整学习计划；反思自己学习中的得失；不断优化个人学习策略；全面评价自己的学习						自评
							小组评
课外阅读	学会选择具有阅读价值的报刊、小说等课外读物进行阅读；学会搜集整理词汇和背诵经典名句；学会写读后感；每学期学习完毕，课外阅读量不少于四万字（每周约二千字）；培养良好的阅读习惯						小组评
							自评
							教师评

续表

评价项目	评价项目	评价等级					评价方式
英语写作	熟悉本模块所要求的写作体裁；认真完成教师布置的写作任务；努力提高自己的写作水平						自评
							小组评
参与英语活动（如英语角、表演、演讲、竞赛等）	积极参与课外英语活动；主动在活动中扮演一定的角色；在活动中与人友好合作；积极参与其他英语竞赛活动；乐于与人分享自己的劳动成果						自评
							小组评
平时测验	在百分制计分中可分100～85；84～75；74～65；64～60；59～0五个等级（150分计分依此类推）。如果题目偏难或偏易，可采用常模参照，但不宜太烦琐						教师评
对待评价的态度	进行自我评价和评价他人时是否认真、客观、公正						自评
							小组评
综合评价							以小组评价为主
组长签名		科任教师签名		被评价者签名			

说明：1. 建议该评价每月进行一次，每学期3～4次；2. 最后评价不直接给出等级，而是对学生的优缺点分别予以描述，以促进学生发展；3. 这种评价表只是形成性评价的形式之一，其他如平时的听说能力、优秀作品、参与竞赛的获奖情况等也应作为评价的内容。

高中英语过程性评价表（二）：自我陈述

优点					
不足					
改进计划					
自评等级		签名		日期	___年___月___日

注：1. 自我陈述的内容主要是根据综合评价表的项目对自己一段时间以来的表现进行详细描述，评价要真实、客观，并要对自己的学习策略进行深入反思；2. 自评等级分为 A、B、C、D、E 五等；3. 要求用英语书写。

请你结合以上案例和本章内容辨析以下问题。

1. 对于上述评价表，你认为评价是否有效，有何建议？

2. 举例说明你在日常教学过程中所用到的有效的评价方式？

【思考与讨论】

1. 学习信息类型与学习信息收集方法有什么样的联系？

2. 有效学习评价主体切换的目的和意义是什么？

3. 如何在课堂中创建学习评价信息负载？

4. 信息闭合回路的构建对有效学习评价的意义是什么？

【资料链接】

[1] 邵陈标 . 新课程背景下促进学生有效学习的思考与实践 [J]. 当代教育科学，2005（2）.

[2] 鲍银霞 . 有效学习的前提、特征和旨趣 [J]. 现代教育论丛，2006（2）.

[3] 于开莲 . 发展性评价与相关评价概念辨析 [J]. 当代教育论坛，2007（5）.

[4] 丁邦平 . 从“形成性评价”到“学习性评价”：课堂评价理论与实践的新发展 [J]. 课程 · 教材 · 教法，2008（9）.

[5] 丁念金 . 和谐社会背景下学习评价的文化自觉 [J]. 当代教育科学，2011（24）.

[6] 韩后，王冬青 . 促进有效学习的评价反馈系统及其应用 [J]. 现代教育技术，2015（2）.

参考文献

[1] 崔允漷 . 有效教学：理念与策略 [J]. 人民教育，200l（6）: 46.

[2] 辞海编辑委员会 . 辞海（1979 年版）缩印本 [K]. 上海：上海辞书出版社，1908.

[3] 中国社会科学院语言研究所词典编辑室 . 现代汉语词典 [K]. 北京：商务印书馆，1978.

[4] 张方杰 . 牛津现代高级英汉双解辞典（第三版 ）[K]. 香港：香港牛津大学出版社，1984.

[5] 林崇德 . 学习与发展——中小学生学习能力发展与培养 [M]. 北京：北京师范大学出版社，1999.

[6] 刘善循 . 快乐学习法——增强情感智力的技巧 [M]. 北京：商务印书馆，2000.

[7] 佐藤学 . 学习的快乐——走向对话 [M]. 钟启泉，译. 北京：教育科学出版社，1999.

[8] 马云鹏 . 小学数学教学论 [M]. 北京：人民教育出版社. 2003.

[9] 沈德立 . 高效率学习的心理学研究 [M]. 北京：教育科学出版社，2006.

[10] [美] 奥苏伯尔 . 教育心理学——认知观点 [M] 余星南，宋钧，译. 北京：人民教育出版社 .1994.

[11] [美] 约翰・杜威 . 民主主义与教育 [M]. 王承绪，译. 北京：人民教育出版社 .2001.

[12] [美] 约翰・杜威 . 艺术即经验 [M]. 高建平，译. 北京：商务印书馆，2010.

[13] [美] 罗伯特・C 拉姆 . 西方人文史（上）[M]. 张月，王宪生，译. 天津：百花文艺出版社. 2005.

[14] 陈琦，刘儒德 . 教育心理学 [M]. 北京：高等教育出版社，2005.

[15] 联合国教科文组织总部中文科译 . 教育——财富蕴藏其中 [M].

北京：教育科学出版社，1998.

［16］安富海．教学反思：内涵、影响因素与问题［J］．河北师范大学学报（教育科学版），2010（10）．

［17］邑中平．教育目的论［M］．武汉：湖北教育出版社，1997.

［18］莫雷．教育心理学［M］．北京：教育科学出版社，2014.

［19］皮连生．教育心理学［M］．上海：上海教育出版社，2014.

［20］彭小虎，王国锋，朱丹，等．儿童发展与教育心理学［M］．上海：华东师范大学出版社，2014.

［21］经济合作与发展组织编著．教育政策分析 2005—2006：聚焦高等教育，教育科学出版社，2008.

［22］R.M. 加涅．学习的条件和教学论［M］．皮连生，等，译，上海：华东师范大学出版社，1999.

［23］刘兴富，刘芳，等．教师专业化发展的理论与实践［M］．北京：光明日报社，2010.

［24］李长吉，等．教育硕士教育教学实践活动指导［M］．杭州：浙江大学出版社，2012.

［25］余文森．让学生发挥自学潜能　让课堂焕发生命活力［J］．教育研究，1999（3）．

［26］程晓堂．论自主学习［J］．学科教育，1995（6）．

［27］成为佐．关于课堂教学改革的十条建议［J］．江苏教育，2001（18）．

［28］刘电芝，黄希庭．学习策略研究概述［J］．教育研究，2002（2）．

［29］嘎斯基．合作掌握学习的策略［J］．王坦，译．济南：山东教育科研，1993（5）．

［30］王红宇．美国合作学习简介［J］．外国教育资料，1991（5）．

［31］钟启泉．现代教学论发展［M］．北京：教育科学出版社，1998.

［32］郑金洲．基于新课程的课堂教学改革［M］．福州：福建教育出版社，2003.

［33］杜威．经验与自然［M］．姜文敏，译．北京：人民教育出版社，2004.

［34］刘宝存，王维，马存根．美国高等学校的服务性学习［J］．比较教育研究，2005（11）．

［35］王炜．服务性学习——一种新的教学方法［J］．当代教育论坛，

2006（3）.

［36］段明希 . 数字化游戏学习的研究［D］. 上海：华东师范大学，2008.

［37］褚维维 . 体验性游戏学习的设计与应用［D］. 济南:山东师范大学，2010.

［38］肖海龙 . 论表现性学习的理念［J］. 课程·教材·教法，2006（02）.

［39］吴丽莉，汤小刚. 教育改革呼唤表现性学习［J］. 现代中小学教育，2010（2）.

［40］郑菊萍 . 反思性学习简论［J］. 上海教育科研，2002（8）.

［41］余丽，桑新民，焦建利 . 反思性学习在教师专业发展中作用的研究［D］. 华南师范大学，2003.

［42］王松 . 论网络学习［J］. 教育研究，2000（3）.

［43］彭文辉，杨宗凯，黄克斌 . 网络学习行为分析及其模型研究［J］. 中国电化教育，2006（10）.

［44］何振峰 . 初中生英语自主学习能力培养策略研究［D］. 重庆：西南大学，2009.

［45］王坦 . 合作学习——原理与策略［M］. 北京：学苑出版社，2001.

［46］肖川 . 学生自主学习方式将悄然变化［N］. 中国教育报，2001（9）.

［47］张新莲 . 对自主学习的认识和探讨［J］. 高等教育与学术研究，2007（2）.

［48］邵莉珺 . 问题讨论教学模式在历史教学中的运用［J］. 政史地教学与研究，2008：30.

［49］曾妹琦 . 高中化学反思性学习的实验研究［D］. 湖南师范大学，2009.

［50］熊川武 . 反思性教学［M］. 上海：华东师范大学出版社，1999.

［51］任长松 . 探究式学习——学生知识的自主建构［M］. 北京：教育科学出版社，2005.

［52］任长松 . 高中新课程与探究式学习［M］. 天津：天津教育出版社，2005.

［53］教育部 . 关于印发《基础教育课程改革纲要（试行）》的通知［Z］. 教育部政报，2001（Z2）.

［54］刘兼 . 国家课程标准的框架和特点分析［J］. 人民教育，2001（11）.

[55] 教育部 . 义务教育数学课程标准（2011 年版）[M]. 北京：北京师范大学出版社，2011.

[56] 顾明远 . 教育大辞典 [M]. 上海：上海教育出版社，1998.

[57] 孔凡哲，马云鹏. 论数学课程实施中的课程资源 [J]. 数学教育学报，2004.

[58] 徐永忠. "阅读材料" 教学现状分析与建议 [J]. 数学通报，2004（4）.

[59] 教育部 . 义务教育地理课程标准（2011 年版）[M]. 北京：人民教育出版社，2011.

[60] 戴忠恒 . 教育统计、测量与评价 [M]. 北京：中国科学技术出版社，1990.

[61][美] 加里 · D 鲍里奇 . 有效教学方法 [M]. 易东平，译 . 南京：江苏教育出版社，2002.

[62][美] 彼得 · W 艾瑞逊 . 课堂评估：一种简明的方法 [M]. 夏玉芳，译 . 长沙：湖南教育出版社，2009.

[63] 杨晓萍 . 教育科学研究方法 [M]. 重庆：西南师范大学出版社，2006.

[64] 郑金洲，等 . 学校教育研究方法 [M]. 北京：教育科学出版社，2003.

[65] 曹一鸣，贺晨 . 初中数学课堂师生互动行为主体类型研究 [J]. 数学教育学报，2009.

[66] 徐硕 . 发展性教育评价读本 [M]. 沈阳：辽宁教育出版社，2005.

[67] 王德军主编 . 有效教学和谐课堂——初中数学 [M]. 北京：光明日报出版社，2008.

[68] 龙赞，王建华 . 有效学习的 16 个策略 [M]. 长沙：湖南教育出版社，2003.

[69] 曾小妍，等 . 新课堂有效学习策略研究 [M]. 上海：上海社会科学院出版社，2013.

[70] 葛亚银 . 初中数学课前预习策略 [J]. 学术研究，2011（9）.

[71] 邹玉梅，罗亮 . 高效英语课堂课前预习优化策略 [J]. 成才之路，2014（10）.

[72] 韩立福 . 新课程有效课堂教学行动策略 [M]. 北京：首都师范大

学出版社，2006.

［73］张兰英．外语教学中师生互动的主体建构性策略研究［D］．辽宁师范大学，2002，5.

［74］韩立福．新课程课后拓展行动的有效策略［J］．中小学管理，2005（12）．